평생교육방법론

| 김문섭 · 김진숙 · 최손환 · 권재일 · 이미애 · 조정선 · 조재철 공저 |

양 성 원

머리말

'4차 산업혁명'의 물결이 전 세계를 휩쓸고 있다. 이 용어는 2016년 세계경제포럼(WEF: World Economic Forum)에서 처음 언급된 이후, 정보통신기술(ICT) 기반의 새로운 산업시대를 대표하는 용어가 되었다. 인공지능(AI), 사물인터넷(IoT), 클라우드 컴퓨팅, 빅데이터, 모바일 등 지능정보기술이 경제 · 사회 전반에 융합되어 혁신적인 변화를 가져오고 있다. 다보스포럼에 따르면 2020년까지 710만 개 직종이 사라지고 200만여 개의 직종이 새로 생길 것이라고 한다. 이러한 삶의 전 분야에서 발생하고 있는 변화는 우리로 하여금 새로운 라이프스타일과 삶의 지식을 요구하고 있다. 평생교육학적 관점에서 보면 평생학습의 시대가 도래하였다.

칸트는 무지의 속박으로부터 벗어나는 길은 자신 스스로가 이성적 존재로서 환경을 깨우쳐 나갈 때 가능하다고 하였다(sapere aude!). 학습의 주체적 존재로서 자기 삶의 구속을 해방시킬 수 있는 앎에 대한 부단한 노력을 강조하는 의미이다. 현대를 살아가는 우리는 끊임없는 자기 계몽의 필요 속에 살고 있다. 과학기술의 발달로 인한 새로운 지식이 수없이 쏟아지는 시대를 놓치지 않고 따라가기 위해서는 지속적으로 새로운 지식을 깨우쳐 나가는 방법밖에 없다. 여기서 우리는 평생학습의 필요성을 갖게 된다.

본서는 평생교육을 전공하는 학생들에게는 전문 지식과 이론을 찾아가는 가이드 역할을 할 것이다. 평생교육을 공부하는 학생, 평생교육사, 평생교육분야에 종사하는 이들에게는 평생교육방법에 대한 종합적인 이해를 하는 데 도움을 줄 수 있을 것이다. 평생교육 프로그램에 참여하는 학생들은 다양한 경험적 · 인지적 · 연령적 배경을 가지고 있으며 그 동기 또한 다양하다. 이러한 상황을 깊게 이해하고 효과적인 교육방법을 찾아내는 것이 평생교육전문가의 역할이다. 독자는 이 책을 통해 이에 대한 해답을 찾을 수 있을 것이다. 이 책을 통해 인식의 확장을 경험하고 배우는 즐거움을 가지는 시간을 갖기를 바라는 마음이다.

끝으로 이 책이 나오기까지 바쁜 시간을 쪼개어 집필해주신 동료 교수님들과 연구진에게 심심한 감사를 드린다.

2019. 8.

저자 대표 김 문 섭

차 례

제1부 평생교육방법의 이해

제2부 교수자 중심 평생교육방법

제 1 부

평생교육방법의 이해

제 01 장

평생교육방법의 개념과 특성

개 요

1장에서는 교육방법 및 평생교육방법, 그리고 평생교육방법의 원리에 대해서 학습한다. 기본적인 교육방법의 개념과 유형, 그리고 교육방법의 선정기준을 이해함으로써 그 대상이 성인학습자로 확장된 평생교육방법의 개념과 특성을 파악할 수 있을 것이다. 평생교육은 학교교육의 문제뿐만 아니라 시대·사회적인 변화에 따라 반드시 필요하기 때문에 등장하였다. 이것을 더욱 효율적으로 운영하기 위해서는 평생교육방법에 대한 고민과 이해를 충분히 할 필요가 있다.

이에 본 장에서는 교육방법의 개념, 교육방법의 유형, 교육방법의 선정기준, 평생교육방법의 개념, 평생교육방법의 특성, 그리고 평생교육방법의 원리로서 자기주체화 원리, 자발학습의 원리, 자기주도적 학습역량 개발 원리, 구성주의의 원리 등을 살펴보고자 한다.

제 01 장

평생교육방법의 개념과 특성

학습 목표

1. 교육방법의 개념과 유형을 설명할 수 있다.
2. 교육방법의 선정기준을 설명할 수 있다.
3. 평생교육방법의 개념과 특성을 설명할 수 있다.
4. 평생교육방법의 원리를 파악하여 설명할 수 있다.

1. 교육방법의 개념과 유형

1) 교육방법의 개념

교육방법의 개념과 유형에 대해서 백영균 외(2012), 김병희 외(2008), 고성진 외(2016)의 자료를 토대로 재구성하면 다음과 같다. 교육의 핵심은 '무엇을 어떻게 가르치느냐'에 있으며, 교육방법은 교육의 목적을 실현하는 데 요구되는 모든 수단적 · 방법적 조건을 통칭하는 것이라 할 수 있다(황정규 외, 1998). 좁은 의미에서 생각해 볼 때 교육방법이란 '가르치는 방식'이나 '수업목표를 달성하기 위해 사용하는 효과적 · 효율적인 수업방식'이라고 할 수 있다.

김신자 외(1999)는 교육방법을 학습목표에 맞는 내용을 효과적으로 전달하고 학습활동을 지원하기 위해 사용하는 방법이라고 정의하였다. 이 말은 교수자가 단위시간에 정해진 교육과정 내에서 수업목표를 달성하기 위해 사용하는 수업기법을 의미한다고 하겠다. 이렇듯 교육방법이란 주로 미시적인 의미로 사용되고 있으며, 교수방법, 교수형태, 교수전략이라고 부른다(이화여자대학교 교육공학과, 2001).

코리(Corey, 1967)는 교육방법이란 개인으로 하여금 특정한 조건하에서나 특정한 상황에 대한 반응으로서 특정한 행동을 나타내도록 학습하게 하거나 또는 그 특정 행동에 참여할 수 있도록 개인을 둘러싼 환경을 계획적으로 조작하는 과정이라고 정의한다. 즉, 학습자로 하여금 특정 행동에 참여할 수 있도록 환경을 계획적으로 조장하는 것을 교육방법이라 할 수 있다.

이렇듯, 교육방법은 어떻게 가르칠 것인가를 탐구하는 것이 주된 일이며, 설정된 교육목표를 성공적으로 달성하기 위하여 선정된 교육내용을 학습자에게 효과적으로 전달하기 위한 수단이라고 볼 수 있다.

2) 교육방법의 유형

교육방법의 유형은 학자에 따라 다양하게 유형화하여 분류하고 있다. 먼저, 조이스(Joyce, 2000)는 교육방법을 사회형, 정보처리형, 개인형, 행동체제형의 4가지로 분류하였다.

첫째, 사회형은 여러 명이 모여 학습공동체를 건설하고 집단의 시너지 효과를 얻을 수 있는 방법이다. 여기에는 학습파트너, 집단조사, 역할극, 법률조사 등이 있다. 이 중 학습파트너와 역할극의 개념을 보면 다음과 같다.

- **학습파트너:** 학습자 간에 힘을 합쳐 작업할 수 있는 협동학습의 한 형태를 일컫는 말이다. 여기에는 학습자 간의 작업의 효과성, 의존성, 분업, 경쟁심을 높이는 방법들이 있다.
- **역할극:** 학습자에게 갈등상황을 연출하거나 다른 사람의 역할을 해 봄으로써 사회적인 행동을 관찰하고, 사회 가치를 생각해 보며, 사회문제에 대한 정보를 인지하게 하는 역할을 한다.

둘째, 정보처리형은 데이터를 수집 및 조직하고, 문제를 파악하여 해결책을 제시하며, 이를 전달하기 위해 개념과 언어를 개발하는 것 등을 말한다. 이 방법에는 귀납적 사고, 개념획득, 과학적 탐구, 탐구훈련, 암기법, 창조공학, 선행조직자, 지력개발 등이 있다. 이 중 귀납적 사고, 탐구훈련, 창조공학의 개념을 보면 다음과 같다.

- **귀납적 사고**: 학습자가 정보를 발견하고 조직하여, 일련의 정보 간의 관계를 설명하고, 가설을 검증하도록 훈련하는 과정이다.
- **탐구훈련**: 인과적인 사고를 하며, 질문하고, 개념과 가설을 세우고, 검증하는 데 도움이 되도록 설계한다.
- **창조공학**: 학습자가 문제해결력이나 작문활동을 할 때 기존의 사고 틀을 깨거나 어떤 주제나 사안에 대해 새로운 시각을 갖도록 하기 위한 목적에서 출발하였다. 학습자가 자주적으로 학습한 절차를 개인이나 집단활동에 활용할 수 있을 때까지 워크숍 형태로 제공한다.

셋째, 개인형은 학습자가 스스로를 보다 잘 이해하고 자신의 미래에 대해 스스로 책임을 지고 보다 질 높은 삶을 살도록 하는 데 그 목적이 있다. 여기에는 비지시적 교수와 자아존중감 향상 등이 있다.

- **비지시적 교수**: 로저스(Rogers)의 상담이론에서 탄생한 것으로, 학습자와 교수자의 파트너십을 강조하는 모델이다. 교수자는 학습자가 주체적으로 학습을 수행할 수 있도록 상담자 역할을 수행한다.
- **자아존중감 향상**: 매슬로(Maslow)의 영향을 받아 자아존중감과 자기실현능력을 계발하는 것을 목적으로 한다.

넷째, 행동체제형은 사회학습이론 또는 행동수정, 행동치료 등으로 알려진 이 모델군은 학습자가 자신의 학습수행에 대한 정보를 바탕으로 스스로 행동을 개선해 나갈 수 있다는 입장에 서 있다. 여기에는 완전학습, 프로그램학습, 직접교수, 시뮬레이션을 들 수 있다. 이 중 완전학습과 직접교수의 개념을 보면 다음과 같다.

- **완전학습**: 블룸(Bloom)의 이론을 바탕으로 만든 것으로 단순한 것에서 복잡한 것으로 학습단위를 세분한 다음, 학습자 개개인이 주어진 여러 자료를 순차적으로 학습해 나간다. 한 학습 단위가 끝날 때마다 학습 정도를 알아보기 위한 시험이 있고, 이를 통과하지 못하면 내용을 숙지할 때까지 다시 학습을 해야 한다.
- **직접교수**: 학습목표 제시, 목표에 부합하는 학습활동 실시, 학습과정 관찰, 효과적인 학습을 위한 전략과 학습에 대한 피드백 제공 등으로 이루어진다.

이 외에 교육방법의 유형을 흔히 우리가 알고 있는 강의법, 토의법, 탐구학습, 문제해결학습, 프로젝트법 등의 유형으로 구분하기도 한다. 먼저 강의법은 교수자가 설명과 훈화를 통하여 교육내용을 전달하는 방법이며 교육기관에서 가장 널리 사용되는 수업방법이다. 이 강의법은 헤르바르트(Herbart)에 의해 체계화되었으며, 그는 학습자의 흥미를 유발하기 위해, 강의법 단계를 다음과 같이 제시하였다. 첫째는 명료로 대상을 뚜렷하게 인식하는 단계이며, 둘째는 연합으로 이전의 관념과 새로운 관념을 결합해서 인식하는 단계이고, 셋째는 계통으로 연합한 관념을 질서 있게 체계적으로 조직하는 단계이고, 마지막으로 체계화된 지식을 활용하고 응용한다.

토의법은 문답법을 개선 · 발전시킨 것으로 1915년 파커(Parker)에 의해서 시작되어 학습현장에 도입되었다. 토의란 비교적 다수 참여자로 구성된 집단이 어떠한 문제를 해결하는 데 서로의 의견을 교환함으로써 학습이 이루어지는 방법을 말한다. 여기에는 전체학습토의, 원탁식 토의, 배심토의, 공개토의, 단상토의, 세미나, 버즈학습 등 다양한 방법이 있다.

탐구학습이란 사실과 가치의 문제를 인지하고 그것을 가정에 비추어 평가하고, 그리고 어떤 평가기준에 입각하여 이를 입증하는 과정이다. 이 과정은 어떤 아이디어들을 지지하는 기초에 비추어 그 아이디어들을 판단 · 평가하고, 그로부터 입증된 결론을 도출해 내는 것이라는 듀이(Dewey)의 반성적 사고에 기초를 둔다.

문제해결학습이란 문제를 매개로 한 학습형태이다. 이 방법 또한 듀이에 의해 제안된 것으로 학습자가 일상생활에 부딪치는 문제를 스스로 해결해 가는 과정을 경험함으로써, 사회에서 살아갈 수 있는 능력과 태도를 기를 수 있다는 것이다.

프로젝트법은 진보주의 교육의 영향을 받은 열린 교육자들이 많이 이용하는 교수법으로 킬패트릭(Kilpatrick)에 의해 구체적으로 제시되었다. 이 방법은 학습자들이 학습할 주제를 선정하고 학습의 방법을 구안하여 수행하는 기획-체험학습이다. 따라서 학습자가 학습할 내용과 학습방법을 결정하는 데 상당한 자율성을 가진다.

3) 교육방법의 선정기준

수업에서는 다양한 교육방법을 사용할 수 있다. 다양한 교육방법 가운데 교수·학습과정에서 교육내용에 부합하는 적절한 교육방법의 선정은 수업을 설계하고 실제 수업을 담당하는 교수자의 몫이다. 수업내용에 부합하는 교육방법의 선택기준과 주의사항에 관한 기본적인 고려사항을 참고하여 교육방법을 선정하면 된다. 교육방법을 선정할 때는 교육내용, 학습자 특성, 교수·학습자원 및 환경, 조직의 기대 등을 고려하여 선정한다. 한정선 등(2008)에서 재인용한 교육방법 선정기준은 〈표 1-1〉과 같다.

표 1-1 교육방법 선정기준

분류	구체적인 기준
교육내용	• 교육내용의 성격(지식, 기능, 태도) • 교육내용에 관한 논쟁의 정도 • 교육내용의 수준: 추상적, 구체적
학습자 특성	• 개인차로서 학습양식 • 학습경험 정도 및 학습자의 수준(연령, 학년, 학업성취도 등) • 학습자의 수 • 학습자의 위치

분류	구체적인 기준
	• 지속적인 교육의 필요성 • 학습자의 기대 정도
교수 · 학습자원 및 환경	• 교수기술과 자격을 갖춘 교수자/교수보조원의 도움 정도 • 기존 교수 · 학습자료의 사용과 새로운 학습자료의 개발 정도 • 자원의 종류, 활용장소의 환경 및 시간제약
조직의 기대	• 조직(학교)에서 선호하는 교육방법 • 조직(학교)이 요구하는 구체적인 학습목표 • 조직(학교)이 요구하는 구체적인 측정과 평가방법

물론 위에서 제시한 기준은 교육방법을 선정하는 데 있어서 절대적인 기준은 아니다. 여기에 제시한 기준에 추가하여 교수자 측면의 기준을 추가할 수 있다. 예를 들어, 교수자의 교육철학, 교수자의 교육방법 활용에 대한 준비의 정도, 교수자가 생각하는 교수 · 학습의 관점, 선호하는 활용매체 등을 고려하여 교육방법은 달라질 수 있을 것이다.

이러한 선정기준을 바탕으로 학습집단의 크기와 교수 · 학습상황에 따라 다음과 같은 교육방법을 선정할 수 있다. 예를 들어, 학습집단의 크기가 대집단인지, 중집단인지, 소규모의 집단인지와, 또한 교수 · 학습상황이 어떠한가에 따라서 교육방법이 달라질 수 있다(고성진 외, 2016).

표 1-2 **집단의 크기에 따른 교수 · 학습상황과 교육방법 선정**

학습집단의 크기	교수 · 학습상황 변인	교육방법
50명 이상의 대집단	• 학습공간이 전통적 교실 • 교육내용이 개념과 원리학습 • 새로운 지식습득에 초점	• 수용학습 • 강의법 • 협동교수법
30~40명 수준의 중집단	• 학습공간의 융통성 • 교육내용: 운동기능 및 신체적 영역 • 새로운 지식습득 및 숙달에 초점	• 시범 • 실습 • 동료교수

학습집단의 크기	교수 · 학습상황 변인	교육방법
	• 소집단 구성 가능 • 학습공간의 융통성 • 교육내용: 인지적 영역 • 새로운 지식의 창출, 탐구, 문제해결	• 소집단학습 • 협동학습 • 사례연구 • 문제 중심 학습
20명 이하의 소집단	• 학습공간이 전통적 • 교육내용: 태도, 정의적 영역 • 기존 지식의 이해 및 적용 강화	• 모의실험 • 게임 • 역할극 • 토론
	• 학습공간의 융통성 • 교육내용: 개념 및 원리학습 • 새로운 지식의 습득, 문제해결	• 발견학습 • 탐구학습
개별학습	• 학습공간의 융통성 • 교육내용: 원리 및 절차학습 • 새로운 지식습득에 초점	• 개인교수 • 컴퓨터 보조수업 • 웹기반수업

우리가 어떤 교육방법을 선택해야 하는지 고민해야 하는 이유는 무엇보다 먼저 학습자에게 있어서 그것이 좋은 수업으로 영향을 끼쳐야 하기 때문이다. 〈표 1-3〉은 미국 전역을 대상으로 가장 훌륭한 수업에서 나타나는 양상들을 분석하여 내용을 정리한 것이다. 여기에서 눈여겨 볼 점은, 좋은 수업의 모습은 수업의 초점이 학습자에게 맞춰져 있고 학습자들의 참여가 핵심을 이루는 수업이라는 점이다.

표 1-3 수업에서 줄어드는 것과 늘어나는 것

수업(교수 · 학습)에서 줄어드는 것	수업(교수 · 학습)에서 늘어나는 것
• 강의와 같은 전체 수업 • 교수자의 지시 중심 수업 • 수업시간 내 학습자의 수동성 (가만히 앉아서 듣기, 정보 듣기, 정보 외우기) • 수업시간 내 침묵하기 • 수업시간 내 교과서 읽기	• 경험적이고 실제적인 학습 • 수업시간 내 학습자의 능동성 • 논리력과 고등사고력의 강조 • 학습의 과정을 학습자가 정리하기 (학습계획–내용정리–내용이해–내용평가) • 학습자가 직접 연구과제를 결정하기

수업(교수 · 학습)에서 줄어드는 것	수업(교수 · 학습)에서 늘어나는 것
• 모든 교과영역의 내용을 교수자가 다루기 • 특정 사실을 단순 암기하기 • 성적이나 학업 경쟁하기 • 표준화 검사에 의존하기	• 시범 보이기와 행하기 • 학습자들 간의 협동적(cooperative) 활동 조장 • 능력이 다양한 학습자를 모으는 그룹 활동 • 질적 · 일화형태의 기술적 평가

이처럼 좋은 수업의 모형들은 학습자들에게 지식을 전수하는 교육이 아니라 학습자들이 지식을 스스로 구성할 수 있도록 돕는 교육을 한다는 특징이 있다. 학습자의 인지구조 변화는 수업에 흥미와 관심을 가지고, 수업의 주인이 되어 적극적으로 참여했을 때 일어난다. 학습자들이 새로운 사실을 알았을 때 인지구조의 변화 없이 단순히 수동적인 자세로 받아만 들인다면 그것은 정보수집 차원에 머물 뿐 자신의 지식으로 환원되어 성장하지 못하게 될 것이다. 어떤 교육방법을 적용할 것인지를 결정할 때 이를 반드시 고민해야 할 것이다.

2. 평생교육방법의 개념과 특성

1) 평생교육방법의 개념

평생교육방법의 개념과 특성에 대해서 전해황 등(2014)에는 다음과 같이 정리하고 있다. 먼저 권두승(1996)에 따르면 교육과 사회의 모든 영역에서 인간의 일생을 통해서 실시되고 있는 교육을 통합시킬 원리 내지는 근본이념으로써, 평생교육이 1949년 덴마크 엘시노어에서 제시되어 1997년 독일 함부르크에서의 제5차 회의에 이르기까지 성인교육, 평생학습에 관한 주요 권고가 이루어졌다. 성인교육의 개념 및 정의, 성인교육의 방향, 학습권, 성인교육의 국제적 · 규범적 도구도 이 회의에서 만들어졌다. 성인교육이 소수를 위한 특권에서 만인을 위한 보편적 권리로 인정되기까지 유네스코 성인교육 국제회의의 공로가 있었다.

사실, 16세기가 시작되면서 학교와 대학이 발전하여 교육은 더욱 중요시되어 교육자들은 철학과 분리된 교육방법을 찾기 위하여 노력하였다. 실질적인 지식 습득을 강조한 코메니우스는 교육방법이란 모든 것을 모든 사람에게 가르치는 데 필요한 예술인 교육방법은 강의실은 물론 우리의 일상생활에서 일어나는 문제해결에 필요한 지식 습득과 문제해결과정을 총칭하는 것이다. 특히, 평생교육방법이 성공적으로 이루어지기 위해서는 학습자의 심리와 선행지식, 관심, 교육수준을 고려해야 한다(박성희 외, 2013).

김창엽(2011)은 평생교육방법을 광의의 개념과 협의의 개념으로 구분하여 설명하고 있다. 첫째, 광의의 평생교육방법은 평생교육 프로그램은 삶의 영역 전반에서 일어나는 인간의 모든 학습활동을 지칭하는 일이며, 학습장소는 학교, 가정, 직장, 사회이고, 학습영역은 인문학, 지역사회 발전, 철학, 전문인력 개발, 직업교육, 상담서비스, 여사 등 다채롭게 학습 주체가 존재하는 곳이면 어디서든 이루어지는 평생교육의 성과를 나타낼 수 있도록 운영하는 방법이다. 협의의 평생교육방법은 삶의 전 영역에서 이루어진 평생교육 프로그램을 구체적으로 실행하고 교육목적을 달성하도록 지원하는 일이 평생교육방법이다. 그 내용은 프로그램이 실시되는 시간, 장소, 상황에 따라 맞춤형식으로 활용되어야 하며, 이를 통하여 평생교육 목적이 달성되고, 학습자의 만족도를 높일 수 있다. 즉, 평생교육방법은 방식, 기술, 장치를 가리키기도 한다.

평생교육방법의 개념은 교육과 사회의 전반에서 이루어지고 있는 모든 삶의 영역을 대상으로 하고, 학습자들의 욕구를 잘 파악하여 그에 적합한 평생교육 프로그램 개발의 영역을 정하고, 개발 주체를 선정하여 목표와 전략을 설정하고, 시장 선정과 시장성을 평가하며, 학습자 요구조사로 완성된다. 프로그램이 완성된 이후는 교육목적이 잘 달성될 수 있도록 평생교육 프로그램 운영은 기획, 설계, 준비, 운영, 평가, 사후관계 맺기 순으로 진행한다.

평생교육방법은 평생교육 목표를 달성하기 위하여 학습내용을 선정하고 조직하여 효과적인 교수·학습방법 등을 동원하는 일련의 조직적이고 의도적인 교육활동이다.

즉, 대상을 보면 유아, 학교의 청소년, 성인, 여성, 노인, 장애인 등 모든 사람이 대상이며, 영역은 학습내용 선정 및 조직, 효과적인 교수·학습방법과 매체 등 관련 방안이고, 성격은 조직성·의도성·체계성을 갖춘 평생교육이 주된 대상이다(김종표 외, 2011).

변영계(2000)는 좋은 평생교육방법에 대해서 설명하고 있는데, 좋은 평생교육방법은 효과적이고 효율적이어야 하며, 매력 있고 신미감이 있으며, 안전하게 이루어져야 한다고 말한다. 이렇게 효율적이고 효과적인 교육을 할 때, 학습자가 지적 영역의 학습이 필요한 시간을 최대한 줄일 수 있으며, 나머지 시간을 학습자가 인간적 활동과 그림, 독서, 교수자와 다양한 주제에 대한 토론을 통하여 전인적인 인간으로 발전할 수 있는 기회를 제공할 수 있다.

교수자는 좋은 교육방법을 체득하여 실천하고, 효과성, 효율성, 신미감과 매력, 안정성을 갖추어야 한다. 좋은 환경 속에서 학습의 효과를 향상시킴으로써, 시간을 단축하여 나머지 시간을 인간적 활동에 투자하여 전인적인 인간으로 성장시켜야 한다. 특히, 학습자의 욕구를 분석하여 욕구해결에 필요한 교육을 하여야 하며, 학습자의 심리와 선행지식, 관심과 그들의 교육수준에 적절한 교육방법이 요구되며, 인간의 삶의 영역 전반에서 이루어지는 인간의 모든 학습활동을 포함하여야 하고 학습자 개개인의 욕구가 충족될 수 있는 평생교육 프로그램 개발과 이에 대한 적절한 평생교육방법이 함께 이루어져야 효과적이다.

2) 평생교육방법의 특성

교육현장에서 이론은 알지만 문제발견(problem identification)이 서투른 학습과정이 만연하고 있으며, 교수자는 학습자들이 공부할 내용을 일방적으로 정리해주고 답을 만들어 주기 때문에 학습자들 스스로 문제를 제기한다거나 그것을 해결하는 과정을 밟아가기에는 어려움이 있다. 수업에서 많은 경우 강의(lecture-oriented)를 통하여 단편적인 지식을 수동적으로 떠먹이는 식(spoon-feeding)의 교육을 시행함으로써 학습자들이 스스로가 문제를 파악하고 그 문제를 해결해 나가는 능력을 키우지 못하고 있는 것이 현실이다.

따라서 평생교육에 있어서도 평생교육방법의 특성을 잘 파악하여 효과적인 교육이 이루어질 수 있도록 해야 한다.

변영계 등(2000)은 "평생교육방법이란 교육의 목적을 이루기 위하여 취하는 방식이나 수단 · 법, 객관적인 진리에 도달하기 위하여 연구하는 수법이다" 라고 말한다. 방법이라는 말에는 두 가지 특성을 발견할 수 있다. 첫째, 방법이라는 것은 어떤 목적을 염두에 두고 있으며, 목적은 도달하기 위한 이론적 지식과 이를 실천시킬 수 있는 실행력을 포함한다. 교육방법이란 교육의 구성요소, 하위영역, 교육방법의 통합이며, 하위영역의 교육방법은 교수방법, 교육과정방법, 교육상담방법, 교육행정방법, 교육평가방법 등을 포함한다.

손준종(2000)은 평생교육방법의 특성을 확장성, 혁신성, 통합성으로 설명하고 있다. 첫째, 확장성(expension)은 평생교육은 학습영역과 내용 및 학습상황이 확장되었다. 교육 확장은 일과 여가에 대해 새로운 태도를 요구한다. 둘째, 혁신성(innovation)은 매혹적인 전망과 새로운 양식을 열어주는 혁신의 필요를 제기한다. 즉, 대안적인 학습의 구조와 유형을 발견하고, 학습자가 선택할 수 있는 학습기회의 창출을 통해 혁신을 고무하고 가치 있게 여기며 아울러 동기학습 가능성이 실현될 수 있는 학습 풍토를 조성하며, 학습내용의 유연성과 다양성 추구, 적절한 학습도구와 기법 활용, 학습시간과 장소의 자유로운 선택 등을 모색한다. 결국, 인간 모두에게 자아실현의 수단을 제공함으로써 인간 정신의 고양과 해방에 기여할 것이다. 셋째, 통합성(integration)은 학습조직들을 충분히 육성하고 서로 간 의미 있게 연계를 모색하여 확장과 혁신의 과정을 촉진하는 원리이다. 통합이 없는 확장은 많은 비용을 요구하고 낭비적이며, 성공하기 어렵다. 평생교육에서는 지식의 통합으로 학제 간 연구의 실현 및 지식의 양적 팽창에 따른 질적 가치를 고양할 수 있고, 가정 · 지역사회의 이익보다 더 큰 사회 그리고 일과 매스미디어의 세계 등 교육적 잠재력을 통합하여 교육의 과정에서 보다 효과적인 새로운 학습상황을 창출할 수 있으며, 인간의 신체적 · 도덕적 · 미적 · 지적 발달 등 제반 영역을 통합하고, 학교교육 이전, 학교교육 이후 및 순환교육의 학습단계를 통합하는 특성이 있다.

평생교육방법을 원활하게 진행하려면 학습자의 특성을 잘 아는 일이 중요하다. 성인 학습자들의 특징을 잘 파악하려면 개인이 생애 동안 다양한 환경과 일을 경험하면서 과정에서 나타나는 독특한 가치관과 태도, 생활양식, 특징과 사회적 욕구를 파악하는 일이 중요하다. 성인들의 특징을 자산, 감정, 학습자 태도, 학습 정도로 구분하면 다음과 같다. 첫째, 자산은 개인의 경험과 체험, 학습습관, 자존심 보유, 학습 중에 잃어버릴 수 있는 명예이며, 둘째, 감정은 잘 따르고 있는 것처럼 보이기 위한 감정의 억제와 실용적 학습상황에 많이 가지고 있는 선입견이다. 셋째, 학습자 태도는 선택권의 활용 정도 파악과 요구에 부응하는 집단행동 정도, 자신들의 가치 · 태도 · 성향을 합리적이라고 주장하는 행태, 학습에 선택적으로 반응하며 극단적인 사고 경향, 권위에 도전과 부응 정도, 출석을 목적으로 참여하는 일이며, 학습 정도는 과거 경험을 통한 학습에 긍정적인 영향, 학습상황이 통합되면 학습이 촉진되는 특징이 있다(김창엽, 2011).

평생교육방법 특성 중에 중요한 방법은 상호보완적 교육방법과 자기주도적 학습방법이 있다. 첫째, 상호보완적 교육방법은 타인과 관계지움 능력을 향상하는 데 초점을 두며, 대인관계능력의 기능 또는 사회적 기능을 발전하도록 돕는 방법이다. 대표적인 프로그램은 토의법, 역할극 등 사회적 상호작용 촉진의 최적 교수방법으로 도덕성 개발이나 윤리와 가치관 교육이 같은 맥락에서 발전되어 왔다. 이 방법은 환경론적 사고와 집단역학이론에 근거하고 있으며, 인본주의 심리학에 근거를 두고 있다. 따라서 이 세상에서 완벽한 지식과 가치의 존재는 어렵다고 가정하며, 모든 지식과 가치는 언제나 비판적인 평가나 분석의 대상이고, 그것에 대한 의식의 제고가 교육이라고 믿는다. 사회적 상호작용의 교육방법은 배우는 내용보다는 교수자와 학습자가 공동으로 형성하는 공동체 안에서의 관계지움을 중시하여 자신의 자각을 타인과 나누어 갖는다는 기쁨을 의미 있는 것으로 생각한다(오만록, 2012).

둘째, 자기주도적 교육방법은 학습자의 참여성과 주도성을 인정해 주어 학습자 스스로가 학습을 함으로써 자기주도적인 능력을 향상시키고, 자기주도학습의 핵심인 변형학습을 촉진하며, 해방학습 및 사회적 행동을 촉진하는 것이다(차갑부, 2009; 김종표 외, 2011). 그러므로 평생교육은 학습자의 자기주도성에 맞는 교육방법을 개별화하고 학습자와 맞는 프로그램 개발과 적용방법이 요구된다.

이를 종합하면, 평생교육방법의 특성은 만인을 위하여 학습권이 보장되어야 하며, 종합성의 원칙에 따라 형식 · 비형식 · 무형식을 포함하고, 태어나서 죽을 때까지 이어지며, 내용 · 시간 · 장소 · 대상을 구분하지 않고 진행되어야 하고, 자율성과 자아실현성을 바탕으로 하며, 고용 증진과 사회적 결속, 매스미디어를 통한 원격성도 포함한다. 그리고 평생교육의 기본인 상호보완적 교육을 통하여 교수자와 학습자가 공동으로 형성하는 공동체 안에서의 관계지움을 바탕으로 자신의 자각을 타인과 나누는 기쁨이 있으며, 자기주도적 방법은 학습자의 참여성과 주도성을 인정해 주어 학습자가 자신을 관리하는 방법을 터득하도록 하는 방법이 중요하다.

좋은 교육을 위해서는 교육목표를 재미있는 과정을 통하여 교육목표를 달성하여야 하며, 저비용으로 교육목적을 달성할 수 있는 균형 있고 융통성 있는 교육방법을 모색하여야 하고, 학습자와 교수자가 즐거운 학습분위기 속에서 이론을 실천할 수 있어야 하며, 수행하는 과정에서는 도덕적으로 안전하여야 할 것이다.

3. 평생교육방법의 원리

전해황 등(2014)은 평생교육방법의 원리를 다각도로 구분하고 있다. 그는 평생교육방법의 원리로 학습자 자신이 자기의 욕구와 교육참여를 결정하여 학습권을 보장해 주는 자기주체화 원리와 학습자 스스로가 자발적으로 교육에 참여하는 자발학습의 원리, 그리고 학습자가 주도가 되어 학습역량을 개발한 원리로 나누고 있다. 이에 더하여 평생교육방법의 원리로 구성주의의 원리를 추가하여 설명하면 그 내용은 다음과 같다.

1) 자기주체화 원리

클라프키(1985)는 성인교육의 원칙으로 학습자 자기결정성 권한과 해방적 속성을 포함하는 주체화의 원칙, 계층적 사회화에서 벗어나 불평등을 완화시키는 데 기여하는 교육과 잠재력 개발, 일상적 경험을 이용한 총체적 교육을 강조하였다. 총체적 교육이란 계층적 사회화가 고정되어 불평등이 심화되지 않도록 하기 위해 모두에게 교육기회가 보장되도록 학습권을 보장하는 일이다.

페스탈로치의 전인교육 3H(머리: Head, 가슴: Heart, 기술: Hand)를 통하여 전인교육을 추구하였듯이 인지적 지식습득 이외의 감정의 발달, 성찰력 향상, 도덕적 인성수지, 자신의 특성과 결정력에 기반하여 직업능력 개발과 사회참여의무 이행, 실천적 문제해결을 증대시키는 것이다. 즉, 교육은 학습자의 일상생활 지향의 원칙하에 개인이 자율적 존재가 되도록 개인의 총체적 인성을 갖도록 지원해야 한다(박성희, 2013). 학습자는 실제 생활에 필요한 유용성에 근거하여 자신의 삶을 높일 수 있는 인지와 인식을 통하여 학습하는 특성이 있으며, 일상생활에서 장애에 부딪혀 혼란을 겪게 되면 새로운 인지적 도식을 만들게 되는데, 학습자의 삶의 의미를 변화시키게 되므로 새로운 정체성을 구성하도록 안내해야 한다.

2) 자발학습의 원리

평생교육은 학습자 중심의 교육방법으로 학습자들의 욕구에 맞는 프로그램 개발과 적용이라는 관점에서 학습자 스스로가 자율적인 학습참여가 요구되며, 자유로운 이성에 의한 자기교육이라는 점이다. 인간은 일에 대한 자발성이 있기 때문에 교육자 임무는 학습자들이 자발적으로 학습할 수 있는 동기를 유발시켜 주어야 한다(차갑부, 2009).

평생교육은 언제 누구에게나 필요한 교육을 받을 수 있는 교육의 향수권을 보장하기 때문에 학습자가 스스로 각종 교육에 참여하려는 마음과 선택이 중요하다. 학습자의 일상의 삶에 필요한 요구와 스스로 겪고 있는 문제해결, 사회적 연대, 여가선용, 동기

유발과 흥미가 유지될 때, 평생교육에 학습자의 자발적인 참여가 증대되는 것이다.

3) 자기주도적 학습역량개발 원리

자기주도적 학습은 학습자가 스스로 학습을 주도해 가는 매우 힘든 과정이다. 독학자는 도서관이나 웹사이트에서 혼자 하는 학습이므로 어려운 부분이 많다. 그러나 학습자가 스스로 할 수 있는 구체적인 요령과 방법을 터득하면 다양한 방법으로 학습기회를 제공받을 수 있고, 이를 활용하면 평생토록 혼자서 학습을 할 수 있는 기회가 주어진다는 점에서 자기주도적 학습은 중요하다.

12세기 이슬람에서 독학자를 위한 최초의 책으로 이븐 투파일이 펴낸《아라비안 소설》과 13세기에 이집트에서 이븐 알 나피스가 쓴《자기학습신학서》가 있다. 에브라함 링컨도 독학으로 변호사가 되고 미국의 대통령이 되었으며, 비행기를 발명한 라이트 형제도 고등학교를 다닌 적이 없으나 자전거 가게를 운영하며 독학으로 연구하여 비행기를 발명하였다. 이러한 사실은 독학이 매우 효과적인 학습방법 중 하나임을 알려준다. 독학으로 공부를 하는 학습자들의 특징은 전통적인 학습기관에서 학습을 배운 적은 없지만 다양한 방법으로 학습활동에 참여하며 꾸준히 지속적으로 학습을 한다(박성희 외, 2013).

자기주도적 역량개발은 학습자의 자율성을 최대한 보장해 주며, 지역사회의 학습 네트워크를 만들고, 학습동아리와 비형식적 교육기회 제공을 바탕으로 새로운 학습문화를 발전시키는 교육방법 · 역량개발 · 직업교육의 통합을 촉진하여야 한다. 특히, 다양한 교육매체 사용능력과 자기주도적 학습능력을 인정하고 체계적이며 구성주의에 기반한 계속교육의 개념으로 전환되어야 한다.

4) 구성주의의 원리

오늘날 최신 교육방법의 하나로서 구성주의의 원리를 적용하고 있는데, 평생교육방법에도 구성주의의 원리를 적용해서 수업을 진행하더라도 손색이 없다.

구성주의(constructivism)는 인간이 자신의 경험으로부터 지식과 의미를 구성해낸다는 이론으로 교육학에서는 피교육자들이 교육을 받을 때, 학습 이전의 개념을 토대로 학습이 진행된다는 의미가 된다. 또한, 교수학습이론으로서의 '구성주의'는 그러한 현상이 있기 때문에 그것을 고려하여 수업을 해야 한다는 주장이다. 그에 따르면, 교수의 역할은 피교육자가 사실이나 생각을 발견할 수 있도록 돕는 것이 된다. 구성주의이론은 학습자에게 지식이 체화되는 기작을 나타내는데, 장 피아제는 이를 정형화하는 데 큰 공헌을 하였다. 그의 구성주의 학습이론은 교육개혁운동의 주제로 활용되어 학습이론과 교수방법론에 큰 영향을 주기도 했다. 1970년대에 대두되기 시작하여 1980년대에는 객관주의 또는 표상주의에 대한 대안으로 자리 잡게 되었다(위키백과사전, 2013). 구성주의와 객관주의를 비교해서 살펴보면 〈표 1-4〉와 같다(www.teachermeca.co.kr).

표 1-4 객관주의와 구성주의의 비교

관점	객관주의	구성주의
지식의 생성	• 지식은 인식주체의 외부에 존재하며 개인은 암기를 통해 저장함	• 기존 경험을 바탕으로 역동적이며, 개인적, 합리적으로 개인이 구성함
교육목표	• 보편타당한 절대적 진리와 지식 추구	• 상황에 의미 있는 지식의 구성
교육과정	• 의도적(intended) 교육과정, 교과서 중심의 사실 지식 및 기본기능 강조	• 창조적, 아이디어 중심, 실천적 교육과정 다양한 학습자료에 근거한 구성활동 강조
주요개념	• 발견, 암기, 전수	• 의미의 구성, 의미의 연결, 창조, 아이디어 교환
학습자	• 지식의 수동적 수용자	• 생각의 능동적 창조자
교수자의 역할	• 지식, 아이디어의 보고 또는 전달자, 지휘자(commander), 재촉자, 교육과정 실행자	• 생각, 아이디어를 듣는 자, 촉진자, 안내자(guider), 조력자(helper), 교육과정 재구성자

관점	객관주의	구성주의
교육방법	• 일체식 수업, 강의 중심 수업, 암기 위주 수업, 반복학습	• 협동학습, 소집단활동, 문제해결학습, 고등사고 및 비판적 사고
수업스타일	• 태권도 사범식 수업	• 코치식 수업
강조점	• 완전학습	• 고등사고, 비판적 사고, 창조적 사고
평가	• 결과 중심의 평가, 양적 평가, 학습자 서열을 정하는 데 사용	• 과정 중심의 평가, 질적 평가
특징	• 정적이고 지식이 직선적으로 조직된 교육과정 • 처방적이고, 유일하며, 절대적이고 보편적인 교육과정 • 분절되고 독립적인 학문영역으로서의 교육과정 • 중립적이고 객관적 교육과정	• 대화 중심의 참여적 교육과정 • 이해, 행위, 탐구, 질문, 도전 등에 의해 촉발되는 교육과정 • 상호연관된 경험으로서의 교육과정 • 복합적이고, 도전적이며, 풍요로운 교육과정

이러한 구성주의는 성숙자(1987)가 미국의 유아교육 프로그램을 소개하면서 우리나라에 처음 알려졌다. 그 후 강인애(1995)에 의해 본격적으로 소개되기 시작하였다. 구성주의는 미국 국회에서 발간하는 백서에서 현실문제 해결능력이 현저히 떨어지는 인력을 양산한다고 비판받는 현 교육제도에 대한 새로운 대안으로 제시되기도 하였다(변호승, 1996).

이렇게 구성주의가 관심을 끌고 있는 것은 교수자가 학습자에게 지식을 전달하는 전통적 교육방식에 대한 반성도 일조했다고 할 수 있지만, 테크놀로지의 발달도 주요한 이유라 할 수 있다. 테크놀로지는 인간이 정보를 획득 · 분석 · 교류하는 데 속도와 용이성을 더해 주었고, 이에 따라 현실을 분석하고 결정을 내리며, 문제를 해결하는 능력의 습득이 더욱 중요해졌기 때문이다(Newby, 2000).

학습자가 비판적인 사고를 하고 창의성을 발휘하기 위해서는 단순한 사실적 지식의 습득을 넘어서야 하며, 교수자의 교육방식 변화가 불가피하다. 이러한 변화는 학습자 중심의 수업, 고차적 사고능력의 배양, 문제해결능력의 함양 등으로 나타났다. 학습의 단위도 개인 위주에서 모둠활동으로 확산되면서 협동학습이 강조되고 있다(Driscoll, 2005).

이러한 구성주의의 학습원칙과 세부적인 내용을 살펴보면 〈표 1-5〉와 같다(강인애, 2003).

표 1-5 구성주의 학습원리

구성주의 학습원칙	세부적 내용
체험학습	• 학습자의 선수지식, 관심, 배경에서 학습의 출발 • 문화적 동화를 통한 전문인으로서의 변화
자아성찰적 학습	• 자기주도적 학습, 자기규율적 학습, 문제해결능력 • 토론을 통한 성찰적 사고 실천
협동학습	• 다른 학습자들과의 대화참여를 통한 문화적 동화 • 그룹시너지 효과(학습효과, 다양한 시각 노출) • 개인 생각이나 견해에 대한 타당성 검증 및 심화학습
실제적 성격의 과제	• 학습과 성과의 연계성 · 학습과제의 상황성과 실제성 고려 • 학습동기의 증가(주인의식)
교수자의 역할: 코치, 동료학습자	• 학습의 조력자, 코치 • 학습자들과의 대화 참여를 통해 새로운 시각, 내용 등을 학습할 기회(동료 학습자로서의 역할) • 학습자들에 대한 참된 의미의 신뢰와 권위이양 실천

위와 같은 이론을 바탕으로 평생교육방법의 원리를 종합하면 다음과 같다(정해황 외, 2014). 첫째는 자발학습의 원리로 학습자들의 자발적 참여를 위하여 계속적으로 동기를 유발시키는 방법으로 교육내용에 필요성을 인지하도록 자극하고 자주적으로 배우고자 하는 욕구를 증대시키며 학습성과를 깨닫게 하여 효과를 증대시켜야 한다. 둘째, 자기주도적 학습원리는 자율성과 자기계발을 위하여 학습의 성과는 개별적 수준에서 평가되어야 하고 서로가 도움이 될 수 있는 점을 깨달아야 한다. 셋째, 상호학습의 원리는 배우고 가르치는 사람이 없이 중요한 영향을 잘 발휘하여 서로 배우고 가르치는 과정

을 마련해 주어야 한다. 넷째, 현실성의 원리는 사회생활을 현실적으로 여러 가지 문제와 교육의 필요성을 느끼고 있는 일반 학습자의 필요를 충족시키기 위한 현실성이 요구된다. 다섯째는 다양성의 원리는 학습자가 다양하고 이질적인 사람들로 이를 위한 학습방법도 다양하고 시간, 장소, 대상에 따라 달라져야 한다. 여섯째, 능률성의 원리는 투자에 비하여 큰 효과를 낼 수 있는 방법을 선택해야 한다. 일곱째, 참여교육의 원리는 전문요원들의 훈련에 참여교육방법과 기법의 훈련과 실제적 활용과 보급이 우선적으로 이루어져야 하며, 사회의 소외계층까지도 포함하는 참 발전을 위하여 스스로 해결하고자 하는 연구적인 방법으로 생활이 개선되어야 한다. 여덟째, 유희 · 오락의 원리는 교육내용이 즐거운 마음으로 접근할 때 그 진수를 심각하게 느껴 전체를 이끌 수 있다. 아홉째, 권두승(2004)은 학습자 스스로가 학습을 계획하고 통제하여, 감독하여 교육책임을 스스로 지는 형태로 독립성, 주도성, 자율성을 포함하여야 한다고 지적하고 있다. 마지막으로, 경험이 풍부하고 다양한 이력을 가지고 있는 성인학습자들이 서로 함께 다양한 활동을 통하여 새로운 의미를 찾고 지식적으로 한층 성장하여 문제를 해결하고 비판적 사고를 키워나갈 수 있도록 기회를 만들어 주는 구성주의의 원리 또한 성인학습자를 대상으로 하는 평생교육방법에서는 중요한 교육원리일 것이다.

기억하기

1. 교육의 핵심은 무엇을 어떻게 가르치는가에 있으며 교육방법은 학습목표에 따른 교육내용을 효과적으로 전달하여 학습목표를 달성할 수 있는지 그 방법을 의미한다. 교수자가 중심이 된 강의식에서부터 학습자 참여 중심의 방법 등 다양한 교육방법이 있으며 이때 교육내용, 학습자의 특성, 교수 · 학습자원 및 환경, 조직의 기대 등을 고려하여 적절한 교육방법을 선택할 수 있다.

2. 오늘날 평생교육의 중요성이 강조됨에 따라 평생교육 영역에서도 평생교육방법에 대한 연구가 한창이다. 평생교육방법은 평생교육목표를 달성하기 위하여 학습내용을 선정하고 조직하여 효과적인 교수 · 학습방법 등을 동원하는 일련의 조직적이고 의도적인 교육활동이다. 다만, 평생교육이 성인학습자들을 대상으로 하는 경우가 많기 때문에, 성인학습자들의 특성과 평생교육의 특수성을 충분히 반영하여 평생교육방법을 선택할 필요가 있다.

3. 평생교육은 학교교육과 달리 학습자 자신이 자기의 욕구와 교육참여를 스스로 결정하기 때문에 자기주체화의 원리, 자발학습의 원리, 자기주도적 학습역량 개발의 원리 등을 이해하며 평생교육방법을 결정해야 한다. 특히, 평생교육방법은 시대 · 사회적인 변화에 따른 구성주의 교육철학을 실천할 수 있기 때문에 이에 대한 이해도 필요하다.

평가하기

1. 어떤 교육방법을 선택할 것인지를 결정할 때 반드시 고려해야 할 선정기준을 기술하세요.

2. 평생교육방법의 개념을 설명하세요.

3. 평생교육방법을 결정할 때 성인학습자의 특성을 고려해야 합니다. 성인학습자가 가지는 가장 큰 특성은 무엇일까요?

정답

1. 교육내용, 학습자 특성, 교수·학습자원 및 환경, 조직의 기대 등으로 기술
2. 평생교육방법은 평생교육목표를 달성하기 위하여 학습내용을 선정하고 조직하여 효과적인 교수·학습방법 등을 동원하는 일련의 조직적이고 의도적인 교육활동이다.
3. 자기주체성이 강하고, 자발적인 학습이 가능하며, 자기주도적으로 학습역량을 개발할 수 있다. 등으로 기술

제 02 장

4차 산업혁명과 평생교육방법

개 요

2장에서는 4차 산업혁명, 인간 및 교육 패러다임의 변화, 4차 산업혁명과 평생교육방법의 관점에 대해서 학습한다. 4차 산업혁명 시대에 따른 사회 및 인간, 그리고 교육의 변화를 이해함으로써 이러한 시대에 평생교육방법을 선택하는 데 도움을 받을 수 있을 것이다. 교육은 단순히 이론을 넘어 시대 · 사회적인 변화를 따르기도 하고 때로는 그 변화를 이끌어 내야 하기 때문에 교육을 둘러싼 주변 환경을 이해하는 일은 반드시 필요하다. 특히, 4차 산업혁명시대에 사회의 변화 속도와 범위는 우리의 상상을 초월하기 때문에 이를 이해하기 위한 노력을 한시도 멈춰서는 안 될 것이다.

이에 본 장에서는 4차 산업혁명, 기술의 발전과 인간의 변화, 4차 산업혁명시대 필요한 역량, 4차 산업혁명과 교육 패러다임의 전환, 그리고 4차 산업혁명시대 평생교육방법의 이론적 근거로 학습자 태도 관련 이론, 미래의 역량 관련 이론, 평생교육 관련 이론으로 구분하여, 자기주도적 학습, 학습자 참여, 문제해결 중심, 창의성 중심, 안드라고지 등의 관점을 살펴보고자 한다.

제 02 장

4차 산업혁명과 평생교육방법

학습 목표

1. 4차 산업혁명에 따른 기술과 인간의 변화에 대해 설명할 수 있다.
2. 4차 산업혁명시대에 필요한 역량을 설명할 수 있다.
3. 미래사회에 필요한 역량을 갖추기 위한 교육에 대해 설명할 수 있다.
4. 4차 산업혁명시대 평생교육방법의 다양한 관점을 설명할 수 있다.

1. 4차 산업혁명과 교육의 변화

1) 4차 산업혁명

1차 산업혁명은 18~19세기에 걸쳐 일어난 것으로 증기기관의 발명과 함께 생산성이 급격하게 향상된 시기이다. 이때 다양한 기계의 발명과 기술의 혁신이 있었고, 석탄과 철을 주원료로 하는 철강산업의 발달이 있었다. 1차 산업혁명 덕분에 인간의 노동력이 기계로 옮겨가기 시작하는 대변화가 시작된 것이다. 그 이후 1870년부터 기존 산업의 성장과 함께 철강, 석유, 화학, 전기, 자동차산업과 같은 신규 산업의 확장에 기반을 둔 2차 산업혁명이 시작되었다. 이 당시는 경공업 중심에서 중화학공업 중심으로 산업 형태가 바뀐 것이다. 3차 산업혁명은 반도체와 컴퓨터, 인터넷의 보급으로 정보기술이 급격하게 발달한 1970년대에 시작된 것으로 이때는 인터넷의 발달로 다양한 정보의 공유가 가능해졌다.

4차 산업혁명은 정보통신기술(ICT)의 융합으로 이루어 낸 혁명시대로 18세기 산업혁명 이후로 네 번째로 중요한 산업시대를 의미한다. 위키백과사전에 따르면, 이 혁명의 핵심은 인공지능, 로봇공학, 사물인터넷, 무인운송수단, 3차원 인쇄, 나노기술과 같은 분야에서 새로운 기술 혁신이다. 4차 산업혁명은 2016년 1월 20일 스위스 다보스에서 열린 세계경제포럼에서 처음 언급된 개념으로, 3차 산업혁명을 기반으로 한 디지털과 바이오산업, 물리학 등의 경계를 융합하는 기술혁명이라고 설명한다.

4차 산업혁명의 대표적인 이기(利器)인 인공지능만 보더라도 그 변화와 성장의 정도는 우리가 상상할 수 있는 그 이상이다. 실제로 클라우스 슈밥(2017)은 《제4차 산업혁명》에서 이전과는 구별되는 4차 산업혁명의 특징으로 다음을 들고 있다.

첫째는 속도이다. 제1~3차 산업혁명과는 달리, 제4차 산업혁명은 선형적 속도가 아닌 기하급수적인 속도로 전개 중이다. 이는 우리가 살고 있는 세계가 다면적으로 서로 깊게 연계되어 있으며, 신기술이 그보다 더 새롭고 뛰어난 역량을 갖춘 기술을 만들어 냄으로써 생긴 결과이다. 둘째는 범위와 깊이이다. 제4차 산업혁명은 디지털 혁명을 기반으로 다양한 과학기술을 융합해 개개인뿐만 아니라 경제, 기업, 사회를 유례없는 패러다임 전환으로 유도하며 '무엇'을 '어떻게' 하는 것의 문제가 아니라 우리가 '누구'인가에 대해서도 변화를 일으키고 있다. 셋째는 시스템 충격이다. 제4차 산업혁명은 국가 간, 기업 간, 산업 간, 그리고 사회 전체 시스템의 변화를 수반한다. 이로 인해 빅데이터 활용이 활발해지고 수요에 따라 공급이 이루어지기도 하지만 반대로 빅데이터 분석을 통해 새로운 공급과 수요를 동시에 조절할 수 있다. 따라서 4차 산업혁명시대에는 수요-공급을 동시에 관리하는 플랫폼이 발생하고 결국 어떠한 플랫폼을 형성해서 정보를 수집할 것인가가 산업의 주요 테마가 될 것으로 예상된다.

클라우스 슈밥(2016)은 그의 책에서 제4차 산업혁명이 새로운 시대의 서막이 될 것이라고 말한다. 그가 왜 이렇게 이야기하는지 《클라우스 슈밥의 제4차 산업혁명》에서 새로운 시대의 서막 부분을 정리하면 다음과 같다.

우리는 제4차 산업혁명시대에 파괴적 변화와 혁신을 강하게 체감하는 이유는 그 규모와 범위 때문이다. 혁신의 발전과 전파 속도는 그 어느 때보다 빠르다. 오늘날 크게 각광받고 있는 에어비앤비, 우버, 알리바바 등과 같은 파격적 혁신기업은 불과 몇 년 전만 해도 비교적 잘 알려지지 않은 기업이었다. 유비쿼터스 아이폰이 2007년에 첫 출시된 이래로 2015년 말 스마트폰 사용자는 20억 명에 달한다. 구글은 2010년 자사의 첫 자율주행차를 선보였고 곧 전 세계 어디에서나 자율주행자동차를 쉽게 찾아볼 수 있을 정도로 보편화될지도 모른다.

4차 산업혁명은 진행 속도와 범위 외에도 수많은 분야와 발견이 끊임없이 융합하고 조화를 이루는 독특한 습성을 지니고 있다. 서로 다른 과학기술이 상호의존하여 창출한 획기적인 상품은 더 이상 SF 소설 속 이야기가 아니다. 실례로 디지털 제조와 생물학 분야의 합작이 성사되었다. 몇몇 디자이너와 건축가는 이미 전산설계, 적층가공, 재료공학, 합성생물학을 접목해 미생물과 인간의 신체, 소비재와 거주 건물까지 포괄하는 시스템을 개척하는 중이다. 이런 방식으로 그들은 연속적으로 변화하고 적응하는 사물을 만들고 있다.

비약적으로 급증한 연산력과 방대한 양의 데이터 유효성으로 눈부신 성장을 거듭한 인공지능은 신약 개발 소프트웨어부터 문화적 관심사를 예측하는 알고리즘 개발까지 가능하다. 이러한 대부분의 알고리즘은 우리가 디지털상에 남기는 데이터의 빵부스러기 같은 흔적을 따라 생성된다. 이 때문에 새로운 형태의 기계학습뿐 아니라 지능로봇과 컴퓨터가 스스로 프로그래밍을 해 기본 원칙들에서 최적의 솔루션을 찾아내는 자동탐색 역시 가능해졌다.

애플의 시리 같은 애플리케이션은 급진전한 인공지능의 저력을 보여 주는 대표적인 사례로, 소위 인공지능비서라 불린다. 불과 2년 전만 해도 인공지능 개인비서는 막 시작하는 단계였지만, 현재 음성인식기술과 인공지능이 매우 빠르게 성장하고 있어 머지않아 컴퓨터와 대화가 보편화될 것으로 예상된다. 또한, 사용자의 요구를 접수하고 처리하기 위해 지속적으로 정보를 수집하는 로봇 개인비서의 등장도 가능해질 것이다. 기술전문가들은 이를 앰미언터 컴퓨팅이라고 칭한다. 우리가 쓰는 기기들은 따로 요청하지 않아도 우리 이야기를 들으며 요구를 예측하고, 필요한 순간 우리를 도우면서 점차 인간 생태계의 일부로 자리 잡을 것이다.

2) 기술의 발전과 인간의 변화

클라우스 슈밥(2016)은 《클라우스 슈밥의 제4차 산업혁명》에서 4차 산업혁명시대에 우리 인간을 둘러싼 변화에 대해서 언급한 바 있다. 기술의 발달에 따른 변화와 더불어 우리 인간의 정체성, 도덕성, 윤리는 어떠한 변화가 있을 수 있으며, 또한 어떤 지점에서 기술과 인간의 연결이 가능한지 등을 휴먼커넥션이라는 주제로 기술하였는데, 그의 자료를 인용하면 다음과 같다.

4차 산업혁명은 우리의 행동양식뿐만 아니라 정체성도 변화시킨다. 4차 산업혁명이 개인에게 미칠 영향은 다양하다. 정체성뿐만 아니라 프라이버시와 오너십에 대한 개념, 소비 패턴, 일과 여가에 할애하는 시간, 경력을 개발하고 능력을 키우는 방식 등 정체성과 관련된 여러 측면에도 영향을 끼친다. 또한, 우리가 사람을 만나고 관계를 쌓는 방법과 사회적 계급, 그리고 건강에까지 영향을 미칠 것이고, 우리가 생각하는 것보다 빠르게 증강인간(human augmentation)을 실현해 인간 존재의 본질에 대한 의문을 불러일으키게 될 것이다. 이러한 변화는 유례없이 빠른 속도로 진행되어 우리에게 흥분과 공포를 동시에 일으키고 있다.

지금까지 기술은 우리가 쉽고, 빠르게 그리고 효율적인 방법으로 일할 수 있게 했다. 또한, 개인이 발전할 수 있는 기회도 제공했다. 그러나 지금 우리는 기술이 제공할 수 있는 것이 더 많다는 사실과 단지 순기능으로서의 역할만 생각할 수 없는 일임을 직감하기 시작했다. 앞서 설명한 것처럼, 우리는 끊임없이 적응을 요구하는 본질적 체제 변화의 문턱에 서 있다. 그 결과로 변화를 받아들이는 사람과 변화에 저항하는 사람 사이에 점차 심화되는 양극화를 목격할 수도 있다.

사실 4차 산업혁명이 진행되면 진행될수록 사회적 불평등이 발생할 것이라고 주장하는 학자들도 많으며, 그 뿐만 아니라 존재론적 불평등은 그 단어 자체가 의미하는 것처럼 수용하는 사람과 저항하는 사람, 그리고 물질적 승자와 패자로 갈라놓게 될 것이다. 승자는 4차 산업혁명의 특정 분야, 예를 들어 유전공학과 같은 분야에서 가능해진 인간의 근본적인 개선에서 오는 이점을 누릴 수 있게 될 것이다. 반면, 패자는 그렇지 못할 것이다. 때문에 우리가 한 번도 겪지 못했던 종류의 계층 간 갈등과 충돌을 야기할 위험이 있다. 잠재적 분열과 갈등은 디지털 세상에서 나고 자란 세대와 반드시 디지털 세상에 적응해야만 하는 세대 간의 단절을 더욱 악화시킬 것이다. 이 역시 여러 윤리적 쟁점을 불러일으킬 수 있다.

사실, 세상이 더욱 디지털화되고 첨단 기술화될수록, 우리는 친밀한 관계 및 사회적 연계에서 비롯되는 인간적 감성을 더욱 갈구하게 된다. 4차 산업혁명으로 개인과 집단이 기술과 더욱 깊은 관계를 맺게 되면서, 인간이 타인과 공감할 수 있는 사회적 능력에 악영향을 끼칠 수 있다는 우려 역시 커지고 있다. 이런 상황은 더 이상 우려가 아닌 현실이 되고 있다. 2010년 미시간 대학교에서 진행한 연구에 따르면, 대학생들의 공감능력이 20~30년 전 학습자들과 비교해서 40%나 떨어졌고, 이러한 공감능력의 저하는 대부분 2000년 이후에 발생했다.

MIT 대학교의 셰리 터클 교수에 따르면 10대 청소년 가운데 44%는 운동경기를 할 때나 가족 혹은 친구와 함께 식사를 하는 자리에서도 온라인 세상과의 연결을 끊지 않는 것으로 밝혀졌다. 서로 얼굴을 맞대고 하는 대화는 온라인 소통으로 밀려났고, 온라인 미디어에 휩쓸린 젊은 세대 전체가 타인의 말을 듣거나 눈을 맞추거나, 타인의 몸짓을 이해하는 데 어려움을 겪을 수 있다는 공포심이 생기고 있다(최손환, 2018). 이처럼 사회의 변화로 인한 인간의 변화는 필수불가결한 것이며 이에 교육을 통하여 인간이 긍정적인 방향으로 변화될 수 있도록 역할해야 하는 것이다. 이는 교육의 역할이 더 중요한 시대가 되었음을 의미한다.

2. 4차 산업혁명과 교육 패러다임의 전환

1) 4차 산업혁명시대 필요한 역량

인간의 역사를 보면 산업혁명과 더불어 시대와 사회가 변해왔고, 변화된 환경에서 살아가는 인간에게 필요한 역량 또한 변화되어가는 경향을 보인다. 그렇다면 4차 산업혁명시대에 필요한 인재는 어떤 역량을 갖추어야 할까?

OECD 미래 프로젝트, 미래학자, (故)스티브 잡스 등도 앞으로 사회생활을 할 때는 지적인 능력뿐만 아니라 타인에 대한 배려와 협력, 소통과 공감, 정직과 책임, 창조적 도전과 열정, 팀워크와 성실한 책임감, 지적 도구활용능력, 자율적 행동, 사회적 상호작용 능력 등이 필요하다고 말한다. 사실 과거 산업사회에는 3R(reading, writing, arithmetic)이 가장 중요한 직업인의 기초 역량이었으며, 산업사회를 살아가기 위해서는 이것으로 충분했다. 하지만 정보화 사회와 4차 산업혁명이 일어나고 있는 지금은 더 복잡하고 다양한 종류의 직업이 생겨나고 있으며, 우리에게 익숙한 직업들은 사양의 길을 걷고 있다. 이에 우리에게는 또 다른 역량이 필요하다.

이러한 역량에 대해 가장 대표적인 연구로 OECD, P21, ACT21S 연구가 있다. OECD는 1997~2003년까지 '성공적인 삶과 제대로 작동하는 사회를 위해 필요한 핵심역량은 무엇인가?'라는 질문을 던지고, DeSeCo(Definition and Selection of Competencies) 프로젝트를 통해 미래 핵심역량을 규명하기 위한 연구를 실시하였다. DeSeCo 프로젝트의 미래 핵심역량은 크게 세 가지 카테고리로 구성되어 있다.

첫째는 도구를 상호작용적으로 사용하는 역량으로, 개인 자신이 속한 환경 내에서 효과적으로 상호작용하기 위해서 언어, 상징, 문자, 지식, 정보, 테크놀로지와 같은 광범위한 도구를 사용할 수 있어야 한다. 둘째는 이질적인 집단과 상호작용하는 역량으로, 다원화 사회에서 다양성을 다룰 줄 알아야 하며 공감과 사회적 자본의 중요성을 고려할 수 있어야 한다. 셋째는 자율적으로 행동하는 역량으로, 주도적으로 자신의 생애를 계획하고 관리하며 책임이나 권익에 대해 인식함으로써 사회 속에서 자율적으로 행동할 수 있는 능력이다(OECD, 2005).

DeSeCo 프로젝트 이후 미래 핵심역량을 규명한 연구가 많이 이루어졌는데, ATC21S (Assessment and Teaching of Twenty-First Century Skills)가 대표적인 사례이다. 다국적 연구 프로젝트인 ATC21S는 미래사회의 지속 가능한 경제발전에 초점을 두고 21세기에 필요한 핵심역량을 사고방법, 작업방법, 작업도구, 세상 속에서 살아가는 방법이라는 4개의 범주로 구분하여 창의력과 혁신능력, 문제해결력, 의사결정력 등의 하위요인을 제시하였다(ATC21S, 2012).

다음으로, 국제미래학회 · 한국교육학술정보원(2017)의 〈대한민국 미래교육보고서〉를 살펴보면, 4차 산업혁명시대가 주도할 사회에서는 인간성, 다양성, 창의성, 유연성을 갖추어 지식을 해석하고 활용할 수 있는 융합형 인재가 요구될 것이라고 말한다. 첫 번째 영역은 창의로운 인지역량영역으로 창의성과 문제해결 사고력, 미래 도전력, 인문학적 소양이다. 두 번째 영역은 인성을 갖춘 정서역량으로 인성 · 윤리의식, 문화예술 소양, 자아긍정 관리, 협업 리더십 역량이다. 세 번째 영역은 협력하는 사회 역량으로 소통과 협력, 사회적 자본 이해, 글로벌 시민의식, 스포츠 · 체력과 관련된 역량이다. 네 번째 영역은 생애주기 학습역량으로 주기주도 학습력, 과학기술 변화 이해, 새로운 ICT 활용능력, 평생학습능력이다.

앞서 언급한 〈4차 산업혁명시대 대한민국 미래교육 보고서〉 외의 연구를 보면, 허희옥 등(2011)은 기초능력개발영역에는 창의적 능력, 문제해결력, 의사소통, 협력, 테크놀로지 리터러시, 예술적 사고, 인성개발영역에는 배려, 전심전력, 도전의식, 윤리의식, 경력증진영역에는 사회적 능력, 유연성, 자기주도성, 리더십, 책무성으로 정리하였다(이동국 외, 2014).

뿐만 아니라, 급변하는 미래사회에 적응하여 살아가기 위해서 우리가 갖춰야 할 능력에 대해서 하워드 가드너(2008)는 그의 저서 《미래 마인드》에서 미래를 성공으로 이끌 다섯 가지 마음능력을 제시하였다. 첫째는 훈련된 마음(disciplined mind)으로, 최소한 한 종류의 사고방식을 통달한, 즉 특정 학문 분야나 기술, 혹은 전문 직업의 특징을 이루는 그 분야의 지식을 통달한 마음이다. 각종 연구를 통해 확인된 바에 따르면, 하나의 학문 분야에 통달하기까지는 10년 가까운 세월이 걸린다고 한다. 둘째는 종합하는 마음(synthesizing mind)으로, 다양한 출처로부터 정보를 얻고, 그 정보를 객관적으로 이해하고 평가하며, 그것을 자신과 다른 사람들이 이해할 수 있도록 구성하는 마음이다. 종합하는 능력은 정보량이 아찔한 속도로 증가하고 있는 오늘날에는 한층 더 중요해졌다. 셋째, 창조하는 마음(creating mind)은 훈련된 마음과 종합하는 마음을 토대로 새로운 경지를 개척하는 마음이다. 창조하는 마음은 새로운 아이디어를 내고, 익숙하지 않은 질문을 제기하며, 참신한 사고방식을 불러일으키고, 예기치 못한 해답에 도달하기도 한다. 넷째는 존중하는 마음(respectful mind)으로, 개인 및 집단 간의 차이점에 주목하고 그것을 받아들이며, 타자들을 이해하려고 노력하고, 그들과 효율적으로 일하려고 애쓰는 마음이다. 그리고 마지막은 윤리적인 마음(ethical mind)으로, 인간의 노동의 본질과 우리가 사는 사회에 대해 깊이 생각할 줄 아는 마음이다.

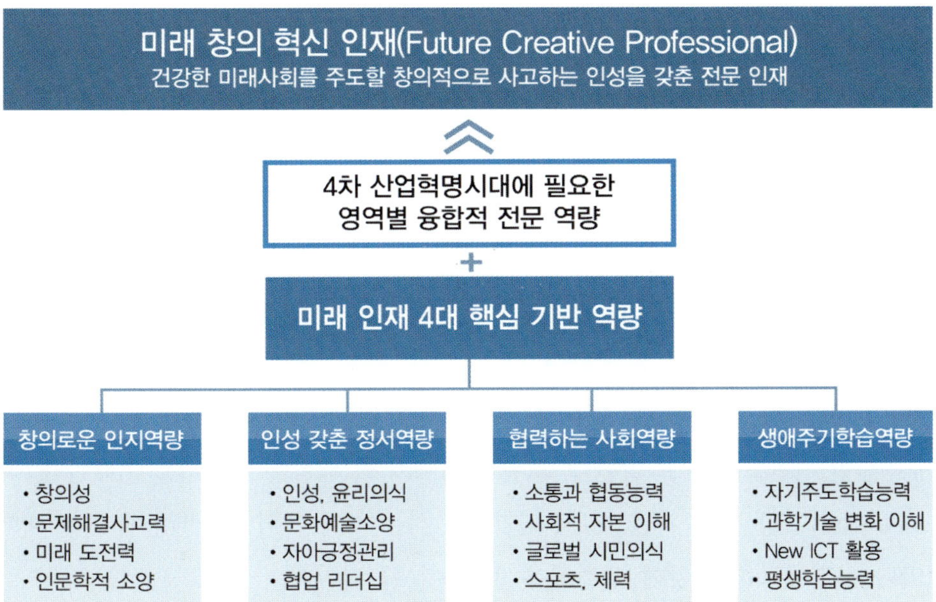

그림 2-1 대한민국 미래교육 인재역량

출처: 국제미래학회 · 한국교육학술정보원(2017). 대한민국 미래교육보고서. 175쪽.

그는 최소한 한 분야에서 전문성을 갖추지 못한 개인은 남의 장단에 춤을 추게 되기 때문에 훈련된 마음이 필요하고, 정보량이 아찔한 속도로 증가하는 현대사회에는 종합하는 마음이 반드시 필요하다고 한다. 특히, 새로운 아이디어를 내고, 익숙하지 않은 질문을 제기하며, 참신한 사고방식을 불러일으키기 위해서 창조하는 마음이 필요하다. 그리고 누구도 자신의 껍질 속이나 자신의 영역에만 머물 수 없기 때문에 존중하는 마음이 필요하며, 존중하는 마음에서 한 단계 더 추상적으로 나아가 사회 전체의 이익을 증진시키기 위해 헌신적으로 일할 수 있는 윤리적인 마음이 필요하다.

모두 다 중요하겠지만, 이 중에서 미래사회가 급변하고 다양성을 강조한다는 점을 감안하면 창의융합과 관련된 마음이 더욱 중요한데, 창의융합과 관련된 마음은 종합하는 마음과 창조하는 마음이다. 종합하는 마음과 창조하는 마음은 현 단계의 지식을 종합하고, 새로운 발견들을 통합하며, 새로운 문제점들을 찾아내는 것으로 자신의 분야에서 인정받기 위한 전문가에게는 꼭 필요한 일이다. 이를 통해 자신뿐만 아니라 사람들의 생각과 감정, 그리고 행동을 변화시킬 줄 알아야 한다. 이 외에도 가드너는 미래를 살아가기 위해서 과학기술적인 마음, 유연한 마음, 감성적 마음, 전략적 마음, 민주적 마음 등을 이야기하고 있다.

2) 4차 산업혁명과 교육 패러다임의 전환

웰즐리 칼리지 명예총장인 다이아나 채프먼 월시는 다음 세대가 맞닥뜨린 전 세계적 문제들은 '머리'와 '가슴'을 포함하여 학습자들이 가진 모든 자원을 활용하는 교육을 요청하고 있다. 시간은 늦었고 일은 어려우며 위험은 크지만, 대학만큼 이 일을 감당하기에 적합한 기관도 없다고 말한다. 그는 대학에서 그 역할을 해주기를 기대한다. 하지만 이제 대학이 평생교육기관으로서 역할해야 하는 시기가 되었기 때문에 이는 대학뿐만 아니라 평생교육도 함께 해결해야 할 몫이 된 것이다.

웬델 배리는 대학은 무엇보다 인간을 키우는 곳이다. 대학은 온전한 의미의 인간을 키우라는 사명을 부여받았다. 여기서 온전한 의미의 인간이란 숙련된 노동자나 풍부한 지식을 갖춘 시민이 아니다. 그것은 인류의 문화를 책임 있게 계승하는 상속자이자 문화 구성원으로서의 인간이다. 훌륭한 인간, 즉 온전하게 발달한 인간을 길러낼 수 있다면 뛰어난 업적을 내는 훌륭한 시민은 자연스레 따라온다. 이것이 다양한 학문을 한 곳에 모아 놓은 대학의 근본 취지라고 말했다.

신영복(1996)은 《나무야 나무야》에서 "대학은 기존의 이데올로기를 재생산하는 곳이기도 하지만 그 연쇄의 고리를 끊을 수 있는 가능성의 땅이다" 라고 말한 바 있다. 이처럼 대학은 학습자들의 머리와 가슴을 키울 수 있는 교육을 수행하고, 변화의 시대에 부합하는 교육을 통해서 변화의 가능성을 시도해 볼 수 있는 그러한 곳이다.

파커 J. 파머(2017)는 《대학의 영혼》에서 "대학의 주요한 목적이란 학습자들로 하여금 자신이 누구인지 알게 하고, 삶의 더 큰 목적을 탐색하도록 돕는 일이고 대학이 단지 지식을 전수하는 기관이어서는 안 되며, 대학은 문학적 상상력과 철학적 고찰이 담긴 인류의 위대한 지적 유산을 주의 깊이, 그리고 비판적으로 읽음으로써 삶의 신비와 의미를 탐색하는 열린 장이 되어야 한다"고 말한다.

헤리 루이스 전 하버드대 학생처장은 《영혼 없는 우수성》이라는 책에서 대학의 소명에 대해서 언급한 바 있다. 그는 "대학의 주요한 목적이란 학습자들로 하여 자신이 누구인지 알게 하고, 삶의 더 큰 목적을 탐색하도록 돕는 일이다. 또 대학 문을 들어섰을 때보다 조금 더 나은 인간으로 대학 문을 나서게 하는 것이다"고 하였다. 또한, 그는 "대학은 단지 지식을 전수하는 기관이어서는 안 된다. 대학은 문학적 · 철학적 상상력이 담긴 인류의 위대한 지적 유산을 주의 깊이, 그리고 비판적으로 읽음으로써 삶의 신비와 의미를 탐색하는 열린 장이 되어야 한다"고 말한다.

파커 J. 파머와 아서 자이언스(2017)에 따르면 21세기 대학교육은 뉴턴과 데카르트가 아니라 아인슈타인과 보어의 렌즈로 보아야 한다. 아인슈타인과 보어는 물질과 기계론 중심의 과학이 아니라 부분들 사이의 관계와 역동을 중시하는 과학을 전개했다. 그는 바로 관계와 역동적 과정이라는 렌즈를 중요하게 말한다. 관계와 역동이 중요한 이유는 다양한 문명을 이해하고 그동안 이어져 온 특정 관점에 의해서 바라보던 세상을 달리 볼 수 있는 눈을 가지기 위해서는 변화된 세상의 관계를 바라볼 수 있어야 하고 그 속에서는 어떤 변화과정들이 얽혀서 나타나고 있는지 역동의 메커니즘을 파악할 수 있어야 하기 때문이다. 그것이 바로 관계와 역동적 과정이라는 렌즈를 우리가 가져야 하는 이유이다.

사실 대학의 역할이 이 시대를 살아가는 학습자들에게 중요하다는 점은 모두 인식하고 있다. 특히, 오늘날은 평생교육의 시대이며 앞서 언급한 대한민국 미래교육역량에서도 평생학습능력을 강조하고 있기 때문에 이제 대학과 더불어 그 역할을 평생교육에서도 책임감을 가지고 수행해야 한다.

이처럼 4차 산업혁명시대에 즈음하여 이 사회의 변화와 더불어 이 사회가 필요로 하는 인재상도 예전과는 다른 양상을 보인다. 한마디로 교육의 대·내외적 환경이 모두 변화되어 간다고 볼 수 있다.

이와 더불어 4차 산업혁명시대에 교육이 해야 할 큰 과제를 제시한 연구가 있다. 최근의 연구결과들을 보면, 지루함과 빈둥거림이 무가치한 게 아니라 창의성을 촉발하는 결정적인 요소라는 점을 강조한다. 캐나다 워털루대학 이고르 그로스만 등의 2012년 연구논문은 빈둥거릴 때 창의적 문제해결력이 훨씬 뛰어났다는 결과를 발견했다. 마커스 레이클 워싱턴대학 교수는 인지활동을 하지 않고 아무 생각 없이 멍하게 빈둥거릴 때 비로소 활성화되는 뇌 영역인 디폴트 모드 네트워크의 존재를 밝혀냈다. 디폴트 모드 네트워크는 자아성찰, 사회성과 감정, 창의성을 지원하는 뇌의 영역이라는 사실이 첨단 뇌촬영장치(fMRI) 등을 활용한 연구로 속속 밝혀지고 있다. 인공지능 전문가인 인류학자 제너비브 벨 오스트레일리아 국립대학 교수는 지루함은 창의성과 직결된다. 샤워할 때, 운전할 때, 잡초를 뽑거나 담장을 페인트칠할 때 우리는 기발한 생각을 쉽게 만난다고 말한다. 스마트한 디지털 서비스와 상시 연결된 삶이 이 시대에 가장 요구되는 창의성을 없애는 결과로 이어진다는 지적이다(한겨레, 2017년 10월 9일 기사).

우리는 이 점을 감안하여 학습자들이 미래에 필요한 역량을 갖추어 나갈 때 다양한 비교과 프로그램을 제공하여 삶의 여유와 생활에 악센트를 찾아 줌으로써 4차 산업혁명시대에 인간으로서 반드시 필요한 역량을 갖추어 나갈 수 있도록 해야 할 것이다. 사실 과학기술의 발달은 필연적으로 우리 인간의 삶에 직·간접적으로 상당히 많은 영향을 미친다. 이처럼 과학기술의 발달은 결국 우리의 가치관, 혹은 인식에도 지대한 영향을 끼치고, 우리의 가치관을 형성하는 데 있어서 교육은 아주 중요한 역할을 하게 된다.

4차 산업혁명시대에 필요한 인재는 단순히 안정적 직업을 위해 지식을 습득하고 자격을 갖추는 인재가 아니라 끊임없이 고민하고 새로운 것을 추구하고 도전적인 의식을 가진 창의적 인재이다. 4차 산업혁명과 더불어 급격하게 성장하기 시작한 문명의 이기, 즉 디지털 문명은 때로는 300여 년간 이어온 우리 인간 이해의 철학적 근간을 흔들어 놓는 것일지도 모른다. 이럴 때일수록 우리는 무언가 새로운 것을 이해해 나가기 위해서 인식의 대상에 대해서 존중, 부드러움, 가까워지기, 연약성, 참여, 변화, 창의적인 통찰의 마음을 가지고 접근해야 할 것이다. 뿐만 아니라 이러한 사회를 대비하기 위해서 가드너가 말하는 다섯 가지 마음인, 훈련된 마음, 종합하는 마음, 창조하는 마음, 존중하는 마음, 윤리적인 마음도 키울 수 있어야 한다.

이처럼 다변화되어 가는 미래를 대비하기 위해서 대학은 스스로 자신의 진로를 설계하고 개척하며 만들어 가는 인재를 길러야 한다. 이를 위해서 교육은 학습자들에게 개개인의 창의성과 기초코딩능력과 이해력을 가진 인재로 성장해 갈 수 있도록 장(場)을 펼쳐줘야 할 것이다.

오늘날은 교육을 바라보는 패러다임 자체가 변화하고 있는 것이다. 〈대한민국 미래교육보고서〉에는 일방적으로 지식을 주입하고, 암기하게 하여 확인 평가하고, 서열화하는 전통방식의 교육은 더 이상 존립 가치가 상실되고 있다고 말하며, 4차 산업혁명시대에는 창의력과 팀워크 및 미래 대응능력과 인성을 함양하는 교육 등으로 획기적으로 변화해야 함을 강조하고 있다. 레이 커즈와일의 말처럼 인류 전체의 연산능력보다 알파고와 같은 컴퓨터 한 대의 연산능력이 뛰어난 시대에, 학습자들에게 단순이 지식과 데이터만을 습득하게 할 수는 없는 노릇이다.

브라질의 교육사상가인 파울로 프레이리(Paulo Freire)가 말한, 단순히 지식을 주입하는 은행저축식의 교육방법을 지양하고, 학습자들의 능동적인 참여와 협력을 이끌어 내는 방법을 활용해야 할 것이다. 학습자들의 참여, 탐구, 토론, 협력 등이 일어나려면 무엇보다 먼저 의문을 품고 질문하는 연습이 필요하다. 학습자들이 스스로에 대해서 성찰하고, 우리에 대해서 성찰하고, 사회에 대해서 성찰할 수 있도록 유도해야 한다. 사실, 의미 있는 학습이 가능하려면 학습자 인지구조의 변화가 일어나야 하는데, 인지구조의 변화는 수업에 흥미와 관심을 가지고, 수업의 주인이 되어 적극적으로 참여했을 때 가능하다. 학습자들이 새로운 사실을 알았을 때 인지구조의 변화 없이 단순히 수동적인 자세로 받아들이기만 한다면 그것은 정보수집 차원에 머물 뿐 자신의 지식으로 환원되어 성장하지 못한다. 이처럼 교육의 패러다임이 바뀌고 있다.

3. 4차 산업혁명시대 평생교육방법의 다양한 관점

4차 산업혁명시대와 관련하여 평생교육방법의 관점을 학습자 태도 관점, 미래의 역량 함양 관점, 평생교육 관점으로 구분하여 살펴보면 다음과 같다.

1) 학습자 태도 관점

(1) 자기주도적 학습이론

자기주도적 학습이론을 송인섭(2006)과 박형근(2012)의 자료를 토대로 재정리하면 다음과 같다. 자기주도학습능력은 지식이 급속히 신생 · 성장 · 소멸하는 21세기 사회에 반드시 갖추어야 할 역량 중의 하나이다. 급변하는 사회 속에서 살아가기 위해서 요구되는 지식, 기술, 정보를 습득하고 자신의 아이디어를 정확히 표현하고, 어떤 과제가 주어졌을 때 스스로 해결하는 능력을 가져야 경쟁력을 갖추었다고 말할 수 있다.

자기주도적 학습(Self-directed Learning)은 '자기계획적 학습', '자기조절학습', '자기교수', '자기조정학습', '자기규제학습' 등의 다양한 용어로 사용되고 있으나 그 의미는 유사하다. 우선 몇몇 학자들이 말하는 자기주도적 학습의 의미를 살펴보면 다음과 같다.

놀스(Knowles, 1975)는 자기주도학습이란 타인의 도움 없이 자기 스스로가 주도권을 가지고 학습목표를 설정하고, 효율적인 학습전략을 사용하며, 학습결과를 스스로 평가하는 일련의 과정이라고 말한다. 그는 〈표 2-1〉과 같이 교수자주도학습(Teacher-directed Learning)과 비교하여 다섯 가지를 가정하였다(박영태 외, 2002).

표 2-1 교수자주도학습과 자기주도학습의 비교

영역	교수자주도학습	자기주도학습
자아개념	본질적으로 의존적인 존재	자기주도성을 가지기 위한 능력과 요구를 가진 존재
경험의 역할	학습자경험은 학습자원으로서 교수자와 학습자료 제작자의 경험보다 가치가 미흡	학습자의 경험은 전문가의 자원과 함께 학습의 풍부한 자원이 될 수 있도록 개발되어야 함
학습의 준비도	성숙수준이 동일한 학습자는 학습준비도가 같음	자신의 삶의 문제를 좀 더 적절하게 해결해야 할 필요성에 의하여 자기주도학습이 이루어지므로 개인에 따라 학습준비도가 다름
학습지향성	교과 중심 지향으로 학습경험은 내용의 단위에 따라 조직되어야 함	문제 중심 지향으로 학습경험은 문제해결학습과제의 형태로 조직
학습동기	외적인 보상(점수, 실패에 대한 두려움)에 의해 학습이 일어남	내적 동기(자아존중감, 성취욕구, 호기심)에 의해 자기주도학습이 일어남

기번스(Gibbons, 2002)도 자기주도학습과 교수자주도학습을 비교하면서, 자기주도학습이란 언제, 어디서, 어떤 방법을 사용하든지 학습자 스스로의 노력으로 자신의 지식, 기술, 성취감 혹은 개인적 발달을 향상시키는 것으로, 이는 학습자 자신이 선택하고 스스로 초래한 결과라 정의하였다. 반면, 교수자주도학습은 교수자가 주도하여 학습자의 지식과 기술을 향상시키는 것으로 학습목표 설정, 학습과제 제시, 학습활동, 평가에 대한 선택권이 교수자에게 있는 것이라 정의하였다.

양명희(2000)는 자기주도학습은 타인의 조력 여부에 상관없이 학습자 스스로 자신의 학습상태를 파악하여 학습목표를 설정하며, 학습에 필요한 인적 · 물적 자원을 확보하여 적절한 학습전략을 선택, 실행하며, 자신의 학습속도에 맞추어 학습을 조절하고 학습이 진행되는 동안 끊임없이 평가하고 점검하는 데 스스로 주도권을 갖는 학습방법이라고 정의한다. 또한, 정미경(2003)은 자기주도학습이란 학습자가 자신의 학습활동의 주인이 되어 학습목표와 학습동기를 진단하고, 학습에 필요한 인적 · 물적 자원을 관리하며, 학습의 모든 과정에서 의사결정과 행위의 주체가 되는 자기학습으로 정의하고 있다.

결론적으로 자기주도학습의 핵심적 개념은 개별학습자가 스스로 자신의 학습에서 주도권을 갖고 자신의 학습요구를 진단하고 자신의 학습목표를 설정하며, 학습에 필요한 인적 · 물적 자원을 확보하고 적합한 학습전략을 선택 · 실행한 학습결과를 스스로 평가하는 과정과 활동을 통하여 학습의 극대화를 가져오게 하는 것이다.

(2) 학습자 참여이론

구성주의 교육 패러다임의 등장과 함께 오늘날 학습자 중심 교육이 그 어느 때보다 적극적으로 논의되고 있다. 교수자 중심의 학습에서는 모든 학습이 교수자가 중심이 되어 진행되기 때문에 실제로 학습자는 학습과정에서 배제되는 경우가 있다. 하지만 학습자 중심으로 수업이 이루어질 경우, 학습자들이 학습목표, 교육내용 및 방법, 평가 등에 직 · 간접적으로 참여하고 있기 때문에 학습의 주인이 된다.

학습자 참여학습은 교수자가 중심이 되어 일방적으로 설명하는 기존의 주입식 교육방법을 탈피하고, 학습자가 중심이 되어 교수 · 학습에 능동적으로 참여하며, 토론하고 발표하는 과정을 거치면서 올바른 학습습관을 배양하고 학습자의 수준에 맞는 수업방식으로 흥미와 관심을 유도하는 것이다. 학습자 참여학습은 학습자의 개성과 자율성을 존중하며 그들의 수준과 흥미, 과정을 더욱 중요시한다. 이를 통해 학습자들이 자아탐구와 개발을 통해 열린 자아의 실현을 이루고 창조성과 자율성을 바탕으로 자신의 잠재능력을 발현할 수 있는 것이다(박미자, 2005).

학습자 참여학습은 이런 점에서 의미가 있다. 학습의 주인이기 때문에 좀 더 관심을 가지고 적극적으로 참여할 수 있다. 적극적으로 참여하게 되면 흥미를 가지게 되고 학습의 성과는 더해지기 마련이다. 그 뿐만 아니라 앞서 자기주도학습에서 살펴보았던 다섯 가지의 성취인 변화, 집중력, 자신감, 두뇌활용, 진전 등에서 그 성과를 맛볼 수 있다.

학습자 중심으로 이루어지는 학습자 참여학습의 원칙은 학습자를 능동적으로 지식을 탐색하는 학습자로 그리고 있다. 그 방법은 다음과 같다. ① 정보의 재해석과 스스로의 경험, ② 성적이나 다른 보상에 의해 동기화되기보다 자발적 동기화로 지식 탐구 추구, ③ 상호작용을 구성하기 위해 다른 이들과 함께 협력, ④ 자신 고유의 학습전략을 알고 그 전략을 새로운 문제나 상황에 적용이 그것이다(강갑원 외, 2005).

학습자 참여 중심의 방법은 수업시간 중에 학습자들의 발표력과 학습능력을 향상시킬 수 있으면서 학습자들을 수업에 직접 참여시키는 방법은 굉장히 다양하게 존재한다. 예를 들어, 학습자 참여학습이 가능한 토의법, 탐구학습, 문제해결학습, 프로젝트법, 문제 중심 학습(PBL), 팀 중심 학습(TBL) 등이 있으며, 발표력과 학습을 위한 토의토론 방법으로 돌아가며 말하기, 라운드로빙(Round Robin), 회전목마(Carrousel), 가치 수직선(Value Continuum), 배심토의(Panel), 역할놀이, 짝토론 등이 있으며, 학습자들의 다양한 아이디어를 얻을 수 있는 방법으로, 디즈니 창의성 전략, 브레인스토밍(Brain Storming), 버즈(Buzz), 어항(Fish Bowl) 등이 있다. 그리고 쟁점 분석을 위한 방법으로 브레인라이팅(Brain Writing), 생선뼈(Fishbone), SWOT 분석, pro-con협동학습, 도덕적 딜레마, 가치명료화, 찬반대립토론 등의 방법이 있다. 마지막으로 의사결정을 위한 방법으로는 만장일치, 복수선택 질적 의사결정, 에피소드 의사결정, 목표 나무(Target Tree), 집단 탐구(Group Investigation) 등의 방법이 있다. 이러한 방법들은 학습목표와 수업의 주제에 맞추어 다양하게 적용할 수 있다. 이 외에도 아이디어를 얻기 위한 방법, 쟁점 분석을 위한 방법, 의사결정을 위한 방법 등도 그 목적에 따라서 다양한 방법을 적용하여 학습자들을 수업에 직접적으로 참여시킬 수 있다.

2) 미래의 역량 함양 관점

(1) 문제해결 중심 이론

박성희 등(2013)에 따르면 브론펜브레너는 생태적 전이를 중시하여 미시체계 속에서 개인의 역할을 변화시키거나 거시체계 속에서 환경을 변화시키는 문제해결방법을 강조하였다. 학습자 요구에 기반한 종합 지원과 다양한 방법을 통한 통합적 지원을 강조하며, 스스로 문제해결과 문제의 사전 예방, 자신을 중심으로 하는 문제해결능력을 함양하여야 한다. 이 원리의 원칙은 첫째, 예방 원칙으로 교육의 중심을 위기에 처한 개인의 안정을 지원하며, 위기 원인과 위급한 구조적 위기에서 벗어나도록 지원하며, 둘째 지역화 원칙은 상담기관과 상담자가 내담자를 찾아가도록 하는 것으로 지원구조를 바꾸어 지역사회 특성을 고려한 생활공간을 창출하도록 지원한다. 셋째 일상생활 지향 원칙은 학습자가 자율적으로 생활하도록 일상생활 지원서비스를 제공하기 위하여 개인의 사회적 관계의 상황을 분석하고 결손 부분을 지원하여 자율적인 존재가 되도록 도와주며, 넷째 완성 원칙은 시설이나 기관에서 보호하는 것보다 일상생활 속에서 성장하고 완성되도록 지원하는 일로 같은 문제를 가진 집단을 동시에 지원함으로써 상호작용을 통하여 집단학습이 일어나도록 다양한 지원전략을 적용해야 한다.

문제해결 중심 원리는 오늘날 교육과 사회의 연계를 중요시하는 측면에서 중요하게 대두된다. 우리 사회에 산재해 있는 많은 문제점들을 교육현장에서 해결방안을 찾음으로서 학습효과뿐만 아니라 사회의 정화와 개인 욕구의 만족에 이르기까지 기여하고 있다.

문제해결을 위한 교육에서는 문제를 제시할 때 반드시 가깝고 쉬운 문제부터 찾아내어 해결할 수 있도록 기회를 만들어 주어야 한다. 추상적이거나 개인과 상관없이 멀리 떨어져 있는 문제는 관심이 떨어져 지속적으로 학습을 이끌어 내기 어렵다. 성인학습자들은 비교적 능동적인 학습에 익숙하기 때문에 쉽게 참여를 이끌어 낼 수 있으며, 성인학습자가 문제해결학습에 적극적으로 참여할 수 있도록 문제해결 원리에 부합하는 교육방법을 적용해야 할 것이다.

(2) 창의성 중심 이론

21세기 지식정보화 사회로 접어들면서 사회와 문화는 급속하게 변화하고 있으며, 교육도 많은 부분에서 변화를 거듭해 왔고, 지금 이 순간에도 가장 효과적인 학습방법을 찾기 위해 많은 교수자들과 학자들이 노력하고 있다. 하지만 이러한 노력에도 불구하고 아직도 교육을 담당하는 많은 사람들이 교수자 중심의 단순 지식전달형태의 교육에 익숙해져 있는 것이 우리 교육계의 현실이다. 아마도 학습은 외부의 진리를 학습자의 내부에 주입하는 것이므로 이를 체계적으로 전달하면 학습은 저절로 이루어질 것이라고 믿는 객관주의 교육철학으로부터 교육이 벗어나지 못한 것에 그 원인이 있지 않을까 싶다.

특히, 성인학습이론은 첫째, 성인은 자발적인 학습자이다. 둘째, 성인의 경험 기반은 학습에 있어 풍부한 자원이 되며, 다른 사람들의 경험이 학습과정의 질을 높여준다. 셋째, 학습은 성인이 그들의 역할과 책임을 다하기 위해 알아야 할 것들과 관련이 있다. 넷째, 성인학습자는 교과 중심적이기보다는 문제 중심적이다(고성진 외, 2014).

이런 점을 감안하면 성인학습자를 대상으로 하는 평생교육방법은 교수자 중심의 단순 지식 전달방법의 틀을 벗어나야 한다. 이런 의미에서 창의성 중심 이론인 창의적 교수법을 주목할 필요가 있다. 창의적 교수법은 교수자의 지도 아래 학습자 중심으로 이루어지는 교육방법(밥 파이크, 2004)으로서 교수자의 지도와 안내에 따라 학습자들이 스스로 중심이 되어 수업을 진행하는 학습방식이다. 창의적 교수법은 교육은 교수자의 질에 의해 좌우된다는 격언처럼 교수자들의 노력이 선행되어야 하는 수업방식이며, 이를 통해서 우리의 교육을 교수자 중심에서 학습자 중심으로 변화시킬 수 있다.

창의적 교수법은 몇 가지 원칙이 있다. 일명 성인학습자를 위한 밥파이크의 원칙이라고 부르는데, 이러한 원칙을 소개하면 다음과 같다. 제1원칙은 어른은 몸집이 큰 어린아이이다. 어린아이들은 경험을 통해서 많은 것을 배운다. 마찬가지로 이미 많은 것을 경험하고 있는 어른들은 그들의 경험을 인정해주고 칭찬해 준다면 아이들보다 빨리 배울 수 있다. 그리고 이들은 자신의 경험을 공유하면서 보다 효과적으로 수업을 이끌어갈 수 있다.

제2원칙은 사람들은 자신의 정보와 의견에 대해서는 논쟁하지 않는다. 사람들은 자신의 입으로 말한 정보는 사실로 굳게 믿는다. 따라서 말한 본인은 이것을 사실로 인정하기 때문에 이것이 사실인가 또는 옳고 그른가를 놓고 타인과 논쟁을 벌이지 않는다는 것이다. 따라서 학습과정에서 학습자가 스스로 정리하고 발표하도록 하는 것이 효과적이다.

제3원칙은 학습은 재미와 직접적으로 비례한다. 이것은 농담이나 게임, 오락에 대해서 이야기하는 것이 아니라, 학습의 참다운 즐거움은 참여에서 온다는 것이다. 정보, 도구, 기법이 어떻게 쓰이느냐에 따라 학습자가 학습에 능동적으로 참여하는 정도도 달라진다. 특히, 교수설계과정에서 학습내용을 구조화하고 계열화하여 학습자가 지속적으로 흥미를 갖고 참여하도록 유도할 때 학습은 재미를 더하게 된다. 또한, 건전하고 적절한 유머는 수업의 지루함을 덜어주고 집중도를 높여준다.

제4원칙은 행동이 변하지 않는 한 학습은 힘들다. 어떤 사실을 머리로만 이해하는 것과 개인적인 경험을 통해 정서적 확신을 갖는 것은 큰 차이가 있다. 영국의 철학자 루이스가 경험을 토대로 이야기하는 사람은 절대 논쟁에서 지지 않는다 라고 한 것처럼, 학습과 관련한 정보와 기법들을 활용해서 성공적인 경험을 갖게 하여 행동이 변화되도록 해야 한다.

3) 평생교육 관점: 안드라고지론

1960년대 후반부터 학교교육으로 일컬어지는 페다고지(pedagogy: 학교교육)의 한계성이 부각되면서 평생교육의 필요성이 확산되었다. 안드라고지(andragogy: 성인교육)는 그리스의 철학자 플라톤의 교육이론을 설명하기 위하여 알렉산더 카프가 처음 사용하였다. 미국 린드먼의 저서 《성인교육의 의미》가 출간되면서 성인교육의 개념으로 소개되었다(박성희 외, 2013).

안드라고지는 성인들의 학습을 도와주는 기술과 과학이다(Knowles, 1980). 놀스(1970)는

《성인교육의 현대적 실천》에서 사용했던 부제 'Andragogy versus Pedagogy'를 1980년에 'From Pedagogy to Andragogy'로 개정하면서 안드라고지의 실천 모형을 구체화하였다(기영화, 2002). 놀스가 제시한 안드라고지의 기본 가정은 1989년 이후에는 여섯 가지로 정리되었다(Knowles, Holton, & Swanson, 2005). 놀스가 주장한 안드라고지의 6가지 가정을 보면 다음과 같다(김정현, 2014).

첫째, 학습자의 자아개념(learner self-concept)으로, 성인학습자들은 자신의 결정과 삶에 대해 책임을 지는 자아개념이 있다는 것이다. 즉, 의존적인 것에서부터 자기주도적(self-directed)로 변화된다. 이에 교육방식에 있어서도 교수자는 일방적인 주입식으로 진행하는 것이 아니라, 자기주도적으로 스스로 교육에 참여하고 의미를 해석하도록 유도해야 한다.

둘째, 학습자의 경험(learner's experience)으로 성인학습자들은 아동들보다 양적으로 더 많고 질적으로 다양한 경험을 가지고 교육에 참여한다는 것이다. 놀스(1980)는 성인학습자들은 그의 경험에 의해 자기 자신을 규정하기 때문에 자신의 경험이 경시되는 상황에서는 학습효과를 가져오지 못함을 강조하였다. 따라서 성인학습자들의 경험을 활용하고 녹일 수 있는 교육이 필요하다.

셋째, 학습의 준비도(readiness to learn)로 성인학습자들은 그들의 실제 삶의 상황에 더 효과적으로 대응하기 위해 스스로 할 수 있는, 그리고 알 수 있는 것들을 학습할 준비가 되어 있다는 것이다. 이는 사회적 역할에 대한 발달과업(life tasks)을 지향하게 된다(전남익 외, 2010). 이에 성인학습자들의 학습에 있어서 자신의 발달과업과 관련하여 학습동기가 강화된다는 점을 교육에 적용해야 한다.

넷째, 학습에의 지향성(orientation to learning)으로 성인학습자들은 교과 중심에서 생활 중심, 과업 중심, 문제 중심적이다. 이에 이론적 · 학문적 개념 중심의 교육에서 벗어나 더욱 현실상황과 밀접한 생활 중심, 과업 중심, 문제 중심의 교육으로 적극적 방향전환이 필요하다.

다섯째, 학습에의 동기(motivation to learn)로서 성인학습자들은 더 좋은 직업, 승진 등과 같은 외재적 동기에도 반응하지만 더 높은 자부심, 삶의 질 등과 같은 내적인 동기유발에 더 크게 반응한다. 이에 내재적 동기유발에 더욱 관심을 가져야 한다. 학습활동을 통한 보람, 그리고 사회적으로 많은 기여를 한다는 자부심, 그에 따른 자기의 정체성과 개인적 자긍심이 중요한 동기가 될 수 있다.

여섯째, 학습자의 알고자 하는 요구(need to know)로 성인학습자들은 무엇인가를 학습하기 이전에 왜 그것을 배워야 하는지를 알고자 하며, 즉 학습으로부터의 혜택과 불이익이 무엇인지에 대한 답을 찾는 데 상당한 노력을 기울인다는 것이다.

이에 6가지의 가정을 고려하여 성인학습자들이 평생교육에 참여하여 충분히 성취감을 발휘하고 교육자의 입장에서도 소명감을 느낄 수 있도록 평생교육방법을 끊임없이 고민해야 할 것이다.

기억하기

1. 4차 산업혁명의 핵심은 인공지능, 로봇공학, 사물인터넷, 무인운송수단, 3차원 인쇄, 나노기술과 같은 분야에서 새로운 기술 혁신이라고 일컫는다. 이러한 혁신은 우리의 행동양식뿐만 아니라 정체성도 변화시킨다. 4차 산업혁명이 개인에게 미칠 영향은 프라이버시와 오너십에 대한 개념, 소비 패턴, 일과 여가에 할애하는 시간, 경력을 개발하고 능력을 키우는 방식 등 정체성과 관련된 여러 측면과 우리가 사람을 만나고 관계를 쌓는 방법과 사회적 계급, 그리고 건강에까지 영향을 미친다는 점을 이해해야 한다.

2. 이러한 시대에 필요한 역량은 이전 시대와는 변화가 있을 것이라는 사실은 분명하다. 예를 들어, 4차 산업혁명시대에는 지적인 능력뿐만 아니라 타인에 대한 배려와 협력, 소통과 공감, 정직과 책임, 창조적 도전과 열정, 팀워크와 성실한 책임감, 지적 도구 활용능력, 자율적 행동, 사회적 상호작용능력 등이 필요하다. 따라서 교육 또한 변해야 한다. 단순히 지식을 주입하는 은행저축식의 교육방법을 지양하고, 학습자들의 능동적인 참여와 협력을 이끌어 내는 방법을 활용해야 할 것이다. 학습자들의 참여, 탐구, 토론, 협력 등이 일어나려면 무엇보다 먼저 의문을 품고 질문하는 연습이 필요하다. 학습자들이 스스로에 대해서 성찰하고, 우리에 대해서 성찰하고, 사회에 대해서 성찰할 수 있도록 유도해야 할 것이다.

3. 앞서 언급한 바와 같이 4차 산업혁명시대에는 교육을 둘러싼 사회환경이 급변하고 있다. 따라서 교육 패러다임에도 변화가 있다. 평생교육방법의 실천에 있어서도 변화가 필요하다. 이에 평생교육방법의 관점을 학습자 태도 관점, 미래의 역량 함양 관점, 평생교육 관점으로 구분하여 볼 수 있다. 예를 들어, 자기주도적 학습, 학습자 참여, 문제해결 중심, 창의성 중심, 그리고 안드라고지의 이론 관점에서 평생교육을 실천해 나가야 할 것이다.

평가하기

1. 4차 산업혁명시대의 특징과 인간의 변화에 대해서 설명하세요.

2. 4차 산업혁명시대에 필요한 역량은 어떤 것들이 있을까요?

3. 4차 산업혁명시대의 교육은 어떻게 변화해야 할까요? 브라질의 교육사상가 파울로 프레이리의 관점에서 설명하세요.

4. 평생교육이 원활하게 이루어지려면 평생교육방법은 어떤 관점에서 고민해야 할까요?

정답

1. 4차 산업혁명은 인공지능, 로봇공학, 사물인터넷, 무인운송수단, 3차원 인쇄, 나노기술과 같은 분야에서 새로운 기술 혁신이 이루어지고 있다. 이는 우리 인간에게도 다양한 변화를 가져온다. 예를 들어, 정체성, 소비 패턴, 일과 여가의 활용, 경력개발, 역량 키우는 방법, 인간관계, 건강, 타인과의 공감, 사회적 능력 등에서 많은 변화가 있다.
2. 4차 산업혁명시대에는 인간성, 다양성, 창의성, 유연성을 갖추어 지식을 해석하고 활용할 수 있는 융합형 인재가 되어야 한다. 이에 창의성과 문제해결 사고력, 미래 도전력, 인문학적 소양, 인성·윤리의식, 문화예술 소양, 자아긍정관리, 협업 리더십 역량, 소통과 협력, 사회적 자본 이해, 글로벌 시민의식, 스포츠·체력, 주기주도 학습력, 과학기술 변화 이해, 새로운 ICT 활용능력, 평생학습능력 등이 필요하다.
3. 단순히 지식을 주입하는 은행저축식의 교육방법을 지양하고, 학습자들의 능동적인 참여와 협력을 이끌어 내는 방법을 활용해야 할 것이다. 학습자들의 참여, 탐구, 토론, 협력 등이 일어나려면 무엇보다 먼저 의문을 품고 질문하는 연습이 필요하다. 학습자들이 스스로에 대해서 성찰하고, 우리에 대해서 성찰하며, 사회에 대해서 성찰할 수 있도록 유도해야 할 것이다.
4. 평생교육의 안정적인 정착을 위하여 평생교육방법은 자기주도적 학습, 학습자 참여, 문제해결 중심, 창의성 중심, 그리고 안드라고지 등의 관점에서 고민하고 실천해 나가야 한다.

제 03 장

성인학습자와 평생교육방법

개 요

오늘날 새 시대의 교수는 학습자들에게 지식 전달 위주의 강의를 하지 말고 응용력, 종합력, 판단력을 키워줘야 함을 강조하고 있다(조벽, 2012). 즉, 평생교육에서의 교수 또한 학습자들에게 기존의 지식을 단순히 전달하는 것이 아니라 계속적인 탐구를 강조해야 한다. 더욱이 평생교육은 학교교육의 연장이 아닌 배움의 즐거움을 주며 학습자들이 적극적이고 능동적으로 수업에 참여할 수 있도록 만들어야 한다. 이는 학습자들이 실생활에 실천 및 적용할 수 있는 개성과 잠재적인 능력을 스스로 발휘하게 하는 일이 평생교육의 의미이기 때문이다. 그러나 실제 교육현장에 있어 이를 실천하기가 쉽지 않다. 특히, 다양한 성인학습자들이 참여하는 평생교육과정에서 학습자들의 주도적이고 적극적인 참여를 반영하기가 어렵다.

따라서 3장에서는 기본적인 성인의 개념을 이해하고 성인학습자의 생물학적 · 인지적 · 심리적 특성에 대해서 학습한다. 그리고 성인학습에 기초가 되는 이론을 살펴보고, 성인을 위한 교육방법을 탐구할 수 있다.

제 03 장

성인학습자와 평생교육방법

학습 목표

1. 성인의 개념과 성인학습자의 생물학적 · 인지적 · 심리적 특성을 알 수 있다.
2. 성인학습의 이론적 기초를 알 수 있다.
3. 성인교육과 교육방법을 탐구할 수 있다.

1. 성인학습자의 이해

1) 성인의 개념

성인학습의 의미를 분명하게 정리하고자 할 때 우선 명확하게 짚어보아야 할 것은 '성인'이라는 개념이다. 성인의 범위와 기준은 사회마다 혹은 개인이 자각하는 수준, 각 사회가 부여하고 있는 법적 기준에 따라 다양하다.

유네스코에서 규정한 성인의 개념을 살펴보면, '성인이란 개인의 발달뿐만 아니라 사회 · 경제 · 문화 발전에 주체적으로 참여하고, 자신이 속한 사회에서 능력 계발과 지식을 확장하며, 기술과 전문성을 신장하고 행동과 태도를 새로운 방향으로 바꿀 수 있는 존재'로 보았다. 그리고 놀스(Knowles)는 성인을 심리적 성숙과 사회적 역할에 중점을 두고 설명하는 가운데 '성인이란 사회적으로 성인의 역할을 수행하고 있고 성인이라는 자아개념을 견지하고 있는 존재'로 정의한다.

이론적으로 성인은 유아기와 청년기 등 성장단계 중 중년 이후의 시기를 가리키기 위하여 성인이라는 개념이 생겨난 것이지만, 성인이라는 말의 의미는 사회 및 문화적으로 구성되는 것이다. 즉, 시대와 특정한 사회문화적 상황에서 그 의미가 다르게 만들어진다. 이를테면 우리 사회에서는 조혼이 이루어지던 조선시대 후기만 하여도 10대에 들어서면 성인 노릇을 할 수 있는 것으로 기대하였고, 또 성인으로 취급하였다. 영국에서도 당시의 법은 성인을 '분별할 수 있는 연령(age of discretion)'에 이르렀을 때라고 규정하여 남자는 14세, 여자는 12세로 설정하였다. 미국 사회에서는 정치적으로는 투표권을 가지는 18세부터 성인 취급을 하고, 술을 마실 수 있는 연령은 21세로 규정하여 좀 더 보수적이며, 교육적으로는 16세에 의무교육에서 자유로울 수 있게 규정하고 있다.

이와 같이 성인의 개념은 사회에 따라 다르기도 하지만, 한 사회 안에서도 맥락에 따라 달리 규정하고 있다. 오늘날 우리 사회에서는 성인을 생물학적, 심리 · 사회적, 법적 관점에서 정의내릴 수 있다. 생물학적 성숙의 관점에서 성인은 생식을 할 수 있는 시기부터이며, 심리 · 사회적 성숙의 관점에서는 일반적인 판단능력, 자율, 책임감, 성인생활의 역할, 사회적 및 심리적 성숙을 보일 때이다. 즉, 자신을 스스로 관리할 수 있으며, 자신의 삶에 일차적인 책임을 질 수 있는 사람을 성인이라 한다. 법적으로는 역연령(Chronological Age: CA, 만연령)이나 법적 규정에 따른다. 만 18세 이상으로 부모의 동의 없이 결혼할 수 있고 각종 면허를 취득할 수 있으며 스스로 재판을 받을 수 있는 등의 규정에 다다른 시기의 사람을 의미한다. 따라서 성인은 다양한 특성을 지니고 있기 때문에 한마디로 규정하기가 쉽지 않다.

2) 성인학습자의 특성

성인이 평생교육의 주요 대상이다. 성인에 대한 이해는 성인교육에 대한 접근의 기회를 제공하는 의미가 있다. 성인교육이 실제로 다양하게 이루어지지만 그 공통점은 대상이 성인이다. 성인은 아동 및 청소년과는 달리 아주 구체적인 학습목표를 가지고 스스로 선택하여 학습에 참여한다. 성인을 다른 학습대상자와 명백하게 구분하는 작업으로부터 성인교육의 뜻을 이해할 수 있을 것이다.

성인교육이라는 개념에 동원된 술어로서 교육은 '학습'이라는 단어와 대비시키는 것이 필요하다. 교육은 학습이 일어나게 하는 활동이지만, 학습 그 자체와는 구분되는 활동이기 때문이다.

학습은 학습자의 내적인 인지과정이다. 학습이란 좋은 방향이든 나쁜 방향이든 행동의 변화를 촉진한다. 학습은 결과로서 행동의 변화를 일으킨다. 그것은 교수 · 학습의 상호과정에서 학습자에게 일어나는 것이지 교육자에 일어나는 것은 아니다. 학습은 또한 계획되거나 의도되지 않은 우연의 결과일 수도 있다. 이러한 점에서 학습은 교육의 결과로 나타나는 경우보다는 그 밖의 일상에서 일어나는 경우가 더 많을지도 모른다.

이와 관련하여 학습의 형태도 학교교육 등과 같이 조직적이고 의도적인 과정을 통해서 이루어지는 형식적 학습(formal learning), 학교교육 이외의 성인교육기관 등을 통해서 이루어지는 비조직적이고 비형식적 학습(nonformal learning), 그리고 우발적이고 비조직적이며 매우 짧은 시간 내에 이루어지는 무형식적 학습(informal learning)에 이르기까지 다양하다.

교육은 학습이 일어나서야 비로소 의미를 지닌다고 하겠지만, 학습은 교육에 관계없이 일어날 수 있으며 어쩌면 교육 밖에서 일어나는 부분이 더 큰 부분이라고 할 수도 있다. 따라서 성인학습의 특성은 성인의 행동 변화를 꾀하고, 성인의 행동 변화를 위해 경험이나 훈련 또는 연습을 활용하며, 성인들의 행동 변화가 비교적 오래 지속되도록 한다는 점이다. 또한, 특성 외에 성인학습이 지니는 의의가 몇 가지 있다.

첫째, 학습자의 제반경험에 근거한 학습활동이 전개된다는 점이다.

둘째, 일정한 목적 달성을 위한 특정 계획과정으로 이루어지는 의도적 활동이라는 점이다.

셋째, 다양한 학습에 의해 자기실현을 가능하게 한다는 점이다.

넷째, 성인학습은 일반대학생들이 정한 학습목표가 아닌 목표지향성 속에서 높은 자기주도적 학습태도를 보인다.

이러한 성인학습자의 특성을 이해하는 것은 평생교육에서 매우 중요한 부분이므로 생물학적 · 인지적 · 심리적 특성을 살펴보아야 한다.

(1) 생물학적 특성

성인은 생물학적 특성으로 대략 출생 후 60년간 성장과 발달이 지속되며, 신체적인 노화에 초점을 두고 있다. 인간의 신체적 발달은 개인에 따라 다르나 일반적으로 18~25세를 거치며 성장이 최고조에 달한다. 그 시점이 지난 후에는 큰 변화 없이 유지되다가 점차적으로 감소한다. 즉, 노화가 진행되어 간다는 의미이다. 노화에 관한 이론은 다음의 두 가지로 나누어 볼 수 있다. 첫째는 우리 몸 안의 어딘가에 생체시계가 있어 사람마다 미리 정해진 시간표에 따라 태어나서부터 죽을 때까지 신체의 성장 및 발달과 노화과정이 조절되어 노화가 진행된다는 것이다. 또 다른 하나는 외부환경과 주위환경의 영향에 의해 세포나 신체기관이 마모 및 손상되어 몸이 점진적으로 제 기능을 잃어가는 과정이라는 것이다.

성인은 연령이 증가함에 따라 신체를 구성하고 있는 세포조직의 재생능력이 퇴화하면서 신체적 기능이 저하된다. 이것은 여러 가지 질병의 원인이 되기도 하고, 근육이나 골격이 위축되어 신장이 줄어들고 등이나 허리가 굽어지며 피하지방 또한 감소하여 전신이 마르고 체중도 줄어 주름이 많아진다.

신경계에서는 자극에 대한 반응도 늦어지고 내장기관도 면역력이 저하됨으로써 관절염, 고혈압, 당뇨병, 심장질환, 폐질환 등 만성질환의 질병에 대한 감염도도 높고 소화기의 기능도 떨어지게 된다. 그리고 노화가 진행되면서 신체적으로 겪게 되는 특징은 건강 관련 체력인 근지구력, 근력, 유연성, 심폐지구력 등과 더불어 전신반응시간, 민첩성, 평형성 등의 기능도 감소한다. 또한, 감각기능의 저하와 함께 체력손실 및 균형감각과 같은 자세 유지를 담당하는 중추신경계 기능이 저하되어 넘어짐을 경험하기 쉽다.

신체는 내장 노화의 정도와 속도도 다르고 건강상태는 개인차가 있지만, 나이가 들어가고 노화가 진행됨에 따라서 시력 · 청력 · 언어기능 등에 각종 장애가 발생됨과 동시에 각종 질병, 특히 만성질환을 앓는 경우가 많다. 그리고 청장년기와는 달리 노년기에는 역할상실, 노화현상 등의 이유로 낮잠과 휴식시간의 증대 등이 나타나고 야간에 수면시간이 단축되기도 한다.

(2) 인지적 특성

인간의 뇌는 고정적인 것이 아니다. 뇌는 끊임없이 변화하는 능력을 가지고 있다. 그러나 지능의 변화는 지능의 속성에 따라 보편적으로 일어나는 것은 아니다. 개인의 유전적 요소 정도에 따라서 다른 양상을 보인다. 예를 들어, 개인의 지능이 높을수록 지능 발달의 정점이 늦게 찾아오고 지능의 퇴화도 늦고 완만하게 이루어진다는 것이다.

성인의 지능은 유동성 지능(fluid intelligence)과 결정성 지능(crystallized intelligence)으로 구성된다. 유동성 지능은 학교에서 검사했던 IQ에 관한 것으로서 선천적 · 생물학적으로 결정된 개념과 동일한 특성을 말한다. 결정성 지능은 교육과 경험의 영향을 더 많이 받는다는 것이다. 카텔(Catell)과 호른(Horn)의 이원론적 지능론에서 유동성 지능은 연령에 따라 쇠퇴하지만, 결정성 지능은 교육과 경험에 따라 연령과 무관하게 꾸준히 유지되거나 오히려 상승한다는 것을 보여 주고 있다.

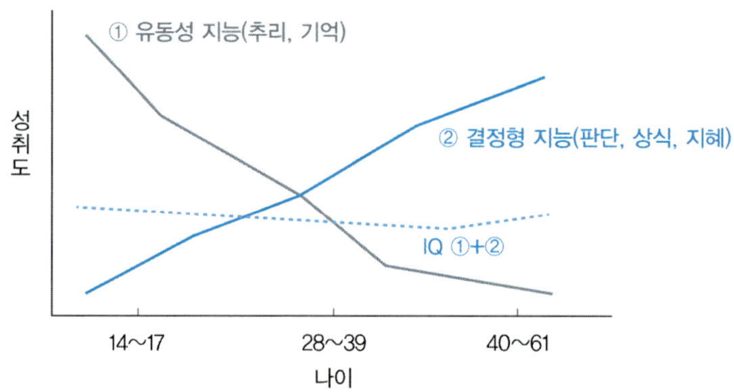

그림 3-1 나이와 지능의 비교

출처: J. L. Horn(1970).

성인은 인지적인 측면에서 또한 자신의 기억력이 많이 나빠졌다고 느낄 때 자각을 시작한다고 한다. 기억은 단기기억, 장기기억, 감각기억의 세 가지 정도의 저장장치로 구성되어 있다. 감각기억은 단기기억으로 옮겨지기 전의 저장되는 일시적인 기억장치이다. 여기에 축적되는 정보는 단기기억으로 옮겨지지 않으면 불과 1~2초에 사라져 버리게 되며, 기억되는 양도 2~4개의 단위로 매우 적다. 이러한 감각기억의 특성 때문에 주시능력이 매우 중요하다. 그리고 단기기억도 일시적 기억이기 때문에 장기기억에 넘어가지 않으면 감각기능이 사라지는 것처럼 사라지게 된다.

우리는 일반적으로 노년기에 단기기억력이 떨어지는 것으로 알고 있지만 감각기억력도 함께 저하된다. 그래서 단기기억과 감각기억을 잘 활용하기 위해서는 새로운 정보에 대해 충분히 관심을 가질 수 있도록 노인들을 배려하고, 동시에 시간적 여유를 충분히 주어 장기기억으로 넘어갈 수 있도록 기다려 주는 것이 필요하다. 20~50대까지는 단기기억에서 1회당 기억할 수 있는 양의 감소가 눈에 띄게 나타나지 않지만, 60대 이후부터 감각기억력과 함께 체감할 수 있을 정도로 줄어든다. 특히, 노년기에 나타나는 기억력의 저하는 정보처리속도가 느려지는 것으로, 자극을 분석하는 초기 정보처리 과정에서 시간이 길어지면 기억의 유지 가능 시간이 극히 짧은 감각기능을 제대로 저장할 수 없게 되는 것이고, 이러한 감각기억력의 저하가 단기기억의 저하로 연결된다.

기억력 저하를 예방하는 방법으로는 기억하려고 하는 것을 눈으로만 보는 것이 아니라 소리 내어 읽어보는 리허설 연습, 기억하려 하는 것을 카테고리별로 구분하고 정리하는 조직화 연습, 그리고 단어의 정확한 의미를 종이에 적어서 그 의미를 확실하게 이해하려는 이미지 연상연습 등이 효과적일 수 있다.

특히, 감각능력과 지각능력의 쇠퇴는 인지적 능력의 감소원인이 되며, 문제해결능력에 있어서도 영향을 미친다. 성인의 문제해결력을 살펴보면, 연령 증가에 따른 퇴화를 장담할 수 없다. 다만 문제에 접근하는 태도나 관심 등이 연령에 따라 달리 나타나는 경향이 있다. 따라서 문제해결력이 성인기에 퇴화한다기보다 그 발현 양상이 연령에 따라 달라진다고 보는 것이 타당할 것으로 보인다. 또한, 성인의 창의력은 일반적으로 보면, 연령이 창의력에 결정적으로 미치는 변수는 아니라고 여겨진다. 어느 정도 지능이 뒷받침되는 한 창의력은 연령에 구애받지 않고 발현될 수 있다는 것이다. 그리고 그 중요한 요인은 연령과 같은 요인보다는 호기심이나 정열, 의지와 같은 정의적인 요인이고, 또 이러한 요인을 좌우하는 환경의 요인이라는 것이다.

(3) 심리적 특성

성인은 노화, 체력 저하 등의 신체적인 변화뿐만 아니라 심리적 변화도 함께 나타나게 된다. 활동성 감소와 인내력 부족, 정력 부족, 흥미를 가지는 범위가 좁아지게 되고 자기중심적으로 변하기 쉽다.

성인은 많은 사람들이 심리적으로 감정이 메말라지고 자아실현 욕구가 불가능함에 절망하며 자신을 학대하는 것이 특징이다. 사실 의식주와 애정 같은 기본적인 욕구가 충족되지 않으면 자기실현 욕구가 어려워지면서, 특히 50대 이후의 삶은 불안하고 허망해진다. 일반적으로 노인들은 세월의 흐름을 한탄하며 심한 감정의 변화를 나타낸다.

노인들의 심리적 사이클(sentimental cycle)은 은퇴와 함께 앞으로 살아갈 것에 대한 걱정(anxiety)−늙음에 대한 두려움(fear)−기대감의 좌절(depressed)−소외감(alienation)−심리적 공황(panic)−상실감(despondency)−삶의 부정(자살) 등으로 진행된다.

노인에게 나타나는 심리성격에 대하여 살펴보면 다음과 같은 특성들이 있다.

첫째, 우울증 경향이 증가한다. 우울증은 어느 한 시점에 발생된다기보다는 노년기 전반에 걸쳐 발생 가능성이 증가하게 되는데, 신체적 질병이나 배우자와의 사별, 경제능력의 약화와 가족·사회로부터의 소외 및 고립으로 인해 자기통제기능 상실, 역할상실로 인한 상실감, 과거에 대한 회상 등 다양한 원인이 있다.

둘째, 수동성과 내향성이 증가한다. 노년기에는 자신의 감정 및 사고에 의존해서 사물과 사건들을 판단하는 일이 증가하고, 누군가의 도움을 받아 문제를 해결하려고 하는 의존적이고 수동적인 성향이 증가하게 된다.

셋째, 경직성이 증가한다. 새로운 환경에 대한 적응을 힘들어 하고 이로 인해 학습능력 및 문제해결능력이 눈에 띄게 저하된다.

넷째, 조심성이 증가하게 된다. 노인은 본인의 의지로 변화보다 정확성을 중요시하는 경향이 늘어나기 때문에 조심성이 증가한다.

다섯째, 의존성이 증가하게 된다. 신체적 및 경제적으로 모든 부분의 기능이 저하되는 시기이기 때문에 여러 가지 상황에서 자신의 의지가 약해지고 타인, 특히 가족에게 의지하는 의존성이 증가한다.

여섯째, 사물에 대한 애착심이 강해진다. 자신이 오랫동안 사용한 물건이 과거에 대한 기억과 연결되어 마음의 안정을 준다. 애착이 심한 경우 물건을 사용하지 못할 정도가 되어도 집착을 버리지 못하는 경우가 있다.

이 외에 정의적인 측면에서 성인은 상대적으로 더 조심스러워지고 신중해지며, 주어진 문제나 지시를 그대로 수용하기보다는 그 적절성이나 의미를 나름대로 확인하려는 경향을 보인다. 따라서 속도나 효율이라는 점에서는 퇴화되어 보이지만 그 정확성이나 가치의 면에서는 얻어지는 바가 클 수 있다. 한편, 관성적이고 보수적인 경향 때문에 자신의 교육적 도전에 따른 기대를 낮게 잡을 수 있다는 점은 경계하여야 할 것으로 지적된다. 따라서 성인교육에서는, 특히 포부나 동기를 자극하는 전략이 요구된다.

2. 성인학습의 이론적 기초

평생교육 학문은 성인교육에 대한 이해와 필요성에 토대를 두고 성장하기 시작했다. 그리고 성인이라는 개념은 의외로 최근에 생겨난 것이다. 20세기에 접어들기 전까지만 하여도 성인이라는 개념을 가지고 논의된 적이 별로 없었다. 그 개념은 생애의 단계에 대한 다른 교육학적 용어들이 생겨나면서 부수적으로 나타난 개념이다.

따라서 성인학습의 중요성과 차별성이 알려지면서 성인학습의 이론적 기초가 되고 있는 안드라고지(andragogy)이론에 대해 알아보자 한다.

1) 안드라고지의 정의

안드라고지(andragogy)는 페다고지(pedagogy)와 반대되는 개념이다. 페다고지는 주로 아동과 청소년 교육의 패러다임으로 교수자가 주도하는 훈육에 주안점을 두는 개념이라면, 안드라고지는 학습자가 중심이 되어 자신의 경험과 목적에 의하여 학습을 수행하는 성인교육원리와 실천과제에 중점을 두는 개념이다.

이러한 페다고지의 어원은 희랍어 paida(어린이)와 agogos(지도하다)에서 유래된 용어로 '어린이를 가르치기 위한 학문'을 의미한다. pedagogue라는 로마의 시민을 가르치는 가정교사 혹은 가르치는 사람이라는 의미에서 비롯된 용어이다. 이렇게 보면 안드라고지는 andro(성인)와 agogos에서 나온 것으로 '성인의 학습을 돕는 기술과 과학'이라는 의미를 갖는다.

학습자로서의 성인을 이해하고자 하는 노력 중에서 가장 잘 알려진 것은 안드라고지(andragogy)이다. 안드라고지는 1833년 독일 그래마 스쿨의 교사인 알렉산더 카프(A. Kapp)가 그리스의 철학자 플라톤(Plato)의 교육이론에 대한 설명을 위해 처음으로 andragogik이라는 단어를 사용했다고 한다. 그 후 아동교육의 의미로 해석되는 페다고지에 반대되는 안드라고지의 교육 원리는 독일과 네덜란드 등 유럽에서 많이 사용되었다. 그 후 이 단어의 사용 유래를 추적하는 것이 많은 학자에 의해 활발히 전개되었다.

안드라고지와 대비되는 페다고지 교육 모형은 어린 소년들에게 기초기술을 가르친 경험을 토대로 유럽의 수도원 학교, 대성당 등에서 7~12세기에 전개된 교수·학습에 대한 가정에 바탕을 둔 일련의 신념이었다. 제1차 세계대전 이후까지 성인교육이 체계적으로 조직화되기 시작했을 때에도 페다고지 모형은 성인들을 가르치는 교사들이 따라야 했던 학습방법이었다. 즉, 페다고지 모형은 내용, 방법, 시기에 대한 모든 결정이 전적으로 교사들에게 있었다. 학생들은 교사들의 가르침을 암묵적으로 받아들이고 의존하게 되는 '교사주도교육'(teacher-directed education) 성격을 갖는 것이다.

전통적으로 학교에서 학과목 중심의 교육과정을 통해 의존하여 전일제로 운영되는 특징을 지닌 페다고지에 반해 안드라고지는 새로운 교육이론의 패러다임을 가져왔다.

안드라고지의 정의는 크게 두 가지로 나누어 볼 수 있다. 하나는 성인교육에 관한 정책, 제도 및 실시과정 전체를 포괄하는 동시에 하나의 독립된 학문으로서 성인교육 이론의 연구로 보는 광의의 입장과 또 하나는 성인학습자의 학습활동을 촉진시키기 위한 실천 원리와 방법을 강조하는 협의의 입장으로 나눌 수 있다.

2) 안드라고지의 가정

안드라고지는 성인학습자에 대한 몇 가지 가정에 기초하고 있는데, 놀스(Knowles, 1980)는 성인교육에 대한 4가지 관점에서 설명하고 있다. 첫째, 성인들은 배우기를 원하고, 둘째, 학습을 위한 동기로 기쁨과 자부심을 가지고 있다. 셋째, 문제를 해결할 필요가 있거나 완수해야 할 책임이 주어졌을 때 배우려 한다는 것이다. 그러면서 그는 성인학습의 과정과 필요성을 다음과 같이 제시하고 있다.

첫째, 사람들은 성숙해 가면서 자아개념이 의존적 입장에서 자기주도적으로 변한다.

둘째, 성인들은 시간이 흐를수록 더 많은 경험을 축적하게 되며 그 경험은 귀중한 학습자원이 된다.

셋째, 성인들의 학습준비성은 그 사람의 발달과업 또는 사회적인 역할과 깊은 관계가 있다.

넷째, 사람들은 성숙해 감에 따라 시간 관점이 변화한다. 즉, 학습한 지식을 미래에 적용하는 것에서 즉각적인 적용으로 바뀐다. 성인들은 학습이 이론보다는 문제 중심적이다.

다섯째, 가장 강력한 동기는 외적 동기가 아닌 내적 동기다.

여섯째, 성인들은 자신들이 왜 그것을 배워야 하는지를 안다.

3) 안드라고지의 교육 원리

오늘날 인간이 생애주기가 과거보다 대폭 연장되었으며, 사회문화의 변화는 가속화되고 있다. 학습사회는 지속적인 경제성장과 고용에 결정적인 영향을 미치며 공동체 전체의 성패를 좌우한다. 이러한 사회 변화에 적응해 나가기 위해서는 평생에 걸친 지속적인 학습이 필요하다. 그러나 기존의 아동 중심의 교육개념으로는 성인의 다양한 학습요구를 충족시킬 수 없다는 것이다.

페다고지와 구분되는 성인의 학습활동을 돕는 학문으로서 안드라고지의 필요성이 제기된 이래 지금도 매우 중시되는 교육방식으로 인정받고 있다.

놀스(2011)의 안드라고지와 페다고지의 교육원리는 6가지 관점(학습자의 학습욕구, 학습자의 자기개념, 학습자 경험의 역할, 학습에 대한 준비성, 학습에 대한 지향성, 학습자의 학습동기)에서 비교하여 그 중요성을 제시하고 있다. 페다고지와 안드라고지의 교육 원리는 〈표 3-1〉과 같이 비교할 수 있다.

표 3-1 안드라고지와 페다고지의 교육원리

관점	안드라고지	페다고지
학습자의 학습욕구	• 성인학습자는 학습에 착수하기 전에 학습필요성 점검 • 학습결과에 따른 이해관계를 조사 분석하는 데 심혈을 기울임 • 학습욕구를 증진할 도구로서 개인적인 평가체계, 직업체계, 역할 모형, 특징적인 수행평가 등 효과적인 학습도구를 제공해야 함	• 학습내용이 실제생활과 연관되고 적용될 가능성이 있다는 것을 배제 • 학습자들의 시험 통과나 진급 등에 필요한 것은 교사가 가르치는 것을 학습해야만 한다는 것으로 인식
학습자의 자기개념	• 학습자의 성숙에 따라 의존적인 경향에서 점차 자기주도적 특성으로 변화함 • 자기주도성에 따른 인간의 성숙은 개인의 삶의 여건과 상황에 따라 속도와 시기는 다름	• 학습자의 역할이 의존적 • 사회는 학습자가 학습해야 할 내용, 시기, 방법을 교사가 전적으로 책임을 갖고 결정하기를 기대함
학습자 경험의 역할	• 학습자원의 역할을 하는 경험 축적 • 교육방법은 실험, 토의, 문제해결, 시뮬레이션 연습, 현장학습 등이 활용됨	• 학습상황에서 학습자의 경험들은 거의 가치가 없음 • 학습자는 교사, 교재의 저자, 시청각자

관점	안드라고지	페다고지
		료 제작자 및 기타 전문가를 통해 경험을 얻음 • 교육방법은 강의, 읽기 과제 부과, 미리 준비된 시청각자료의 제시와 같은 전달식 수업방법에 의존함
학습에 대한 준비성	• 사회적 역할과 발달과업에 바탕을 둠 • 교수자는 '알기 위한 욕구'를 발견하도록 도구와 절차를 제공하고 학습여건을 조성할 책임이 있음 • 학습 프로그램은 실제 생활에 적용할 수 있도록 조직되어야 하고, 학습자의 학습 준비도에 따라 계열화되어야 함	• 학습자는 학습에 대한 준비도가 부족함 • 대부분 동일한 내용을 배움 • 같은 연령의 학습자들이 통일된 단계별 학습을 거칠 수 있도록 표준화된 교육과정이 필요
학습에 대한 지향성	• 미래생활에 대비하기 위한 것이 아니라 실제생활에 즉각적이고 효과적으로 적용하기 위함 • 학습상황은 교과 중심이 아니라 문제해결 중심 • 학습경험은 역량개발 중심으로 조직되어야 하며, 학습자는 성과 중심의 학습을 하게 됨	• 학습은 미래생활에 대비하기 위한 것임 • 습득한 지식의 대부분은 미래의 삶에 적용하기 위한 것임 • 교과목 중심 학습
학습자의 학습동기	• 성인학습자는 외적인 동기(직업, 승진, 봉급 등)에 민감하지만 잠재되어 있는 동기로써 내적인 압력(직업에 대한 만족감, 자존심, 생활의 질 등)에 더 큰 학습동기를 부여함	• 학습자들은 학점, 교사의 인정, 불인정, 부모의 압력 등 외면적인 상황에 따라 학습동기를 부여받음

출처: Knowles, M. S.(2011). *The Adult Learner: The Definitive Classic in Adult Education and Human Resources Development,* Oxford: Elsevier Inc.

4) 안드라고지의 시사점

교육자들이 말하는 안드라고지는 성인이 배우는 것을 돕는 기술이고 과학이라는 평가를 내린다. 성인학습자에 관한 전제는 전통적인 교육학이 의거하여 왔던 페다고지가 의미하는 아동학습자에 대한 기본 전제와 명확하게 대비된다. 따라서 안드라고지의 기본 가정에 입각하여 다음과 같은 실천방법을 교육현장에서 고려해 볼 수 있다.

첫째, 성인교육자는 학습자가 무엇을 배우고 싶어 하는지 그 요구를 인식할 수 있도록 도와주어야 한다.

둘째, 성인학습자가 의존성을 극복하고 자기 주도성을 지닌 존재로 변화하도록 이끌어 주어야 한다.

셋째, 성인학습자는 다양하고 개별적인 경험을 지닌 존재이므로 이를 활용하기 위한 다양한 경험학습방법을 활용할 필요가 있다.

넷째, 학습 요구 진단에 학습자를 참여시키고 진단결과에 따른 학습내용을 제공해야 한다.

다섯째, 교육을 통해 습득한 것을 실제 삶에 적용할 수 있도록 지원해 주어야 한다.

여섯째, 삶의 질 향상과 같은 내재적 동기 촉진을 위한 전략을 교육활동의 계획과 실천에 반영해야 한다.

3. 성인교육과 교육방법

학습자로서의 성인은 스스로 선택적으로 학습과정에 참여할 수 있다. 다양한 생활경험을 가지고 학습과정에 들어가기 위해 구체적이며 직접적인 목표를 가지고 있다. 그러나 성인교육을 이해하고 시행하기 위해서는 성인에 대하여 일반적으로 파악하는 것도 중요하지만, 실제로 교육 프로그램에 참여하는 성인들이 그렇지 않은 성인에 비하여 어떤 특성을 지니는지 파악하는 것이 중요하다. 예를 들어, 성인학습은 일종의 욕구로서 건강, 재테크, 미래설계, 자녀교육, 재취업 등에 대한 교수계획 및 프로그램 등이 구체화되어야 한다. 이것은 교육의 실제에서 그들에 대한 서비스를 준비하는 차원에서도 필요하지만, 교육기회를 누리지 못하는 성인들에 대한 교육내용과 교육방법도 필요하다.

1) 성인교육 참여의 특성과 장애요소

성인들은 자신의 목표와 경험을 가지고 자기주도적 학습자가 되기를 원하며 확고한 가치 및 견해를 가지고 행동하는 존재로 인식된다. 성인학습자는 자발적으로 학습에 참여하고 학습자 개인의 특성이나 배경이 다양하다. 이러한 점을 고려하여 각국은 성인학습자가 어떤 시기나 장소에 있든 자신의 경험을 반성하고, 확대하며, 발전시킬 수 있는 교육기회를 마련해 가고 있다. OECD 국가를 중심으로 한 많은 나라에서는 성인들로 하여금 일상적 생활에서 활력을 얻을 수 있고, 직업세계에서 전문적 기질을 발휘할 수 있도록 다양한 교육기회를 제공하는 한편, 성인들의 교육참여를 유도하고 있다.

(1) 성인교육 참여의 특성

성인교육에 참여하는 비율은 최근에 전반적으로 점점 더 높아지고 있다. 기술의 변화와 직업(노동)시장의 변화, 특히 그 변화주기가 짧아지는 추세가 교육 참여율을 높인다고 해석할 수 있다.

성인교육에 참여하는 참여자들의 집단적인 특성은 다음과 같이 살펴볼 수 있다.

- 참여 비율에 남녀 차이는 거의 없다.
- 상대적으로 젊은 성인들(40세 이하)이 더 나이 든 성인에 비하여 교육에 참여하는 경향이 더 크다.
- 학력이 높을수록 더 높은 참여경향을 보인다.
- 대체로 수입이 높을수록 교육에 대한 참여율도 높다.
- 실업자보다는 취업자가, 그리고 화이트칼라 직종의 종사자가 블루칼라보다 높은 참여율을 보인다.
- 결혼을 한 성인이 미혼인 성인보다 더 참여적이다.
- 도시의 성인이 시골의 성인보다 더 높은 참여율을 보인다.

이 외에도 성인교육에 참여하는 학습자의 성별, 연령, 문화적 배경, 사회경제적 지위, 학습경험 정도, 지식수준(전문가/일반인) 등을 사전에 제대로 파악하려는 노력이 매우 중요하다. 각종 정보가 기록된 학습자 카드 및 교과목 이수현황을 분석하면 도움이 된다. 그리고 수업을 시작할 때마다 교수자는 학습자에 대해 호기심이 필요하다. 즉, 사전에 학습자들을 충분히 파악한 후, '이해'하는 것으로 가르치기를 시작해야 한다. 성인학습자의 특성을 알면 수업을 효과적으로 진행할 수 있다. 학습자 특성은 학습자 입장에서의 학습목표를 수립하고 적절한 수업자료를 선택하기 위해서 필요하다.

호울(Houle)은 성인학습자들을 대상으로 성인학습 참여동기의 유형을 이론적인 틀을 최초로 구축하였다. 자신의 저서 《The Inquiring Mind》에서 학습자 유형의 교육을 목표 달성의 수단으로 간주하는 '목표 지향적 학습자(goal-oriented)', 활동 자체를 즐기며 사회적 상호작용을 추구하는 '활동 지향적 학습자(activity-oriented)', 지식을 탐구하는 '학습 지향적 학습자(learning- oriented)'로 구분하였다.

목표 지향적인 참여자는 자신이 설정한 목표를 위하여 교육에 참여하는 사람들이고 활동 지향적인 참여자는 활동의 내용보다 참여 그 자체에 의의를 두는 사람들이며, 학습 지향적인 참여자는 지식 그 자체를 추구하는 사람들이다.

따라서 성인학습은 현실적으로 교육내용의 내실화, 현실성, 실용성을 감안해 이론의 정립, 경험사례 발굴, 교육방법의 개발은 물론 성공적으로 이끌려는 실천적 의지가 필요하다.

(2) 성인교육 참여의 장애요소

성인교육 참여에 영향을 주는 요인은 다양하다. 성인교육 참여동기는 개인적 요인과 사회환경적 요인의 총체적 영향력에 따라 참여 정도가 나타난다. 사람들은 사회구조적 요인으로서 사회적 배경, 학력 등을 반영하는 가족상황, 그리고 투자로서 간주되는 성인교육의 프로그램이 반영하는 내용이 직접 자신들의 직업에 얼마나 영향을 미치는가에 따라 참여한다.

성인이 학습에 참여하지 못하는 장애요소는 크게 시간 부족과 경제적 문제로 볼 수 있다. 성인은 자신뿐만 아니라 가족을 부양하기 때문에 시간적으로나 경제적으로 여유롭지 못하다(Merriam et al., 2007). 성인의 학습에 대한 참여를 저해하는 요인은 일반적으로 네 가지로 요약된다.

첫째, 상황적인 요인이다.

개인의 생활환경이 교육참여를 어렵게 하는 경우이다. 이를테면 가장 흔한 것은 시간이나 돈이 부족한 경우, 직장일이나 가사가 허용하지 않는 경우 등이다.

둘째, 교육기관이나 제도의 문제이다.

프로그램에 관련된 규칙이나 절차 같은 것이 참여를 제약할 수 있다. 교육시간이라든가 거주지 제한, 관료직 사무처리 등이 그 예에 해당한다.

셋째, 개인의 속성요인이다.

교육에 관련된 부정적인 경험을 하였거나 소극적인 자아개념을 가진 사람들이 교육에 참여하지 않을 가능성이 클 것이라는 점은 쉽게 수긍할 수 있다.

넷째, 정보의 요인을 지적할 수 있다.

이것은 개인들이 교육기회에 대한 정보를 정확하고 충분하게 가지지 못하여 참여하지 못하는 경우를 지적하는 것이다. 그러나 성인교육에 참여하지 않는 학습자들은 자신의 삶에 만족하기 때문에 학습에 참여하지 않는 것이라고 판단해서는 안 된다.

2) 성인을 위한 평생교육방법

오늘날 새 시대의 교수는 학습자들에게 지식 전달 위주의 강의를 하지 말고 응용력, 종합력, 판단력을 키워줘야 함을 강조하고 있다(조벽, 2012). 즉, 평생교육에서의 교수 또한 학습자들에게 기존의 지식을 단순히 전달하는 것이 아니라 계속적인 탐구를 강조해야 한다. 더욱이 평생교육은 학교교육의 연장이 아닌 배움의 즐거움을 주며 학습자들이 적극적이고 능동적으로 수업에 참여할 수 있도록 만들어야 한다. 이는 학습자들이 실생활에 실천 및 적용할 수 있는 개성과 잠재적인 능력을 스스로 발휘하게 하는 일이 평생교육의 의미이기 때문이다. 그러나 실제 교육현장에 있어 이를 실천하기가 쉽지 않다. 특히, 다양한 학습자들이 참여하는 평생교육과정에서 학습자들의 주도적이고 적극적인 참여를 반영하기가 어렵다.

따라서 성인을 위한 다양하고 창의적인 평생교육방법에 대해 구체적으로 살펴보면 다음과 같다.

(1) 수업설계

① 교수목표와 내용을 구체적으로 제시한다

주차별 계획서에 주로 제목만 제시되는 경우가 많은데, 제목과 함께 내용에 대해서도 간략하게 소개하는 것이 좋다. 교수목표를 진술하는 방법도 여러 학자들에 의해 다양하게 제시되었으나, 일반적으로는 다음과 같은 원칙에 기초를 두고 진술하는 경향이다(차갑부, 2010).

- 교수자의 행동이 아니라 학습자의 행동으로 기술한다.
- 수업이 끝났을 때 학습자에게 기대되는 행동결과를 진술한다.
- 구체적이고 명료한 행동용어로 기술한다.
- 하나의 수업목표 속에는 하나의 개념만 들어가는 단일문장으로 진술한다.

② 교수법 및 자료를 작성한다

교수자가 사용하는 교수법 및 학습법은 학습자의 학습목표에 적절하게 제시되어야 한다. 어떤 방식으로 전개할 것인가와 어떤 수업자료가 필요한가에 대한 정보가 포함되어야 한다. 강의식, 토론식, 체험식, 발표식 등은 수업기법이고, 파워포인트 및 영상물 등은 수업을 위한 보조물로 수업자료이다.

③ 수업마다 학습목표를 약속한다

교수자가 세운 수업계획이 학습자들로 하여금 학습목표에 대한 열정을 불러일으키게 하기 위해서는 수업 시작 전에 학습자들이 무엇을 학습해야 하는지, 학습자들로 하여금 무엇을 하게 할 것인지, 즉 어떠한 약속을 해줄 수 있는가에 중점을 둔다. 또한, 수업의 전반적인 내용과 일정이 계획서대로 이루어지는지 매주 확인하며 평가한다. 이는 학습효과에 도움이 되며 학습자들이 무엇을 학습하였는지 복습, 예습에도 영향을 미친다.

(2) 교안설계

수업설계가 완성된 후에는 교수활동을 효과적으로 할 수 있도록 교안을 개발하여야 한다. 교안은 도입, 전개, 종결의 3단계로 구성된다(김종표, 이복희, 2010b).

① 도입

도입단계는 학습자와 교수자 간에 공통된 기반을 형성하는 단계이다. 첫 단계는 학습자로 하여금 학습에 주의를 집중시키는 주의집중단계와 문제를 해결하고 배워야겠다는 학습활동 동기를 일으키는 동기부여단계가 있으며 수업의 내용을 제시해 주는 학습개요의 단계가 있다. 도입단계의 시간은 총 학습시간의 약 5~10%를 점유한다.

② 전개

전개단계는 도입단계에서 제시된 학습개요의 순서에 따라 주제를 구체적으로 설명하고 입증하며 규명하는 단계이다. 전개의 원칙은 다음과 같다.

- 내용 조직이 논리적으로 체계화되어 설명할 수 있어야 하는데, 쉬운 것으로부터 어려운 것으로 진입하여야 한다.
- 부차적인 것을 강조해서 중요점을 희석시키지 말아야 한다.

- 주제의 연결단계가 매끄러워야 한다.
- 중간 동기부여를 반드시 계획하여야 한다.
- 전개단계 마지막에 질의응답시간을 마련하여 학습자의 의문을 해소해 주어야 하며, 또한 교수자가 질문을 하여 학습자의 이해도를 측정할 수도 있다.

좋은 질문기법

- 모두가 참여할 수 있는 질문을 하라.
- 사실적 질문과 사고를 요하는 질문을 균형 있게 하라.
- 예, 아니오 식의 질문, 단편적 질문, 추측하도록 하는 질문을 피하라.
- '어느 정도?', '어째서?', '어떤 환경에서?', '왜?'와 같은 질문을 함으로써 비판적 사고를 자극하라.
- '아는 사람 있나요?', '말할 수 있는 사람 있나요?' 라는 식의 질문을 피하라.
- 생각할 시간을 주라. 답할 시간을 기다려라.
- 정확한 답과 체계적인 사고 모형이 되게 하라. 즉, 제한된 단어 내에서 질문을 분명하게 표현하고, 각각의 질문을 구체적이고 간단하고 혁신적으로 하라.
- 학습자들이 동료 학습자들의 답에 대해 논평하는 것을 장려하라. '그 답에 대한 당신의 의견은 무엇인가요?'와 같이 질문하라.
- 답을 할 수 없는 것같이 보이는 학습자를 너무 빨리 골라내어 기분 상하지 않도록 하라. 만일 어떤 학습자가 답을 하지 못한다면 '무엇을 도와줄까?'라고 물어라.
- 질문이나 답을 반복하지 않도록 한다.

이 외에도 질문에 대해 긍정적으로 반응해주며, 질문을 한 다음 대답할 학습자를 바로 지명하지 않고 대답할 학습자를 찾아 미리 알려준다. 이는 대답할 학습자가 질문의 답을 생각하고 정리할 수 있는 시간을 갖게 된다. 그리고 어느 누구나 질문의 답할 수 있도록 유도한다.

출처: Richard L. Louhlin: 차갑부(2012) 재인용.

- 전개단계는 시간상으로 총 학습시간의 약 80~85%를 점유하므로 수업 후 휴식시간을 주어야 한다. 학습자들은 주의집중 주기가 길지 않기에 아무리 강의가 재미있고 잘한다 하더라도 장시간의 수업을 하게 되면 학습자들은 견디기 힘들어 한다. 그리고 뇌가 제 기능을 발휘하기 위해서는 휴식이 필요하다. 전체 강의시간 중에서 새로운 정보를 받아들이는 데 사용하는 시간은 25% 정도이며, 나머지 75%는 정보를 저장할 때 사용된다. 즉, 휴식시간이 없으면 뇌는 새로운 정보를 모두 흘려버린다. 따라서 강의마다 뇌가 쉴 시간을 주어야 한다.
- 성인의 집중시간은 평균 15분 정도이므로 학습을 하는 데 있어서도 15분 이내에 교수자는 변화를 주어야 한다. 판서 또는 매체를 활용하거나 때로는 유머 및 재미있는 이야기를 통해 변화를 주어야 학습자들은 집중을 할 수 있다. 학습자들은 입으로만 하는 강의를 지루해하며 강의의 효과가 낮다고 볼 수 있다. 요즘 학습자들은 교육매체에 있어서도 움직임이 많은 플래시, 화려한 파워포인트를 선호한다. 따라서 효과적인 강의를 위하여 다양한 교수자료 및 매체들을 사용해야 한다.

③ 종결

교안의 내용이 결론을 맺게 되는 것이 종결단계이다. 종결단계는 총 학습시간의 약 5~10%를 점유한다. 종결단계는 지식을 종합하는 단계이다. 따라서 전개단계에서 설명된 많은 내용 중 강조할 만한 내용만 요약하여 언급하면 된다. 새로운 내용을 언급하면 학습자들은 혼란을 겪게 된다. 또한, 종결단계에서는 시간을 오래 사용하지 않으며, 지루하지 않게 중요한 것으로 끝맺음을 하는 것이 효과적이다.

(3) 교육방법

다양한 성인학습자의 특성을 반영하는 교육방법은 학습자의 참여 및 관심, 유도에 초점을 맞추는 것이 중요한 의미이다. 대부분의 교수자에게 있어 수업은 '내가 무엇을, 어떻게 가르치는가'이다. 즉, 이를 어떻게 가르치는가에서 '학습자들이 무엇을, 어떻게 배우도록 도울 것인가'로 생각의 방향을 전환하며 실천해야 한다. 그러기 위해서 다음과 같은 교육방법을 제시한다.

① 첫 수업의 중요성과 열정

'시작이 반', '천리 길도 한 걸음부터', '첫 인상이 중요하다', '첫 단추를 잘 끼워야 한다'는 말이 있듯이 모두 시작이 중요하다는 것을 강조하는 말이다. 이처럼, 첫 수업의 중요성은 아무리 강조해도 지나치지 않는다. 수업의 분위기를 잡는 가장 중요한 기회가 첫 시간이다.

이 수업을 앞으로 어떻게 할 것인가를 서로 합의하는 시간이다. 그럼에도 첫 수업은 단지 오리엔테이션으로 인식하여 정해진 수업시간보다 일찍 마치는 경우가 많으며, 흔히 몇 가지 정보만 안내한다. 특히, 다양한 학습자들로 구성된 평생교육현장에서는 교육기간 동안 가장 중요한 수업이 첫 수업이며, 여기에서 효과적인 수업에 당락이 정해진다고 해도 과언이 아니다.

수업이 시작되는 첫날에 강좌의 중요성과 이 학문이 어떻게 실생활에 연관이 되는지를 설명하는 것이 좋다. 교육의 목적에는 학습자들이 어떤 주제의 수업을 들은 후 그들이 무엇을 할 수 있어야 하는가가 구체적으로 제시되어야 한다(조벽, 2003).

미국의 심리학자인 즈민과 즈민(Zumin and Zumin, 1974)의 《처음 4분(The First Four Minutes)》이라는 책에서 밝힌 실험결과, 사람은 만나서 최초 4분 이내 모든 인상을 결정해버릴 뿐만 아니라 최초 4분간에 만들어지는 이미지는 그 후 거의 바꿀 수 없다는 것이다. 즉, 첫 대면에서 중요한 것은 만나고 나서 4분이다. 이 짧은 시간에 만나는 사람의 좋고 싫음이 결정된다고 한다.

따라서 첫 수업시간은 짧은 오리엔테이션으로 일찍 마치는 것보다 주어진 시간을 잘 활용하며 교수자는 가장 열정적으로 수업의 목적 및 내용을 전달함이 필요하다.

- 솔직하게 교수자 자신에 대해 소개하자: 교육관, 가치관, 학문 분야, 좋아하는 학습자와 싫어하는 학습자 등등

• 시간을 할애하여 학습자를 소개하자: 첫 수업시간에도 좋으며, 학습자 수가 많은 경우에는 매주 몇 명씩 짧게 소개하도록 한다.

② 학습동기 부여

다양한 목적과 특성을 가진 평생교육 학습자들의 수업에서는 가장 기본적이고 공통적인 동기가 부여되어야 한다. 그리고 학습자들의 성격과 내용적 특성이 반영되고 또는 학습내용에 나타날 수 있도록 함으로써 학습자들의 관심과 학습동기를 극대화할 수 있다.

본질적으로 학습에 대한 동기가 있는 학습자들은 스스로 학습한다. 하지만 본질적으로 학습동기가 부여된 학습자들은 극히 일부에 불과할 뿐, 많은 다른 학습자들은 학습동기를 부여할 만한 다른 외적 요소를 필요로 한다(김경이 외, 2012). 심리학자 매슬로는 인간의 욕구에서 제일 최상위의 욕구가 자아실현을 하고자 하는 욕구라고 하였다. 이와 같이, 요즘 학습자들한테는 자기존중감과 자아실현이 가장 중요한 동기유발이 된다(조벽, 2003). 따라서 자기존중감과 자아실현이 될 수 있는 학습자의 동기를 유발함이 필요하다.

외적 동기보다는 내적 동기를 부여받을 수 있도록 해 주어야 한다. 학습 동기를 높이기 위해서는 수업을 수강한 이유를 조사해야 한다. 그리고 그 원인과 관련한 동기를 부여함이 필요하다. 예를 들어, 비전과 목표를 설계하는 방법, 학습기술 방법, 자신을 관리하는 방법 등을 안내한다.

③ 학습자의 참여

교수자들은 미리 어떤 내용을 가르칠 것인지, 그리고 그 내용을 어떻게 수업내용으로 구성할 것인지를 결정한다. 그러다 보니 대부분의 수업이 교수자가 준비한 내용을 전달하는 강의식 수업이 된다. 이런 방식은 학습자들을 수동적인 학습자로 만들며, 그 결과 학습자들은 스스로 학습할 수 있는 능력이 없다고 생각하며 배운 것을 현업에 제대로 적용하지 못하는 경향이 있다.

교육의 효과성을 검증하는 많은 연구와 실제 대학 수업의 사례들의 결과를 살펴보면, 강의식 수업은 크게 효과적이지 못하다. 따라서 강의 위주가 아닌 학습자들을 수업에 참여시켜야 한다. 학습자들을 참여시키는 것은 지식과 기술을 자기 것으로 만들게 하고, 더 나아가 그 기술과 지식을 자신의 업무에 적용시킬 수 있는 능력을 길러주는 것이다(밥 파이크, 2004). 또한, 가장 효과적인 강의는 학습자들을 능동적으로 유도하여 수업에 참여시키는 것이다.

④ 중요하고 어려운 지식 선학습

수업시간의 앞부분을 제1황금시간이라고 하고, 끝부분을 제2황금시간이라 하며, 그 중간 부분을 침체시간이라 한다(Sousa, 2006). 시작 부분을 가장 잘 기억하고 다음으로 마지막 부분을 잘 기억하니 새롭고 어려운 부분이나 중요한 것을 먼저 가르치고, 마지막에 정리하는 것이 효과적이다(차갑부, 2010).

수업을 시작하기 전에 재미있는 사례는 짧게 하도록 하며, 집중이 잘 되는 앞 시간을 중요하고 어려운 지식과 정보를 학습할 수 있도록 활용하면 좋다. 그리고 학습자들의 주의를 쉽게 끌기 위해서 시작을 문제 제기로 하는 방법이 있다. 문제 제기로 수업을 시작하면, 학습자들은 긴장하게 되며 내용에 관심을 보인다.

⑤ 수업내용 요약 및 정리

교수자는 강의한 내용을 잘 알고 있기 때문에 학습자들 또한 그럴 것이라고 착각한다. 하지만 실제로는 그렇지 않다. 학습자들은 대부분 처음 듣는 수업의 내용이기 때문에 마무리 단계에서 중요한 내용을 일목요연하게 요약해 주어야 한다. 요약은 수업 중에 들었던 내용에서 어떤 부분이 중요한지를 이해하고 정리할 수 있을 것이다. 그리고 학습자들이 꼭 알아야 할 것과 알면 좋은 것을 구분하는 것 또한 필요하다. 꼭 알아야 할 것은 반복학습 및 정리하며, 나머지 시간을 토론, 질문, 복습, 정리 등으로 수업을 마무리하면 좋을 것이다. 그리고 배운 내용을 실생활에 어떻게 적용할 수 있는지를 요약 및 정리하는 것이 매우 중요한 요소이다. 이는 학습자들의 동기를 유발할 수 있다.

⑥ 학습자들을 위한 칭찬

칭찬을 하는 방법에는 능력을 칭찬하는 것과 노력을 칭찬하는 것이 있다. 능력을 칭찬하는 것보다 노력을 칭찬하는 것이 학습자의 생각과 태도에 더 발전적이고 긍정적인 영향을 미친다(차갑부, 2010). 우리 학습자에게는 노력을 칭찬하는 것이 절실히 필요하다. 결국 칭찬이 좋은 자극이 되어 학습자들로 하여금 행동을 유발하게 할 것이다.

수업시간에도 어떤 학습자에게 칭찬할 일이 있으면 즉시 하는 것이 좋다. 그리고 수업 마무리시간에는 일부러 몇몇 학습자들을 돌아가면 칭찬하자. 학습태도가 좋았거나, 질문을 하였거나, 과제를 잘 하였거나, 토론시간에 잘 참여하였거나, 발표를 잘 하였거나, 다른 학습자들과 함께 협력하였거나 등등 어떠한 것이든 칭찬할 모습과 변화를 찾아서 구체적으로 칭찬하자.

예를 들면, 다음과 같다.

- 쉽게 설명해줘서 좋습니다.
- 예를 들어 주어 좋습니다.
- 간단히 요약해 줘서, 이유를 들어줘서 좋습니다.
- 창의적인 생각입니다. 등등

또한, 학습자들 전체를 칭찬하자. 예를 들어, 모두 출석하였거나, 모두 과제를 제출하였거나, 수업 분위기가 좋았거나, 토론에 모두 잘 참여하였거나 등등의 이유를 찾아 학습자들을 격려하면 좋을 것이다. 이는 학습자들의 외적 동기가 생기며 학습에 의욕을 북돋울 수 있다.

⑦ 다음 수업내용 안내

끝을 잘 맺기 위해서는 계획이 필요하다. 수업 마무리에서 학습자들에게 동기부여가 되는 메시지를 전달하면 좋을 것이다. 인용구, 시, 좋은 글 등을 제시하면서 수업이 끝난 후에도 학습자들의 마음속에 오래 남을 수 있도록 마무리를 해야 한다. 또는 다음에 수업할 내용을 알려주며 학습자들이 준비할 과제 및 예습에 대해 이야기한다. 재미있고 흥미로운 내용임을 제시함으로써 학습자들을 독려하게 되며, 학습 준비에 도움이 될 것이다.

⑧ 학습평가

학습이 끝난 후에 그 학습효과의 검증 및 차기 학습을 위해 평가는 중요하다. 평가란 교수·학습과정을 통해서 학습목표 달성 및 효과를 확인하는 과정이다.

참평가란 학습자들로 하여금 실제 세계와 관련된 활동을 하도록 하는 평가이다(김경이 외, 2012). 수업에 대한 참평가 없이는 교수자도 학습자도 학습의 발전 정도를 이해할 수 없으며, 교수자는 자신의 교수법이 학습자들이나 학습목표에 적합한지 어떠한지 파악할 수 없다. 따라서 수업을 마친 후, 반드시 수업에 대한 평가시간을 갖도록 하며, 평가의 방법은 다양하게 이루어질 수 있다. 익명으로 전반적인 수업에 대해 소감문을 작성하는 방법도 있으며, 장단점에 대해 짧게 평가하는 시간을 마련할 수도 있다.

발표와 과제, 그리고 시험은 교수자가 채점하고 분석하고 평가하고 있는 것이 현실이다. 학습자들에게 피드백을 주고 그들이 모르는 부분을 다시 가르쳐야 하기에는 시간이 부족하고 학습자가 많은 경우에는 현실적으로 어려운 일이다. 하지만 발표와 과제, 그리고 시험은 학습자들이 학업평가와 별개로 스스로를 돌아볼 기회를 주고, 성적을 매기기에 앞서 여러 가지 기회를 통해 피드백을 받을 기회가 제공되어야 한다.

피드백은 발생한 행동, 태도, 사실 등에 대해서 비평, 평가하지 않고 있는 그대로 드러내어 직면케 함으로써 본인 스스로 잘 한 것은 강화하고, 잘못된 것은 고쳐 나가도록 도움을 주는 것이다(김종표, 이복희, 2010b).

학습자들은 본인의 과제와 시험 점수가 어떠한지 매우 알고 싶어 한다. 따라서 교수자는 반드시 채점 기준표를 가지고 채점하며, 가능한 한 빠른 시간 내에 피드백의 결과를 알려준다. 평가에 대해 이의를 제기할 경우, 분명한 이유를 제시해 준다.

수업 전 또는 수업계획서에 일정을 명시하거나 과제를 제출할 때 피드백을 위한 시간을 정해야 한다. 그리고 조별 발표가 이루어지고 최종 결과물을 제출할 때까지 교수자는 피드백을 주어야 한다. 그러기 위해서 피드백 시간은 학습자들과 조절하여 일정이 이루어져야 할 것이다. 이러한 과정은 학습자의 학습성과에 질 높은 결과를 가져오게 된다.

교수자는 학습자의 학업에 점수와 등급을 매기는 것이 아니라, 학습을 돕기 위해 성적평가를 수행해야 한다. 교수자평가와 더불어 학습을 돕기 위한 학업평가방법으로는 동료평가와 자기평가가 있다. 이는 보다 완전하고 타당한 평가를 가능하게 하는 평가의 내용과 기준자료를 만들어 낸다. 소규모 그룹별로 모여 평가하는 방식과 평가에 대한 저널을 쓰는 방법이 있다.

기억하기

1. 성인은 생물학적 성숙의 관점에서 생식을 할 수 있는 시기부터이며, 심리 · 사회적 성숙의 관점에서는 일반적인 판단능력, 자율, 책임감, 성인생활의 역할, 사회적 및 심리적 성숙을 보일 때로 자신을 스스로 관리할 수 있으며, 자신의 삶에 일차적인 책임을 질 수 있는 사람을 말한다.

2. 성인학습자는 아동과 달리 구체적인 학습목표를 가지고 스스로 선택하여 학습에 참여한다. 성인학습자는 우울증 경향의 증가, 수동성과 내향성 증가, 경직성, 조심성, 의존성 증가, 사물에 대한 애착심이 강해지는 특성을 가지는 반면 상대적으로 더 조심스러워지고 신중해지며 적절성이나 의미를 나름 확인하려는 경향을 보인다.

3. 안드라고지는 페다고지와 반대되는 개념으로 학습자가 중심이 되어 자신의 경험과 목적에 의하여 학습을 수행하는 성인교육원리와 실천과제에 중점을 두는 개념이다.

4. 놀스(Knowles, 2011)의 안드라고지와 페다고지의 교육 원리는 학습자의 학습욕구, 학습자의 자기개념, 학습자 경험의 역할, 학습에 대한 준비성, 학습에 대한 지향성, 학습자의 학습동기에서 비교하여 그 중요성을 제시하고 있다.

5. 성인교육 참여의 특성은 참여비율에 남녀 차이가 거의 없으며, 40세 이하 젊은 성인들의 교육 참여 경향이 크고, 학력이 높을수록, 수입이 높을수록, 취업자, 결혼한 성인, 도시성인의 참여율이 높다.

6. 성인교육 참여를 저해하는 요인은 상황적인 요인, 교육기관이나 제도의 문제, 개인의 속성, 정보의 요인 등 네 가지로 요약된다.

7. 성인을 위한 평생교육방법은 학습자의 참여 및 관심, 유도에 초점을 맞추는 것이 중요한 의미이다.

평가하기

1 성인학습자의 인지적 특성으로 잘못 설명한 것은?(　　)

① 성인의 지능은 유동성 지능과 결정성 지능으로 구성된다.
② 성인의 지능에서 결정성 지능은 연령에 따라 쇠퇴한다.
③ 결정성 지능은 교육과 경험의 영향을 더 많이 받는다.
④ 노년기의 경우 단기기억력과 감각기억력이 함께 저하된다.
⑤ 감각능력과 지각능력의 쇠퇴는 인지적 능력의 감소원인이 되며, 문제해결능력에 있어서도 영향을 미친다.

2 성인을 위한 평생교육방법으로 바르게 설명한 것은?(　　)

① 첫 수업시간은 짧은 오리엔테이션으로 성인학습자들에게 수업의 목적과 내용을 전달할 필요가 있다.
② 성인학습자들은 스스로 학습하므로 학습에 대한 외적 동기를 유발함이 필요하다.
③ 중요하고 어려운 지식을 먼저 학습하게 하고 마지막에 정리하는 것이 효과적이다.
④ 성인학습자들 전체를 칭찬하면 학습자들의 내적 동기가 생겨 학습에 의욕을 북돋울 수 있다.
⑤ 수업을 시작하고 중간에 재미있는 사례를 길게 하도록 하며, 집중이 잘되는 마지막 시간에 어려운 지식과 정보를 학습하도록 활용하면 좋다.

3 안드라고지의 교육 원리에 대해 서술하시오.

정 답

1. ②

[해설]

② 성인의 지능에서 유동성 지능은 연령에 따라 쇠퇴하지만, 결정성 지능은 교육과 경험에 따라 연령과 무관하게 꾸준히 유지되거나 오히려 상승한다.

2. ③

[해설]

① 첫 수업시간은 짧은 오리엔테이션으로 일찍 마치는 것보다 주어진 시간을 잘 활용하며 교수자는 가장 열정적으로 수업의 목적 및 내용을 전달함이 필요하다.

② 학습동기가 있는 학습자들은 스스로 학습하지만 학습동기가 부여된 학습자가 극히 일부이므로 학습동기를 유발할 필요가 있다. 학습동기는 외적 동기보다는 내적 동기를 부여받을 수 있도록 해야 한다.

④ 성인학습자들 전체를 칭찬하면 학습자들의 외적 동기가 생겨 학습에 의욕을 북돋울 수 있다.

⑤ 수업을 시작하기 전에 재미있는 사례를 짧게 하도록 하며 집중이 잘되는 앞 시간을 중요하고 어려운 지식과 정보를 학습할 수 있도록 활용하면 좋다.

3. 안드라고지의 교육 원리는 놀스의 6가지 관점에서 중요성을 제시하고 있다. 놀스는 학습자의 학습 욕구, 학습자의 자기개념, 학습자경험의 역할, 학습에 대한 준비성, 학습에 대한 지향성, 학습자의 학습동기로 교육 원리를 설명하는데, 학습자의 학습욕구를 충족하기 위해서 학습에 착수하기 전에 학습필요성을 점검하고 학습결과에 따른 이해관계를 조사 분석하는 데 심혈을 기울여 학습욕구를 증진할 도구로서 개인적인 평가체계, 직업체계, 역할 모형, 특징적인 수행평가 등 효과적인 학습도구를 제공해야 한다. 그리고 학습자의 자기개념 인식은 학습자의 성숙에 따라 의존적인 경향에서 점차 자기주도적 특성으로 변화하며 학습자의 자기주도성에 따른 인간의 성숙은 개인의 삶의 여건과 상황에 따라 속도와 시기는 다르다고 할 수 있다. 또한, 학습자경험은 학습자원으로써의 역할을 하는 경험을 축적하고 있으므로 실험, 토의, 문제해결, 시뮬레이션 연습, 현장학습 등의 교육방법을 활용하는 것이 필요하다.

성인학습자의 학습에 대한 준비성은 사회적 역할과 발달과업에 바탕을 두고 있으므로 교수자는 '알기 위한 욕구'를 발견하도록 도구와 절차를 제공하고 학습여건을 조성할 책임이 있으며 학습 프로그램은 실제 생활에 적용할 수 있도록 조직되어야 하며, 학습자의 학습 준비도에 따라 계열화되어야 한다.

학습장의 학습동기는 성인학습자는 외적인 동기(직업, 승진, 봉급 등)에 민감하지만 잠재되어 있는 동기로써 내적인 압력(직업에 대한 만족감, 자존심, 생활의 질 등)에 더 큰 학습동기를 부여한다.

제2부

교수자 중심 평생교육방법

제 04 장

강의법과 변형강의방법

개 요

강의법은 교수법 중 가장 보편화되고 역사적으로 가장 오래된 방법이다. 주로 교수자 중심적 수업형태의 하나로서 학습자들에게 제시할 학습자료를 설명하거나 주입의 형식을 통해 행하는 수업이다. 강의법은 다수의 학습자들에게 수업할 내용이나 과제가 정보와 지식수준일 때는 효과적으로 적용될 수 있다. 반면, 학습자들에게는 참여기회가 없는 수동적 학습이 될 수 있고, 교수자의 지식이 절대적일 수 있으므로 이에 따른 강의방법이 중요하다. 따라서 이 장에서는 강의식 교수법의 특징과 변형강의방법에 대해 살펴보기로 한다.

제 04 장

강의법과 변형강의방법

학습 목표

1. 강의법의 필요성과 절차에 대해 알 수 있다.
2. 강의법에서 교수자의 능력을 이해할 수 있다.
3. 학습동기유발 ARCS 모형을 적용해 볼 수 있다.
4. 변형강의방법을 이해하고 탐구해 볼 수 있다.

1. 강의법

1) 강의법의 필요성

강의법은 교수자가 특정 공간에 모인 학습자들에게 구두로 지식을 전달하기 때문에 집단 중심의 교육방법으로 매우 적합하다(기영화, 2004). 강의는 구두로 커뮤니케이션하기 때문에 그 효과를 증진시키기 위해 실물이나 그림 혹은 도표 등이 동반될 때도 있고, 이것들은 칠판을 포함한 다양한 매체를 통해 제시될 수도 있다.

강의법은 상대적으로 학습자의 수가 많아서 교수자가 모든 학습자들을 관리하기 어려운 교육방법이다. 따라서 교수자와 학습자 간의 상호 교류 없이 교수자 중심의 일방적인 학습으로 이루어지는 것이 큰 특징이라고 볼 수 있다. 또한, 초등학교에서 대학교육까지 또 다른 교육에 이르기까지 가장 많이 이루어지고 있는 일반적인 교육방식이며, 교수자와 학습자 간에 가장 익숙한 교육방법이다.

강의법은 단시간 내 많은 내용을 많은 학습자들에게 효과적으로 쓰일 수 있는 상황에 적용된다면 어느 교육방법보다도 비용을 절감하면서 효과적으로 사용할 수 있는 방법이다.

2) 강의법의 절차

강의법이 효과적으로 사용되기 위해서는 도입과 전개 그리고 결말 부분으로 구분하여 학습내용을 사전에 준비함으로써 효과를 증가시킬 수 있다. 효과적인 강의법의 절차는 〈표 4-1〉과 같다(기영화, 2004; 김종표, 이복희, 2010).

표 4-1 효과적인 강의법의 절차

단계	강의법 절차	주의사항
1단계 도입	• 교수자와 학습자 간의 관계 설정 • 동기부여, 주의집중 • 수업내용에 대해 목표를 명료하게 제시	• 성실하고 열의 있는 태도 • 일상적인 습관에 유의 • 학습자들의 참여를 유도 • 다양한 매체 활용 • 전달방식의 다양화
2단계 전개	• 내용을 연역적 · 귀납적 방법으로 제시 • 주의집중을 위한 자극의 다양화(매체 활용) • 중요한 내용을 반복해서 설명	
3단계 종결	• 요약정리 및 복습 • 재동기 부여 • 과제 제시, 형성평가, 다음 학습 소개	

도입과정에서 교수자는 교수자와 학습자 간의 관계 설정, 동기부여 및 주의집중, 수업내용에 대해 목표를 명료하게 제시하도록 한다. 그리고 전개과정에서는 내용을 연역적 · 귀납적 방법으로 제시, 주의집중을 위한 자극의 다양화, 중요한 내용을 반복해서 설명한다. 마지막 정리단계에서 교수자는 이전에 학습하였던 내용을 중심으로 요약정

리 및 복습, 재동기 부여, 과제 제시, 형성평가, 다음 학습내용에 대한 소개과정을 거치는 것이 효과적이다.

3) 강의법의 장단점

효과적인 강의를 위해 강의법의 장단점을 살펴보면 〈표 4-2〉와 같다.

표 4-2 강의법의 장단점

장점	단점
• 효율적인 지식습득 – 비용절감 – 학습동기 유발의 수단 • 학습 부담이 적음 • 교재 설명에 도움이 됨	• 학습자수준 고려하지 않음 • 수동적 학습(참여 기회 없음) • 교수의 지식이 절대적임 – 자주성, 창의성의 발달 저해 – 교수자와 학습자의 상호교류 없음

강의법의 장점은 지식이나 정보를 체계적이고 효율적으로 제공할 수 있고, 한 교수자가 동시에 많은 학습자들을 대상으로 내용을 전달하기에 경제적이다. 또한, 교수자의 능력과 경험은 학습자의 흥미를 환기시켜 학습동기를 유발하는 데 유효한 수단이 되며(기영화, 2004), 학습자들에게는 부담이 적다. 그리고 사실적인 정보를 가르치는 데 효과적이고 전달되는 지식이나 정보가 통일성이 있어 교재 설명에도 도움이 된다.

반면, 강의법의 단점으로는 학습자의 수준을 고려하여 내용을 전달하기가 어려우며, 학습자를 능동적으로 학습활동에 참여하도록 하는 것이 어렵다. 또한, 교수자는 기계적 · 주입적인 태도를 취하면서 교수자의 지식이 절대적이며, 학습자의 자주성 및 창의성의 발달을 저해하는 단점이 있다. 또한, 학습자가 수동적이고 상호작용이 잘 일어나지 않으므로 교수자와 학습자 간의 상호교류성이 없다.

따라서 교수자는 강의 속도에 주의하고 학습자에게 생각할 여유를 주면서 강의해야 하고, 학습자가 강의를 이해하고 있는가를 조사해 가며 진행해야 한다.

4) 교수자의 능력

학습자에게 좋은 학습결과를 이끌어 내기 위해 교수자에게 요구되는 능력은 다음과 같다(정혜선, 2005).

(1) 판단력

교수자에게는 섬세하고 정확한 판단력이 요구된다. 섬세한 교육적 판단력은 학습자의 심리적이고 정신적인 상황을 섬세하게 직감할 수 있는 통찰력이라고도 할 수 있다. 때론 교수자는 객관적 상황 분석은 물론이거니와 학습자의 심리적인 측면까지도 고려하여 종합적으로 판단하고 행동해야 한다.

(2) 추리력

교수자는 추리력(추론력)을 지녀야 한다. 인간은 새로운 문제에 직면했을 때 그것을 해결하고자 여러 가지 궁리를 하기 마련이다. 그러나 그것은 무에서 유를 창조하는 작업이 아니다. 과거의 경험이나 지식을 동원하여 뇌 안에서 다양한 형상을 그려가며 문제를 해결하기 위한 답을 도출해내는 작업이다. 따라서 교수자가 추리력을 보다 발달시키기 위해서는 경험적인 지식을 포함한 '풍부한 지식'을 갖추는 것이 중요하다. 지식이 많으면 많을수록 다양한 형태의 추론이 가능해지기 때문이다.

(3) 기획력

교수자는 기획력을 지녀야 한다. 프로그램에서 사람들의 흥미를 끄는 것은 기획력에 달려 있다. 이는 강의라는 하나의 과정을 만들어 가는 과정에서도 필수적인 능력이라고 할 수 있다. 어떻게 학습자들로 하여금 강의에 흥미를 가지고 참여하게 할 것인지는 교수자의 기획력에 달려 있다고 해도 과언이 아니다.

(4) 창조력

교수자는 창조력을 지녀야 한다. 창조력이란 기초적인 지식을 쌓아올려 그것을 바탕으로 여러 가지 형태로 추론을 행한 끝에 성립되는 것이다. 교수자는 풍부한 지식을 쌓은 후 추론을 통한 사고체계를 몸에 익히면서 창조력의 폭을 넓혀가야 한다.

(5) 표현력

교수자에게 필요한 능력 중 표현력도 있다. 다른 사람 앞에서 발표를 한다는 것은 상당히 어려운 일임에 틀림이 없다. 그러나 올바른 훈련을 통해 적절한 표현력을 기른다면 교수자 스스로가 자신감을 가질 수 있음은 물론이고 학습자들이 강의를 이해하는 데에도 큰 도움이 될 것이다.

이러한 능력들은 학습자들이 교수자에게 인간적 매력을 느끼거나 강의에 대한 신뢰를 형성하는 데 영향을 끼친다. 따라서 유능한 교수자의 자질과 역량 강화를 위해 다음과 같은 자기진단평가표를 활용하여 체크하는 방법이 있다.

표 4-3 자기진단평가표

진단항목		아니다		보통	언제나 그렇다	
		1	2	3	4	5
1	강의하기 전에 미리 학습자에 대해 조사한다.					
2	강의를 위해 교안을 작성한다.					
3	강의 시 사용하기 편리하게 교안을 작성할 수 있다.					
4	미리 강의 연습을 한다.					
5	강의 연습을 할 때 녹음을 하거나 비디오 촬영을 한다.					
6	학습자의 질문을 예상하고 그에 대한 답변을 준비한다.					
7	학습자의 주의를 집중시키면서 강의를 시작할 수 있다.					

8	강의 시 몸이 굳어 있거나 강단에 기대지 않는다.					
9	강의를 하면서 자연스러운 제스처를 쓴다.					
10	학습자와 시선을 맞추려고 노력한다.					
11	학습자들 앞에서 편안하게 말할 수 있다.					
12	강의 시 목소리는 떨리거나 더듬지 않고 안정적이다.					
13	상황에 따라 음성을 다양하게 구사할 수 있다.					
14	강의를 하는 동안 학습자의 행동을 잘 조절할 수 있다.					
15	학습자와 상호작용을 쉽게 이끌어 낼 수 있다.					
16	학습내용을 체계적으로 전달할 수 있다.					
17	학습내용의 전달과 정리를 위해 시각자료를 이용한다.					
18	시각자료는 단순하고 읽기 쉽게 효과적이다.					
19	강의의 속도와 흐름을 조절할 수 있다.					
20	정해진 강의시간을 지킨다.					

●채점●	
아니다 1점	
보통 3점	
언제나 그렇다 5점	
85점 이상	매우 훌륭함
70점 이상	훌륭함
50점 이상	보통임
30점 이상	약함
30점 미만	아주 약함

Tip 자신감을 가질 수 있는 방법

1. 강의할 내용을 충분히 준비하고 익혀 본다.
2. 학습자들이 배우고자 하는 의욕과 친근감이 있다는 것을 인지한다.
3. 교단에서는 누구나 다 그러한 느낌을 갖는다는 것을 이해하여야 한다.
4. 강의도 개인과 면 대 면(1:1) 대화와 별반 다르지 않다는 것을 이해하여야 한다.
5. 강의 시작 전에 심호흡을 여러 차례하고 강의를 시작한다.
6. 강의 시작의 3분 정도가 가장 중요한 시간이 되므로 필요하다면 강의 첫 부분을 사전에 준비해 놓고 천천히 그리고 똑똑하게 말을 시작해 나가야 한다.
7. '유머'를 사용하여 분위기를 완화시킨다.

출처: 기영화(2004). 평생교육방법론. 학지사.

표 4-4 교수자로서의 자기점검

분야	내용	아니다		보통	언제나 그렇다	
		1	2	3	4	5
언어적 표현	1. 발음이 정확한가? 2. 말하는 속도가 적절한가? 3. 목소리 크기가 적절한가? 4. 내용에 따라 목소리의 높낮이를 잘 구사하는가?					
얼굴표현	5. 얼굴 표정은 부드러운가? 6. 미소를 띠고 있는가? 7. 모든 학습자를 골고루 둘러보는가? 8. 시선은 자료와 학습자에게만 주고 있는가?					
몸동작	9. 자세는 바른가? 10. 몸동작이 자연스럽고 적절한가? 11. 긴장하지 않고 적절하게 움직이고 있는가? 12. 긍정적인 느낌을 줄 수 있는 태도를 취하는가?					

강의 진행	13. 강의에 열의가 느껴지는가? 14. 강의 속도와 흐름은 적절한가? 15. 강의시간 조절은 잘하고 있는가?					
강의 구성	16. 강의에 시작이 있는가? 17. 강의에 끝맺음이 있는가? 18. 강의에 숨돌릴 여유가 있는가? 19. 강의가 호기심을 유도하는가? 20. 가장 중요한 내용이 부각되는가?					
소감						

●채점●	
아니다 1점	
보통 3점	
언제나 그렇다 5점	
85점 이상	매우 훌륭함
70점 이상	훌륭함
50점 이상	보통임
30점 이상	약함
30점 미만	아주 약함

Tip 사람의 마음을 움직이는 방법

1. 약간 낮은 목소리로 시작한다.
   낮은 목소리로 소곤소곤 이야기를 하면 상대방은 자기도 모르게 귀를 기울인다. 따라서 처음 시작할 때에는 높은 소리보다는 낮은 소리로 시작하는 것이 집중도를 높일 수 있다.
2. 입은 의식적으로 크게 벌린다.
   입을 크게 벌리고 시원시원하고 분명하게 말하면 설득력을 배가시킬 수 있다.
3. 목소리의 크기는 뒷사람을 기준으로 해서 한다.
4. 속도는 가급적 천천히 말한다.
   천천히 그리고 정중하게 이야기하면 듣는 사람에게 열심히 이야기하고 있는 느낌이 전달되어 호감도를 더 얻을 수 있다.
5. 대화하는 어조로 한다.
6. 마이크를 100% 활용하는 방법-입과의 거리는 15~20cm가 적당하다.

출처: 정미영(2009). 스피치 커뮤니케이션: 이론과 실제. 한국학술정보(주).

5) 학습동기유발 ARCS 모형

강의법 수업에서 교수는 학습자의 학습동기를 유발하는 것이 중요한 일이다. 학습과 동기유발을 관련지어 켈러(Keller)는 Attention(주의집중), Relevance(관련성), Confidence(자신감), Satisfaction(만족감)의 앞머리 글자를 따서 ARCS 모형을 제안하였다. ARCS 모형은 동기유발을 위해 필요한 네 가지 요소, 즉 주의집중, 관련성, 자신감, 만족감의 첫 글자를 따서 명명된 모형이다. 각 요소와 관련된 구체적 동기유발전략은 다음과 같다(이지연, 2005).

(1) 주의집중 및 유지를 위한 전략(Attention)

학습자의 학습동기를 유발하고 유지하기 위해서는 무엇보다도 학습자에게 주어지는 학습자료나 내용에 관심을 가져야 한다. 주의집중과 유지를 위해 구체적으로 다음과 같은 전략이 있다.

① 시청각매체 활용

학습자의 주의집중을 위해서는 단순한 구두 강의보다는 시청각매체를 활용하는 것이 효과적이다. 강의 도중 학습자의 주의가 산만하거나 지루해할 때 멀티미디어 자료를 활용하면 쉽게 주의를 환기시킬 수 있다. 그러나 과도한 멀티미디어는 활용이나 지루한 내용은 주의를 산만하게 한다.

② 호기심 유도

호기심과 탐구심을 자극하여 학습에 대한 기대감을 갖게 하여 주의집중을 유도한다. 학습자의 능동적 반응을 유도하는 질문을 하거나, 스스로 문제를 해결할 수 있도록 과제를 제시하는 것도 효과적이다.

③ 수업의 형태 변형

수업의 요소를 다양하게 변화하는 것은 학습자의 흥미를 지속시키는 데 기여한다. 학습자들이 주의집중을 할 수 있는 시간을 고려해 간결한 형태로 다양하게 수업을 구성한다. 예를 들어, 게임, 역할극 등이다.

(2) 관련성 유지전략(Relevance)

① 사전지식 활용

학습자에게 새로운 개념을 설명할 때 학습자들이 이미 알고 있는 개념을 사용하여 친숙하게 한다. 또한, 추상적인 내용에 대해서는 그림이나 도표를 사용하여 보다 구체화시켜 전달한다.

② 실제생활의 적용법 안내

학습자 스스로 성취를 위한 목표를 정의하는 것으로 자신의 경험이나 지식에 근거해 학습목적을 결정하도록 한다. 이때 교수자는 학습과제의 중요성이나 실용성을 설명함으로써 학생으로 하여금 목표지향적 사고를 갖도록 한다.

③ 학습자의 요구 만족 설명

학습의 수준을 다양하게 하여 학습자들이 선택할 수 있도록 한다. 학습자 과제를 수행하는 과정에서 적절한 피드백을 제공하는 것은 성취동기를 높인다. 또한, 성취동기와 관련하여 비경쟁적이거나 협동적인 학습상황을 제시하는 것도 효과적이다.

(3) 자신감 형성전략(Confidence)

적정수준의 도전감과 함께 노력하면 달성할 수 있다는 자신감은 동기유발과 유지에 긍정적인 영향을 미친다. 성공시킬 수 있는 능력이 있다는 자각, 자신이 선택을 결정할 수 있다는 믿음, 성공에 대한 확신은 자신감을 형성한다.

① 성공에 필요한 내용 안내

학습목표와 수업의 전반적 구조를 분명히 제시하면, 학습자는 학습과정에서 학습하게 될 내용에 대한 지적 도식을 형성한다. 그러한 지적 도식은 학습과제를 성공적으로 수행할 수 있는 자신감을 학습자에게 형성시킨다.

② 난이도를 조정하여 성공의 기회 제공

학습자의 수준을 고려하여 다양한 수준의 난이도를 활용하고, 학습자의 수준을 파악하기 위해 진단평가를 실시한다. 과제를 설계할 때는 학습자의 흥미, 능력, 시간제약 등을 고려하여 성공의 기회를 경험할 수 있도록 한다.

③ 학습자들에게 제한된 범위에서 학습의 선택과 통제권 부여

과제를 계획할 때 학습자의 개인적 학습방식, 속도 등을 고려하여 과제를 수행할 수 있도록 선택의 기회를 배려한다. 학습자에게 과제의 주제나 형태를 선택할 수 있도록 하면 학습자는 이에 대한 부담이 줄어들고 자기주도학습이 가능하여 동기유발이 촉진된다.

(4) 만족감 부여전략(Satisfaction)

학업 수행결과에 대해 학습자 개개인이 만족감을 가질 때 학습자의 동기는 지속적으로 유지된다. 만족감은 학습자 스스로의 인지적 평가와 내적 보상, 외부로부터의 강화와 피드백에 의해 영향을 받는다. 자발적 동기는 보상이나 칭찬에 의한 외적 동기보다 오래 지속되는 경향이 있다.

① 학습한 내용을 적용할 수 있는 기회 제공

학습자의 내적 동기를 유지하려는 전략으로 습득한 지식이나 기술을 적용할 수 있는 기회를 제공함으로써 학습자 스스로 만족감을 갖게 한다.

② 긍정적인 피드백 제공

성공적 학습행위에 대해 칭찬을 아끼지 말아야 한다. 이때 성공적 학습결과에 대한 교수자의 긍정적 피드백은 학습자의 특성을 고려하여 보상의 종류와 횟수를 적절히 사용하는 것이 무엇보다도 중요하다.

③ 평가에 공정성 유지

수업내용과 구조는 미리 제시된 목표와 일관성 있게 제시되어야 하며, 연습과 시험은 일치해야 한다. 이때 일관성은 학습자가 학업수행 결과에 대해 만족감을 가질 수 있도록 한다.

2. 변형강의방법

강의법이 가지고 있는 한계를 극복하고, 학습자들의 흥미와 참여를 유도하기 위해서 변형강의방법이 필요하다. 변형강의방법이란 강의법을 주로 사용하면서 강의를 변형한 방식을 의미한다. 예를 들어, 강의를 한 후에 그 강의의 주제와 내용에 관련한 토의를 하는 교육방법이다. 교육방법이란 교수의 형태, 즉 교수내용을 제시하는 형태로 학습목표에 맞는 내용을 학습자에게 효과적으로 전달하고 학습활동을 지원하기 위한 수단이다(김종표, 이복희, 2010a). 다양한 학습자의 특성을 고려하여 학습효과를 극대화시킬 수 있으며, 학습내용에 맞는 전략과 교육방법개발이 필요하다. 이러한 변형강의방법은 학습자의 흥미와 참여를 유발시키고 학습활동을 고무시키는 장점이 있다.

1) 토론 중심 강의방법

혼자 학습할 때보다 다수가 함께 학습할 때에 더 큰 학습효과가 발생한다는 연구결과가 있다(Kafai & Resnick, 1996). 다수가 함께 학습하면서 다른 학습자들과 또 교수자와 상호작용하는 방법을 학습할 뿐만 아니라 문제해결을 위한 소그룹 토론 및 각종 활동을 하면서 학습내용과도 능동적으로 상호작용할 수 있다.

토론식 수업은 학습자들의 참여를 유도하기 위해 사용하는 교수법이다. 이는 역동적인 상호작용을 통하여 정보와 의견을 교환하고 결론을 이끌어 내는 것이다. 토론식에도 찬반토론, 배심토론, 브레인스토밍, 공개토론, 대화 등 여러 가지 유형이 있다. 이는 수업의 목적과 내용에 맞는 기법을 사용하면 된다.

다음은 토론식 수업에서 참고할 사항이다.

- 토론식 수업을 가능하도록 좌석을 배치한다. 고정된 좌석이라면 바닥 및 다른 공간을 활용한다.

- 토론식 수업을 할 때는 목적이 무엇인지 알려준다.
- 무엇을 배울지에 관해 학습자들에게 설명을 해 준다.
- 토론을 시작하기 전에, 간단히 자기소개를 하고 인사를 나누도록 한다.
- 토론식 수업에서 역할을 분담시킨다. 예를 들어, 사회자, 서기, 발표자의 역할을 분담하게 한다.

사회자는 토론을 진행하고, 발표자는 토론내용을 발표하고, 서기는 토론내용을 기록하여 제출하도록 한다. 역할을 분담하는 과정에도 게임(제비 뽑기, 가위바위보 등)을 통해서 선출하도록 한다.

- 소극적인 학습자들이 소외되지 않도록 신경을 써야 한다. 참가자 전원이 참여하도록 한다.
- 토론의 주제에서 벗어나지 않도록 한다.
- 한정된 시간을 미리 알려준다.
- 토론내용에 대해 칭찬과 피드백을 준다.

2) 체험 중심 강의방법

어떤 이론이나 원칙의 강의를 들어 외우는 것보다 때로는 실제적인 사례연구를 통하여 실제 상황에 부딪히는 경험을 함으로써 문제해결방법을 터득하는 체험학습도 큰 의미와 효과가 있다(김종표, 이복희, 2010b). 강의내용이 기억에 남는 비율을 살펴보면, 다음과 같다.

- 읽기: 10%
- 듣기: 26%
- 보기: 30%

- 보기와 듣기: 50%
- 보기와 말하기: 70%
- 말하기와 행동하기: 90%

이와 같이, 학습자들이 능동적으로 참여하였을 때 학습의 효과는 크다는 것을 알 수 있다. 따라서 수업의 장에서 학습자들을 말하고 행동하도록 하여야 한다.

체험 중심의 수업은 시범실습, 사례연구법, 역할연기법, 감수성훈련, 게임법, 액션러닝 등 매우 다양하다. 체험 중심 수업의 교수법을 간단히 요약하여 정리하면 다음과 같다(김종표, 이복희, 2010b).

(1) 시범실습식 교수법

실습식 교수법은 직접 사물을 접하여 관찰, 실험하고 사실을 모집, 검증, 정리하는 직접적인 경험에 의한 지도법으로 교육방법의 원리 중 직접경험에 기초를 두고 있다.

(2) 사례연구 교수법

문제해결식 교수법으로서 실제 발생했던 사건이나 발생 가능한 상황을 집단토의를 통하여 관련 자료를 분석하고 원인을 규명함으로써 문제에 대한 해결방법이나 대책을 결정해 주는 방법이다. 사례연구법에서 제시되는 문제는 학습자들의 수준에 적합해야 하며, 친숙한 사례가 좋다.

(3) 역할연기법

역할연기법이란 집단 성원들 간의 인간관계에서 발생하는 문제를 해결하기 위해 어떤 상황이나 문제를 극화시켜, 가상적인 상황에서 다른 역할을 연기해 봄으로써 상대방을 이해하도록 하는 방법이다. 각 개인에게 서로 다른 역할을 부여하거나 서로 협의하여 역할을 결정하며, 다른 역할의 사람들과 원만한 타협을 해 보도록 하는 기법이다.

(4) 감수성 훈련법

감수성 훈련법이라 소집단으로 상호작용을 하면서 인간관계에 대해 이해와 기술을 향상시키고자 하는 사회성 훈련이다. 가상적인 상황을 실제로 경험하는 것처럼 만들어서 이에 대한 집단 구성원들의 반응을 통해 상대방의 심리적 상태와 감정을 이해하는 방법이다.

(5) 게임법

게임법은 체험학습의 한 형태로 모의적 상황을 만들어 놓고 그 상황을 체험함으로써 학습의 계기를 만들어 주고자 하는 것이다. 이는 모의적 상황하에서 개인 또는 집단의 사고, 행동, 태도 등을 비롯하여 결론이나 결과에 이르는 전 과정을, 그리고 결론이나 결과를 분석하여 해결책을 모색해 나가는 상호학습방법이다.

- 인터뷰 게임
- 마니또 게임
- 스피드 게임
- 가치관 게임
- 퀴즈 게임
- 이미지 게임
- 관찰 게임
- 솔루션 게임
- 가위바위보
- 제비뽑기 게임
- 스피치 게임

(6) 액션 러닝/스팟기법

액션 러닝은 실제적이고 복잡한 문제의 해결을 통해 의도한 변화가 일어날 수 있도록 실천적 목표에 대한 성찰과 경험 및 아이디어 공유과정을 통해 학습하는 것이다.

스팟(Spot)기법은 짧은 시간 내에 학습자의 주의를 집중시키고 적극적이고 긍정적인 참여를 유도하며 일체감과 성취욕을 북돋우는 고도의 심리연출법이다(장경원, 고수일, 2013).

(7) 현장학습

현장학습은 현장에서 필요한 학습자료를 찾아서 학습하는 것이다. 교육내용을 현장에서 직접 경험하게 하여 학습문제를 쉽고 흥미 있게 이해하도록 한다. 이는 학습자들의 태도 변화와 능동적인 참여로 능률적인 학습이 될 수 있게 한다. 따라서 야외 수업도 좋고, 수업과 관련하여 현장방문학습도 계획할 수 있다.

(8) 프로젝트법

프로젝트법은 학습자가 마음속에 생각하고 있는 것을 구체적으로 실현하고 형상화하기 위하여 스스로 계획을 세워서 수행하는 활동을 의미한다. 학습자의 흥미에서 출발하므로 학습에 동기가 이루어지며, 자신이 계획하고 실행하므로 실제 도움이 된다.

- 목적의 단계: 학습자 스스로의 동기유발로 학습문제 및 학습목적을 설정한다.
- 계획의 단계: 목표 달성을 위한 방법을 비교, 검토하여 실행계획표를 적성한다.
- 실행의 단계: 학습자가 가장 흥미를 느끼고 활발하게 활동한다.
- 평가의 단계: 학습자 자신, 다른 학습자와의 상호 간에 평가를 한다.

(9) 청취와 관람

청취와 관람은 오디오 기기를 통한 청취와 비디오 기기 혹은 전시회 관람을 포함한다(기영화, 2004). 청취와 관람은 강의, 연설, 영화 등의 적극적인 청취와 관람을 증진시키기 위한 방법으로 시행한 후에 개인 또는 집단별로 생각과 의견을 정리하는 방법이다. 역사 및 문화 등의 설명하기 어려운 강의를 영상으로 시청하여 이해할 수 있는 큰 장점이 있다.

기억하기

1. 강의법은 단시간 내 많은 내용을 많은 학습자들에게 효과적으로 쓰일 수 있는 상황에 적용된다면 어느 교육방법보다도 비용을 절감하면서 효과적으로 사용할 수 있는 방법이다.

2. 강의법의 장점은 효율적인 지식습득, 비용절감, 학습동기유발의 수단, 학습부담이 적어 교재 설명에 도움이 되는 반면 단점으로는 학습자의 수준을 고려하지 않고 수동적인 학습으로 참여기회가 적으며, 교수의 지식이 절대적으로 자주성, 창의성의 발달저해 및 교수자와 학습자의 상호교류가 없다.

3. 학습자에게 좋은 학습결과를 이끌어 내기 위한 교수자의 능력은 판단력, 추리력, 기획력, 창조력, 표현력이다.

4. 학습과 동기유발을 관련지어 켈러(Keller)는 Attention(주의집중), Relevance(관련성), Confidence(자신감), Satisfaction(만족감)의 앞머리 글자를 따서 ARCS 모형을 제안하였다.

5. 변형강의방법이란 강의법을 주로 사용하면서 강의를 변형한 방식을 의미한다.

6. 토론식 수업은 학습자들의 참여를 유도하기 위해 사용하는 교수법으로 찬반토론, 배심토론, 브레인스토밍, 공개토론, 대화 등 여러 가지 유형이 있다.

7. 체험 중심의 수업은 시범실습, 사례연구법, 역할연기법, 감수성훈련, 게임법, 액션 러닝 등 매우 다양하다.

평가하기

1 강의법에 대해 다르게 설명한 것은? (　　)

① 학습자 수준을 고려하지 않는다.　② 효율적인 지식습득
③ 비용절감　④ 학습동기유발의 수단
⑤ 학습 부담이 적음

2 강의법에서 학습자의 동기를 유발하기 위한 ARCS 모형에 해당하지 않는 것은? (　　)

① Attention(주의집중)　② Relevance(관련성)
③ Confidence(자신감)　④ Satisfaction(만족감)
⑤ Readiness(준비성)

3 변형강의방법이란 무엇인가?

정답

1. ①은 강의법의 단점에 대한 설명이고 나머지는 강의법의 장점에 대한 설명이다.
2. 학습과 동기유발을 관련지어 켈러(Keller)는 Attention(주의집중), Relevance(관련성), Confidence(자신감), Satisfaction(만족감)의 앞머리 글자를 따서 ARCS 모형을 제안하였다.
3. 변형강의방법이란 강의법을 주로 사용하면서 강의를 변형한 방식을 의미한다.

제 05 장

브레인스토밍과 질문법

개 요

5장에서는 브레인스토밍과 질문법에 대해 학습한다. 성인학습교육방법은 성인학습자의 다양한 경험을 활용하는 것이 효과적이다. 성인학습자를 자연스럽게 참여하도록 하고 기법에 몰입하게 하여 평생교육을 원하는 다수의 교육적 욕구를 충족시킴은 물론, 삶의 현장에서 직접 쓰일 수 있는 활용도를 높이는 것이 중요하다. 집단 속에서의 공동체의식을 길러 과제를 해결하고 교양을 함양하며 조직의 공동체적 의식을 길러 집단이 추구하는 목표를 실현해 가는 것이다.

본 장에서는 문제 중심 교육방법으로 활용되고 있는 브레인스토밍과 질문법의 개념과 특성, 장단점, 기법 및 원리, 실제 활용방안 등을 살펴보고자 한다.

제 05 장

브레인스토밍과 질문법

학습 목표

1. 브레인스토밍의 개념과 기법을 설명할 수 있다.
2. 브레인스토밍의 실제 활용방안을 설명할 수 있다.
3. 질문법의 개념과 특성에 대해 설명할 수 있다.
4. 질문법의 효과적인 진행방법을 설명할 수 있다.

1. 브레인스토밍

1) 브레인스토밍이란?

(1) 브레인스토밍의 개념

브레인스토밍(brainstorming)이란 뇌에 폭풍을 일으키는 방법이란 뜻을 가진 미국의 광고 대행사인 BBDO(Batten Barton Dur stine and Osborn)의 사장인 오스본(A.Osbon)에 의해 개발되었다. 브레인스토밍은 아이디어를 개발하기 위해 처음 시도되었으며, 주어진 문제나 관심 분야에 대하여 비교적 짧은 시간 내에 학습자들로부터 여러 가지 해결방안이나 아이디어를 얻어 내는 회의기법이다.

브레인스토밍은 문제의 해결책을 찾기 위해 집단의 모든 구성원으로 하여금 특정 주제와 관련해 연상되는 생각들을 생각나는 대로 아이디어를 쏟아내게 하는 방법이다.

창의성을 다룰 때나 글쓰기의 글감을 찾을 때에 주로 브레인스토밍을 이용한다. 토론 문화의 정착이 미흡한 우리 사회에서 어떤 주제에 대해 토론을 할 경우, 나의 의견이 상대방에게 어떻게 받아들여질까를 먼저 의식한다. 그러면서 하고 싶은 말이 있어도 주저하거나 망설이게 된다. 브레인스토밍은 주제에 맞지 않는 엉뚱한 아이디어라도 두려움 없이 내놓아야 한다. 가능한 많은 양의 아이디어를 모아서 그 속에서 해결책을 찾는 방법이다. 브레인스토밍에서는 질보다 양이 중요하다.

엉뚱한 주장, 비논리적인 답변, 타당하지 않은 해결책 모두를 환영한다. 편하게 생각나는 대로 아이디어를 내놓는 것이 브레인스토밍이다. 아이디어나 창의성은 남들이 쉽게 생각하지 못하는 생각 속에서 나오게 된다. 엉뚱하고 모순적인 아이디어 속에 의외로 쓸 만한 해결책이 숨어 있다.

브레인스토밍은 주로 6~12명 정도의 집단을 대상으로 보통 한 사람이 칠판에 몇 개의 단어를 적음으로써 시작된다. 참여자들이 생각해 내는 아이디어는 절대로 변경하거나 수정하지 않고 그대로 기억한다. 브레인스토밍에서 강조하는 중요한 원칙은 비판적 사고의 촉진이 아니라 창의성의 함양이다. 브레인스토밍은 짧게 하는 것이 가장 효과적이다.

(2) 브레인스토밍의 특성

- 적용이 용이하며 단시간 내에 많은 양의 아이디어를 도출해 낼 수 있다.
- 복잡한 문제나 시행착오를 거쳐야 하는 경우는 적합하지 않다.
- 교수자의 자질과 운영능력이 아이디어 도출 및 문제해결에 중요한 역할을 한다.
- 브레인스토밍은 돌아다니거나 따로 토론을 하지 않아야 한다.

(3) 브레인스토밍의 필요성

- 자유분방하게 아이디어를 내고 싶을 때
- 문제의 근본 원인을 찾으려 할 때

- 문제의 해결책을 찾거나 해결책을 결정하려 할 때
- 어떤 개선활동을 해야 할지를 결정해야 할 때
- 프로젝트의 단계마다 계획을 세우고 아이디어를 내고자 할 때

(4) 브레인스토밍의 원칙(Corder, 2008)

- 자유로운 의견이나 아이디어를 낸다.
- 다른 사람이 제시한 아이디어나 의견을 비판하지 않는다.
- 질보다 양 위주의 아이디어나 의견을 권장한다.
- 제시된 아이디어나 의견을 조합하여 새로운 아이디어나 의견을 창출한다.
- 벨이 울리면 발언을 중지한다.
- 생뚱맞고, 엉뚱하고, 역동적인 아이디어를 환영한다.
- 비판이 아닌 다른 사람의 의견에 덧붙여 첨언하는 것은 무방하다.
- 진행자는 부정적인 말과 비판적 피드백으로 자유로운 사고를 제한하지 않는다.
- 판단은 나중에 하며, 특히 타인이 의견을 제시하는 순간에는 절대로 이를 평가하지 않는다.

2) 브레인스토밍의 장단점

(1) 장점

- 제시된 아이디어가 똑같이 존중되므로 긍정적인 자아개념 형성에 기여한다.
- 정형적인 사고의 틀에서 벗어나 자유롭게 다양성과 창의성을 표출할 수 있다.
- 아이디어가 집단의 공통된 문제해결에 기여할 수 있어 적극적인 참여를 유도할 수 있다.

(2) 단점

- 제시된 아이디어의 유효성이 떨어져 시간 낭비가 심하다.
- 아이디어 제시자에 대한 보상이 어렵다.
- 참여자 집단 전체에 대한 인정의 제한점이 있다.

3) 브레인스토밍의 기법

(1) 브레인스토밍의 기법(Osborn, 1993)

- 판단보류의 원리 : 브레인스토밍이 끝날 때까지 비판적 코멘트는 하지 않는다.
- 다양성의 원리 : 질에 구애됨이 없이 가능한 많은 양의 아이디어를 생각해 내도록 한다.
- 독창성의 원리 : 세련되지 않았더라도 새로운 아이디어를 산출해 내도록 자극한다.
- 결합의 원리 : 제시된 아이디어에 새로운 그 무엇을 첨가하도록 자극한다.

(2) 브레인스토밍의 원리

- 한 사람의 아이디어보다 다수가 제시하는 아이디어가 많고 참신하다.
- 양적인 아이디어가 많을수록 질적으로 우수한 아이디어가 나올 가능성이 많다.
- 비판하지 않으면 아이디어 수가 많아진다.

(3) 학습자의 자질과 역할

교수자는 전반적으로 아이디어를 내는 데 있어서 중요한 역할을 하게 된다. 교수자는 전체를 보고 이끌어 가는 리더십뿐만 아니라 창의력, 관찰력, 분석력이 요구된다. 또한, 아이디어가 나오지 않거나 침묵이 길어질 때에는 분위기를 끌어갈 수 있는 유머가 필요하다. 참가인원이 적을 때에는 교수자가 서기 역을 겸할 수도 있다.

교수자는 브레인스토밍을 할 때에 특정인을 지목하여 아이디어를 요구하지 않아야 한다. 아이디어의 맥락과 범주를 잘 파악하고, 새로운 각도 또는 방향에서 아이디어가 나올 수 있는가에 대해 주의를 기울인다. 또한, 브레인스토밍의 규칙이 지켜질 수 있도록 학습자들을 지지하고 격려해야 한다.

(4) 브레인스토밍의 단계

브레인스토밍은 일반적으로 〈표 5-1〉과 같이 5단계를 거쳐 실시하게 된다(권대봉, 1999). 진행자는 브레인스토밍의 주제와 절차, 지켜야 할 규칙에 대해 구체적으로 설명한다. 특히, 모든 참여자의 자유로운 의견 개진을 적극 격려하는 한편 다른 사람의 아이디어나 의견에 대한 비평은 모든 의견 개진이 다 이루어진 후까지 하지 않도록 한다.

간단한 다과 등을 준비하고 원형으로 둘러앉아서 한 사람이 한 번씩 아이디어를 내도록 한다. 기록자는 모든 참여자가 브레인스토밍의 결과를 알 수 있도록 기록한 후 이를 보여 주는 역할을 한다.

표 5-1 브레인스토밍의 단계별 내용

구분	내용
1단계	과제를 정한다.
2단계	진행자와 기록자를 정한다.
3단계	진행자의 주도 아래 차례로 아이디어를 낸다.
4단계	토의 기록을 참여자에게 제시하고 보충 · 분석한다.
5단계	아이디어나 의견을 구체화시킨다.

출처: 권대봉(1999). 성인교육방법론.

4) 브레인스토밍의 실제

(1) 브레인스토밍의 주제 선정

브레인스토밍 주제 선정은 다양한 아이디어가 요구되는 구체적인 것이어야 한다. 복합적인 주제가 아닌 하나의 주제를 선정해야 한다. 규모가 크거나 광범위한 문제의 경우 적절하게 세분화하고, 학습자들의 지식이나 경험으로 상상이 가능한 주제여야 한다.

〈주제의 예〉

브레인스토밍은 몇 가지 주제의 예로 직접 실습해 볼 수 있다.

- 4차 산업혁명시대의 평생교육이 우리 사회에서 어떤 분야로 활용될 수 있는지 토의하시오.
- 직장의 야유회 행사를 위한 장소 선정에 대해 토의하시오.
- 창립 60주년 기념행사를 위한 아이디어 선정에 대해 토의하시오.
- 직장의 업무환경 개선에 대해 토의하시오.
- 도토리의 활용방법에 대해 토의하시오.

(2) 브레인스토밍의 진행

학습자들의 한 집단은 6~12명으로 한다. 학습자의 인원수가 너무 많으면 아이디어를 모두 수용하기가 어려우므로 13명 미만이 되도록 노력하는 것이 좋다. 먼저 교수자와 서기를 선발한다. 회의 마감 시한을 정확히 지키기 위해 시간 관리자(time keeper)를 1명 두는 것도 좋다. 브레인스토밍을 시작하기 전에 교수자는 문제가 무엇인지를 알려준다. 집단의 학습자들은 문제에 대한 해결방안을 제시한다.

학습자들은 비판금지, 자유분방, 다다익선, 결합 개선의 네 가지 기본 규칙을 준수해야 한다. 서기는 학습자들이 아이디어를 제시할 때마다 기록한다. 아이디어가 충분히 나왔다고 생각되면 잠시의 휴식시간을 가진 뒤에 아이디어 평가를 한다.

(3) 브레인스토밍의 활용

브레인스토밍은 다음과 같은 경우에 활용하면 더욱 효과적이다. 하지만 브레인스토밍은 수준이 높지 않은 아이디어들만 제시될 수 있고 개진된 아이디어의 약 10% 미만이 최종적으로 유용하다는 통계를 볼 때 시간낭비라는 비판도 있다. 또한, 아이디어를 제시한 개인에 대한 보상이 어렵고, 참여자 집단 전체에 대한 인정만 할 수 있다는 제한점도 있다.

- 집단 구성원의 창의성과 상호 자극을 최대한 허용하고자 할 때
- 과거의 패턴에서 벗어나 새로운 가능성을 탐색할 때
- 어떤 행동의 과정이나 결과에 대한 예측을 하고자 할 때
- 어떤 문제에 간과되는 부분을 최소화하고자 할 때
- 집단 구성원의 의견을 수렴하여 집단의 주요 방침이나 정책을 변경하고자 할 때
- 아무런 제한 없이 역동적인 아이디어를 찾고자 할 때

2. 질문법

1) 질문법이란?

(1) 질문법의 개념

질문법(Questioning techniques)은 오랜 역사를 가진 교수법의 하나로 소크라테스시대부터 수업의 기법으로 사용되어 왔다. 질문법은 교수자와 학습자가 서로 질문하고 이에 대한 답을 주고받는 방법이다. 질문법은 교사의 질문에 대한 학생의 답변, 학생의 질문에 대한 교사의 답변이라는 과정을 거친다. 질문법은 평생교육의 역사에서 매우 오랫

동안 효과적인 교육방법으로 인식되어 왔다. 질문이 학습자의 인지적 수준과 학습의 효과에 밀접한 관계가 있다고 믿고 있다. 이처럼 교수자가 전통적인 방식으로 단순히 정보나 지식을 학습자에게 전달하는 것 이외에도 학습자에게 좋은 가르침을 제공할 수 있는 교육방법이 바로 질문법이다. 전통적으로 가르침의 이미지는 주로 이야기 하는 것(telling)이었다.

즉, 다양한 질문방법을 활용하여 원하는 자료를 효과적으로 유도해 낼 수 있는 질문법을 마련하고 그것을 질문지에 반영하도록 한다. 질문할 때에는 자연스럽게 대화를 나누듯 질문을 이어나가야 하고, 또 하나의 질문방법에 얽매이지 않고 임기응변으로 그때그때 다양한 질문법을 동원해 가면서 해야 한다.

자비스(Jarvis, 1995)는 교육현장에서 질문법을 실천한 교육가로 위대한 철학자인 소크라테스를 꼽았다. 소크라테스는 교수자의 역할을 학습자가 태어날 때부터 가지고 태어나서 그에게 잠재되어 있는 지식을 그가 의식할 수 있도록 끌어내 주는 것이라고 하였다. '질문'은 중요한 기술이다. 좋은 질문을 하기는 어렵다. 관점을 바꿔 생각하게 하는 질문을 하는 습관을 들이는 것이 중요하다.

(2) 질문법의 특성

질문은 의미 있는 수업전략의 하나이다. 모든 교사는 수업을 할 때 질문을 하고 학생들은 또 질문에 대한 답을 한다. 학생에게 하는 질문은 여러 가지 지적 기능을 발달시키기 위한 수업전략의 기초로 모든 질문에는 목적이 있을 뿐 아니라 학생들의 대답 또한 일정한 형식을 갖추고 있다. 질문을 잘 한다는 것은 곧잘 가르친다는 것을 의미하며, 질문은 학생들이 알고 있는 것을 확인하는 방법 이상의 의미를 지니고 있다.

질문법에는 다른 두 가지 형태의 특성이 있다. 그 첫 번째 유형은 학습자로 하여금 의식적 학습이 일어나기 이전에 학습한 것이나 암묵적 지식을 기억하게 하고, 계획된 순서대로 준비된 질문을 함으로써 미리 결정된 결론에 도달하는 것이다. 두 번째 유형은 짧은 질문과 답으로 구성된 시험을 실시하여 기억하게 하는 것이다. 교수자는 질문법을 효과적으로 진행하기 위해 질문의 유형과 순서를 세심하게 구성한다. 학습자로 하여금 교재의 한 부분이나 한 구절을 읽을 때도 깊이 생각하고 더 많이 사고하도록 일깨워 줄 수 있는 질문목록을 만들 필요가 있다. 좋은 질문은 분명하고, 직접적이고 상대방이 쉽게 이해할 수 있게 간결해야 하며, 숨겨진 의도가 없이 상대방이 질문받는 내용을 정확하게 이해할 수 있도록 해야 한다. 그리고 투명하고 비판적이지 않아야 한다. 또한, 어떤 질문을 하든 관심의 초점은 상대방에게 이익이 되는 것이어야 하고 상대방을 계속 생각하게 만드는 방향성과 현재 지향적이어야 하는 특성이 있다.

이와 같이 교수자가 하는 질문은 학습자의 호기심을 일으켜 관심을 집중시키는 데 효과적이다. 또한, 질문을 통해 학습할 내용의 중요한 포인트를 강조하고 성찰을 촉진하며 적극적 학습(active learning)을 증진하는 유용한 교육방법이다. 그러므로 즉흥적인 질문을 하기보다는, 미리 세심하게 준비된 질문리스트를 작성하고 질문에 대한 답을 찾는 과정을 통해 학습목표에 도달하도록 하는 것이 중요하다.

2) 질문법의 분류

(1) 개방형 질문

개방형 질문(open questions)은 응답에 대한 특정구조를 제시하지 않고 응답자가 자유롭게 응답하도록 하는 질문방식이다. 내담자로 하여금 지각의 장을 넓게 하고 여러 가지 견해, 생각, 감정을 표현하게 하며 감정, 사고, 실제와의 접촉을 깊게 하는 형식이다.

개방형 질문의 장점은 자신의 생각을 자유롭게 표현할 수 있고, 오해를 제거하며 친밀감을 높일 수 있다는 점이다. 또한, 조사자가 질문에 대해 제한된 지식을 가지고 있으며, 응답자에게 광범위한 반응을 얻고 싶거나 응답의 범위가 클 것으로 기대될 때, 자발적인 응답에 관심이 있을 때, 응답자의 동기를 좀 더 파고 들어가 보고 싶을 때에 유용하다. 하지만 개방형 질문의 단점은 응답의 거부율이 높을 수 있고, 한 질문에 시간이 많이 걸리며, 자료를 분석하는 단계에서 처리에 어려움이 있다.

결론이 아닌 특정한 견해를 가지게 된 과정을 알고 싶다면 개방형 질문이 적합하다. 개방형 질문은 질문에 대해 응답자들이 알고 있는 정도와 응답자의 정보부족을 확인할 수 있기 때문이다. 또한, 응답자들이 조사 주제에 대해 생각하고 있는 견해를 확실히 정하지 않았을 경우에 적합하다.

(2) 폐쇄형 질문

폐쇄된 질문(closed questions)은 상담자가 제시한 목록에서 응답자가 선택하도록 하는 질문의 형식이다. 지각의 장을 단절시키고 냉정한 현실이나 사실 자체에 대한 대답만을 요구하며, 감정, 사고, 실제와의 접촉을 부분적으로 제한시키게 된다. 폐쇄된 질문의 장점은 조사작업과 분석작업이 용이하고, 짧은 시간에 많은 양의 정보를 추출할 수 있다는 점이다. 단점으로는 어쩔 수 없이 하나를 고르게 함으로써 편의가 생길 수 있어 신뢰성과 타당성을 검토한 정밀한 사전검토를 거쳐야 한다. 폐쇄된 질문은 응답자의 견해 중 찬성 또는 반대를 알고 싶을 때와 질문 주제의 인지 여부, 응답자들이 조사 주제에 대해 생각하고 있는 정도를 파악할 때 유용하다. 개방형 질문보다 응답자의 동기가 약해도 되며 응답거부가 적다.

개방형 질문과 폐쇄형 질문의 차이를 살펴보면 첫째, 개방형 질문은 생각을 자유롭게 표현하는 반면, 폐쇄형 질문은 자신의 견해와 비슷한 것 하나를 선택해야 한다. 둘째, 개방형 질문은 추가설명을 요구할 수 있고 오해 제거가 가능하지만 폐쇄형 질문은 그럴 수 없다. 셋째, 개방형 질문은 시간이 많이 걸리지만 폐쇄형 질문은 짧은 시간에 많은 정보 추출이 가능하다. 넷째, 개방형 질문은 분석단계에 어려움이 있으나 폐쇄형 질문은 분석과정이 비교적 용이하다. 다섯째, 개방형 질문은 조사자와 상관없으나 폐쇄형 질문은 조사자가 제시하는 응답범주가 영향을 미친다. 여섯째, 개방형 질문은 응답 거부율이 높지만 반면 폐쇄형 질문은 응답 거부율이 적다.

3) 질문법의 활용

(1) 질문법의 활용

질문법의 효과적인 활용전략은 다음과 같다(Davis, 2009: 118).

① 사전에 미리 질문을 준비한다

가능한 질문의 범위, 학습자의 예상 답변을 미리 생각하면서 질문법으로 진행할 수업의 준비를 한다. 수업에서 교수자는 자신이 준비한 질문보다 학습자가 궁금해 하고 관심을 갖는 분야의 질문을 중심으로 진행한다. 또한, 교수자는 학습자가 질문에 어려움을 갖지 않도록 질문의 기술 습득을 촉진한다.

② 질문하고자 하는 내용을 순서대로 나열한다

질문을 하는 순서는 일반적인 것에서 구체적인 것으로, 단순한 것에서 복잡한 것으로 하는 것이 좋다. 또한, 질문은 한 가지의 답이 기대되는 것에서 여러 개의 답이 가능한 것으로 나열하고 첫 질문은 학습자가 쉽게 답할 수 있는 것을 고른다.

③ 학습자를 질문법의 실시에 적절한 배치로 구성한다

전체 학습자 집단에 대해 어떻게 질문을 할 것인지를 결정하여 미리 이에 따른 배치를 준비하는 것이 좋다. 소집단을 구성하여 질문을 할 것인지, 브레인스토밍으로 질문을 할 것인지, 두 사람씩 짝을 지어 질문을 할 것인지를 결정하여 배치를 한다.

④ 학습자가 질문에 답하는 방식을 정한다

학습자가 질문에 답하는 방식은 손을 들어 하게 할 수도 있고, 교수자가 직접 지명할 수도 있으며, 순서대로 답을 하게 할 수도 있다. 학습자를 지명하여 답을 듣고자 하면 미리 이를 위한 분위기를 조성해 놓는 것이 좋다. 옆 사람과 의논해서 답하는 것도 허용됨을 알려주거나 질문하기 전에 생각할 시간을 미리 갖도록 시간을 조금 지체한

다음에 호명할 수도 있다. 질문을 적어 놓아 학습자가 자신의 생각을 검토하고 정리하도록 하거나, 답을 생각해 볼 시간을 주는 것도 좋다. 순서에 의할 경우, 학습자는 자기 차례가 될 때까지 초조해 한다.

⑤ 진심이 담긴 질문을 한다

교수자가 질문을 할 때에 표정이나 목소리, 제스처 등에서 학습자에게 심문을 하는 것이 아니라 그 질문에 대한 답을 이해하고 있는지 궁금해서 묻는 것이라는 진심이 담겨 있어야 한다.

⑥ 수업 후 학습자와 가졌던 상호작용에 대해 기록을 남긴다

교수자는 수업에서 질문과 답변 시간이 끝난 후, 어떤 질문을 했을 때에 가장 활발한 생각의 교환이 일어났는지 등에 대해 노트를 정리해 놓는다.

(2) 질문법의 효과적 진행방법

질문법이 효과적으로 진행되도록 하기 위해 교수자는 다음과 같이 4가지의 방법을 제시할 수 있다(Davis, 2009; Svinicki & Mckeachie, 2011).

- 교수자는 예전에 학습했던 것이나 자신의 암묵적 지식을 상기하도록 돕는다.
- 준비된 순서에 의해 질문을 함으로써 학습자를 미리 정해진 답으로 이끈다.
- 학습자에게 처음 질문법을 할 때는 부담이 없는 질문으로 시작하는 것이 좋다.
- 교수자는 학습자의 기억을 돕기 위해 질의응답형태의 시험시간을 갖는 것이 좋다.

질문법은 학습자 집단의 크기와 상관없이 사용할 수 있으며 학습자들을 더욱 적극적·참여적으로 만드는 교육방법이다. 특히, 학습자와 처음 만나는 수업에서는 다음과 같은 질문으로 시작하는 것이 효과적이다(Mckeachie, 2011).

- 오늘 이 수업에서 어떤 문제를 다룰 것이라고 생각합니까?
- 오늘 이 수업에 대해 학습자가 가지고 있는 기대는 무엇입니까?
- 오늘 이 수업에 대해 학습자가 가지고 있는 목표는 무엇입니까?
- 오늘 이 수업에 대해서 어떤 이야기를 들은 바 있습니까?

질문법으로 진행된 수업이 끝날 무렵이면 학습자는 대체로 서로에 대해 더 많이 알게 되고, 수업에 활발하게 참여하는 것에도 익숙해진다. 또한, 서로 간의 경쟁보다 서로에 대해 이해하려는 태도를 갖게 된다. 교수자는 자기 이야기만 하는 것이 아니라 자신의 이야기를 듣기도 한다는 것을 학습자는 깨닫게 된다. 질문법에서 가장 중요한 것은 질문에 대한 답이 교수로부터 나오기를 기다리는 것이 아니라 학습자들 스스로 답을 제시할 수 있다는 사실이다. 그리고 책임의식을 갖고 질문의 내용에 성실히 대답해야 한다는 것을 인지하게 된다는 것이다.

(3) 효과적인 질문법

학습자에게 효과적으로 질문하기 위한 지침은 다음과 같다.

- 질문을 할 때에 한 번에 한 가지씩만 질문한다.
- "예" 또는 "아니오"로 단순하게 답할 수 있는 질문은 피한다.
- "또 다른 대답은 없나요?"와 같은 질문은 하지 않는다.
- 여러 가지의 답변이 나올 수 있는 질문을 한다.
- 질문에 핵심이 있는 질문을 한다.
- 질문한 다음에는 답을 다그치지 않고 조용히 기다린다.
- 성격이 지나치게 내성적이거나 대답에 관심이 없는 학습자는 제외시킨다.
- 토의의 진행이나 방향을 전환시킬 수 있는 질문을 한다.
- 학습자들 간의 상호작용을 격려할 수 있는 질문을 구성한다.

- 이해도를 파악할 수 있는 질문을 한다.
- 후속 질문들을 미리 준비한다.
- 공통점을 찾는다.

(4) 학습자의 대답에 효과적으로 반응하기

교수자가 학습자의 대답에 효과적으로 반응하기 위한 지침은 다음과 같다.

- 학습자가 말하는 대답을 주의 깊게 듣는다.
- 학습자가 말하는 내용에 집중하고 있다는 비언어적 신호를 보여 준다.
- 학습자들의 대답내용에 따라 반응을 다양하게 보여 준다.
- 학습자가 의도한 내용에 정확히 대답했을 경우에는 구체적으로 칭찬한다.
- 적절하지 않은 대답에 대해서는 학습자의 자존감이 상하지 않도록 배려하며 교정해 준다.

(5) 소크라테스식 질문법

아이디어를 깊이 있게 탐구하는 데 효과적인 방법이 소크라테스식 질문법이다. 고대 그리스의 철학자인 소크라테스는 깊이 있는 질문에 단련되도록 하는 연습이 학생들에게 논리적으로 자신의 사고를 살펴보고 그 사고의 타당성을 판단할 수 있게 해 준다고 믿었다.

소크라테스식 질문법은 모든 교사들에게 유용한 도구로 모든 학년에 활용 가능한 방법이며 프로젝트를 진행하는 동안 다양한 시점에서 활용할 수 있다. 학생들이 자기 자신의 사고와 자신들에게 주어진 질문에 대한 사고를 통해 내용을 사고, 토론, 논쟁, 평가, 분석하는 동안 고차원적 사고력이 발휘된다. 교사는 학생들의 독립적인 사고를 향상시키며 자신들이 배우고 있는 내용을 완전히 자기 것으로 만들 수 있게 해준다.

이러한 형태의 질문은 완전히 새로운 학습방식으로 학생과 교사 모두 충분한 사전 연습이 요구된다. 질문법은 다음과 같다.

① **명료화를 위한 질문**(출처, 사실 여부)

- ~은 무슨 뜻인가요?
- 더 자세히 설명할 수 있는가?
- ~는 ~와 어떤 관계인가?
- 예를 제시할 수 있는가?
- 또 다른 방법을 제시할 수 있는가?

② **문제를 탐색하는 질문**(논리적 추론의 전제 부분 확인)

- 그것은 지금 어떤 가정을 하고 있는가?
- 그런 가정을 확실하다고 보장할 수 있는가?
- 왜 그 사람은 그런 가정을 하고 있는가?
- 어떻게 그것을 정당화시킬 것인가?
- 질문에는 숨겨진 전제들이 있지 않은가?

③ **근거를 탐색하는 질문**(전제에 따른 주장의 근거 질문)

- 그것이 제시된 근거는 충분한가?
- 그렇게 말할 수 있는 근거가 무엇인가?
- 그 사람의 근거에 동의하는가?
- 신뢰할 만한 증거가 되는가?
- 어떤 기준에서 그렇게 주장하고 있는가?

④ **관점과 전망에 관한 질문**(주장에 대한 다양한 관점의 근원 질문)

- 대안은 무엇인가?
- 다른 관점에서 파악할 수 있는가?
- A와 B의 생각은 어떻게 다른가?
- 그러한 관점을 택한 근거는 무엇인가
- 생각이 다른 사람에게 어떻게 대처할 것인가?

⑤ **함축과 결론을 탐색하는 질문**(주장의 결론, 영향에 대한 질문)

- 어떤 결론을 이끌어 낼 수 있는가?
- 그것은 무엇을 암시하고 있는가?
- 비윤리적인 것에 대해 어떻게 생각할 것인가?
- 행동의 결과는 어떤 식으로 일어날까?
- 결론을 받아들일 수 있겠는가?

⑥ **질문에 대한 질문**(성찰적 관점에서 질문의 의미를 재확인)

- 이 질문의 전제가 무엇인가?
- 이 질문에 동의하는가?
- 질문이 이 문제와 어떤 관계가 있는가?
- 이 질문에 답할 수 있는 사람은 누구인가?
- 이 질문이 우리에게 어떤 도움을 줄 수 있는가?

■ **유의사항**

- 다른 사람의 말을 주의 깊고 진지하게 들어야 한다.
- 이유와 증거에 주목해야 한다.
- 예와 반례 및 유추관계에 있는 것을 찾아야 한다.
- 아는 것과 단지 추측하고 있는 것을 구분해야 한다.
- 모순과 모호성에 유의해야 한다.
- 사물의 이면을 볼 줄 알아야 한다.
- 건전한 회의성을 가져야 한다.
- 다른 사람의 관점을 공감적으로 이해하려고 노력해야 한다.

4) 질문법의 실제

(1) 발생 가능한 문제상황

① 질문에 대해 아무도 대답이 없을 경우

응답하는 사람이 없다고 당황하지 않아야 한다. 교수자는 침묵에 적절하게 대처하는 법을 알아두어야 한다. 여유를 갖고 대답을 기다리는 모습을 보여 주는 등의 태도가 필요하다.

② 학습자에게 질문을 유도하게 될 경우

침묵의 시간이 길어질 경우 교수자가 직접 개입해 학습자에게 질문한 답을 이끌어 내기도 한다. 이때 주의할 점은 학습자를 돕는 것이 아니라 윤리적인 문제가 발생할 수 있음을 유의해야 한다. 학습자를 희생시켜 교수자의 불안과 초조를 상쇄하려는 것이 될 수 있기 때문이다.

③ 질문에 대답하지 못하는 학습자를 당황하게 했을 경우

질문에 대한 답을 모르거나 수줍음이 많아서 답을 하지 않는 경우도 있다. 교수자는 이런 학습자에게 무리하게 답을 요구할 것이 아니라 편하게 답할 수 있는 수업분위기를 가져가는 것이 중요하다.

④ 수업분위기를 독점하는 학습자가 있을 경우

수업의 질문에서 한두 명의 학습자가 대부분의 답변을 독점한다면 교수자는 다른 학습자에게도 질문하고 답변할 기회를 주어야 한다. 이 방법도 효과가 없다면 질문을 독점하는 학습자에게 따로 협조를 요청한다. 적극적인 수업참여에 감사하지만 다른 학습자들도 수업 참여 기회를 주기 위해 잠시 자제해 줄 수 있는지를 묻고 자존감이 상하지 않게 협조를 구한다.

(2) 퀴즈 및 질의응답

발표가 끝날 무렵에 대부분 질문시간을 갖게 된다. 질문을 통해 학습자가 발표내용을 잘 이해하고 있는지 또 설득력 있게 설명을 잘 했는지를 가늠하기 위해 학습자에게 질문할 수 있다. 학습자 역시 질문에 답함으로써 주제에 대해 더 깊이 있게 이해하게 된다. 학습자들에게 지식수준을 파악하고 틀린 것을 바로 잡기 위해 퀴즈를 내고 답을 맞추게 하는 방법을 적절히 활용하는 것도 효과적이다. 그러나 대부분의 학습자들이 흥미는 갖지만 자신이 지목당하는 것은 꺼려하기에 유의해야 한다. 안전하고 효과적인 방법은 질문을 한 후 이들을 소집단으로 나누어 함께 토의하게 한 후 답변을 적어서 발표하게 하는 것도 좋다. 이때의 적절한 질문으로서는 어떤 직업이 가장 선호도가 높은가? 어떤 나라가 삶의 만족도가 가장 높은가? 등 추측하지 않고는 답할 수 없는 질문이 효과적이다.

학습자는 대부분 부담이 없는 질문의 유쾌한 경쟁을 좋아한다. 퀴즈를 이용한 질문법은 흥미유발에 효과적이다. 퀴즈 맞히기 질문법은 수줍음을 많이 타는 학습자가 대집단 앞에서 발표는 하지 않으면서 자신을 나타낼 수 있는 좋은 방법이다. 경험이 없는 교수자일 경우 주도권을 갖고 학습자를 끌어갈 수 있어 더욱 효과적이다.

기억하기

1. 브레인스토밍은 집단의 모든 구성원으로 하여금 특정 주제와 관련해 연상되는 생각들을 거리낌 없이 말하도록 격려함으로써 다양한 아이디어를 경청하는 방법의 하나이다. 기존의 정형적인 사고방식이나 개념에서 벗어나 자유롭게 사고하며 아이디어나 의견을 내는 교육방법이며, 어떤 문제나 과제에 대하여 집단 구성원들이 집중적으로 해결방안을 모색하기 위해 두뇌를 활용하도록 하는 집단사고방법이다. 4차 산업혁명시대의 창의적인 아이디어를 얻기 위한 방안으로 권장되고 있다.

2. 질문법은 교수자와 학습자가 서로 질문하고 이에 대한 답을 주고받는 방법이다. 학습자에게 질문을 하는 것은 단순히 정보나 지식을 학습자에게 전달하는 것 외에도 학습자에게 좋은 가르침을 제공할 수 있는 교육방법이다. 또한, 다른 사람의 관점과 의견을 들어보게 되는 일이며 새로운 세계를 보도록 인도해 주는 좋은 방법이다. 질문법에서 교수자가 학습자에게 하는 질문은 학습자의 호기심을 일으켜 관심을 집중시키는 데 효과적이다.

평가하기

1 12명 내외의 인원으로 구성하여 비교적 짧은 시간에 자유로운 토론으로 창조적인 아이디어를 이끌어 내는 회의기법을 무엇이라고 하는가?

2 브레인스토밍의 필요성에 해당하지 않는 것은?
① 간부회의에서 자신의 의견을 제시하고 싶을 때
② 문제의 근본 원인을 찾으려 할 때
③ 문제의 해결책을 찾거나 해결책을 결정하려 할 때
④ 어떤 개선활동을 해야 할지를 결정해야 할 때
⑤ 프로젝트의 단계마다 계획을 세우고 아이디어를 내고자 할 때

3 교수자가 단순히 정보나 지식을 학습자에게 전달하는 것 외에 다른 사람의 관점과 의견을 들어보게 하여 학습자의 호기심을 일으켜 관심을 집중시키는 데 효과적인 방법을 무엇이라고 하는가?

4 질문법의 유의사항에 해당하지 않는 것은?
① 다른 사람의 말을 주의 깊고 진지하게 들어야 한다.
② 이유와 증거에 주목해야 한다.
③ 예와 반례 및 유추관계에 있는 것을 찾아야 한다.
④ 아는 것과 단지 추측하고 있는 것은 구분하지 않아도 된다.
⑤ 사물의 이면을 볼 줄 알아야 한다.

정답
1. 브레인스토밍 2. ① 3. 질문법 4. ④

제 06 장

유의미학습과 인지전략

개 요

6장에서는 유의미학습과 인지전략에 대해 학습하고자 한다. 평생학습 사회에 인간은 태어나서 죽을 때까지 학습을 한다. 평생교육은 정규교육을 제외한 교육으로 학령기 학생보다는 성인학습자들의 자기계발을 위한 학습으로서 더 많은 요구가 되고 있다. 대학에서 가장 많이 사용하던 강의법에서 현재는 다양한 교수방법이 개발되어 적용되고 있다. 유의미학습을 통한 교수 · 학습방법도 강의법의 일종으로 학습자에게 학습내용을 설명하는 설명식 교수방법이라고 할 수 있다. 유의미학습에서 학습자가 새로운 정보 획득에 가장 큰 영향을 주는 요인이 인지구조라고 하였다. 때문에 유의미학습에서의 인지전략은 학습자의 학습효과와 직결되므로 교수전략에서 학습자의 인지구조의 이해를 통한 학습전략, 즉 학습의 수준과 선행조직자의 제시에서의 전략을 구성할 수 있다. 때문에 인지구조와 유의미학습과의 연관관계를 이해하고 학습대상자의 특성과 조건에 맞는 선행조직자의 제시가 중요하다고 할 수 있다.

본 장에서는 유의미학습의 개념과 조건, 종류와 선행조직자, 유의미학습의 수업 원리에 대해 이해하고 실제 활용에 대해 살펴보고자 한다.

제 06 장

유의미학습과 인지전략

학습 목표

1. 유의미학습의 개념에 대해 설명할 수 있다.
2. 유의미학습의 조건과 종류에 대해 말할 수 있다.
3. 비교선행조직자와 설명선행조직자를 구별할 수 있다.
4. 유의미학습의 수업 원리에 대해 설명할 수 있다.

인간은 태어나서 죽을 때까지 무수히 많은 개념들을 새롭게 받아들이고 학습을 한다. 학습과 교수는 서로 다르며, 학생들은 배우지 않아도 스스로 학습할 수 있다. 학습이란 경험에 의한 행동의 변화로 학습이론은 학습의 본질과 속성에 관하여 다양하고 폭넓은 관점에서 분석할 수 있는 개념적 틀을 제공한다. 또한, 학습을 촉진하기 위한 다양한 교수기법의 원리와 법칙을 고안하는 데 유용한 지침이 된다(권낙원, 김동엽, 2008). 학습이론은 어떻게 가르쳐야 될 것인가에 대해서는 알려주지 않으므로 새로운 개념을 가르칠 효과적인 방법을 고안한 필요가 있다.

인간이 상황 속에서 필요한 내용을 학습하고 하는 과정에서 자신에게 유의미한 개념은 쉽게 학습이 되지만 자신에게 의미가 없다고 느끼는 내용을 학습하는 것은 어려워한다. 잘 가르쳐도 학생이 학습에 대한 의욕이 없어 참여하지 않거나 학습에 대한 동기가 없거나, 학습내용을 이해할 인지수준이 아니면 학습이 일어나지 않는다. 학습을 한다는 것은 학습내용에 대해 유의미하게 배운다는 것으로 기계적인 학습과는 대비된다. 유의미학습은 학습과제와 학습자의 인지구조 간의 상호작용을 학습자에게 유의미하도록 이끌어 가는 것이다.

대학에서 강의를 하거나 학생들을 가르칠 때 가장 많이 사용하는 방법이 강의법이라고 한다면, 유의미학습법도 학교현장에서 많이 사용하고 있는 방식 중의 하나인 설명식 수업이론, 즉 강의법의 일종이라고 할 수 있다.

현재 이루어지고 있는 강의법이 성인학습자들에게는 어떤 의미로 받아들여지고 성인학습자들에게 효과적인 학습방법이 무엇인지에 대해서 유의미학습이론을 바탕으로 설명하고자 한다.

1. 유의미학습의 개념

유의미학습은 학습자가 본래 지니고 있는 잠재적 · 논리적 의미가 학습자의 인지구조 속에서 학습자만이 갖게 되는 현상학적 · 심리적 · 개별적 의미로 바뀌는 학습이다. 학습은 기존의 기계적 학습과는 구별된다. 오스벨(Ausubel)이 주장한 학습이론의 핵심은 학습자가 이미 알고 있는 것에 새로운 지식을 관련시키는 학습으로 이러한 관련 짓기를 그는 유의미학습이라고 불렀다. 그는 학습할 내용과 학습자가 이미 가지고 있는 개념으로 구성된 인지구조 사이의 상호작용을 통하여 학습자가 가지고 있는 기존의 인지구조에 새로운 개념이 추가되어 새로운 인지구조를 구성하는 것을 유의미학습이론이라고 하였다(백성혜, 2006).

오스벨은 교과를 학습하는 목적을 직접적이고 분명하게 제시하였으며, 교사 중심의 지시적이고 설명적인 교수방법이 비판받고 학생 중심 · 경험 중심의 열린 교육과 탐구 및 발견학습이 강조되던 시대적 분위기 속에서 유달리 강의식 · 설명식 수업의 효용성과 가치를 옹호하였으며, 많은 양의 정보를 효과적으로 조직하고 유의미하게 전달하는 방법과 원리를 찾는 데 관심을 두었다(권낙원, 김동엽, 2008).

유의미학습이론은 개념획득을 위한 목표달성에 매우 효과적인 교수방법이라고 할 수 있다.

2. 유의미학습의 조건

유의미학습은 오스벨 등(Ausubel, Navak, & Hanesian, 1978)이 주창한 학습이론으로 학습내용이 학습자의 인지구조에 있는 개념과 의미 있게 연결됨으로써 유의미한 학습이 이루어져 새로운 의미가 형성되며 인지구조도 변하게 된다(조희형, 최경희, 2008). 즉, 유의미학습이란 학습자의 인지구조 안에 이미 알고 있는 정보와 지식체계에 연결됨으로써 확장된 인지구조를 형성한다는 것이다.

예를 들어, 삼각형의 모양을 알고 있고 삼각형이 세 변으로 이루어졌다는 것을 알고 있는 학습자에게 삼각형의 세 변이 같은 삼각형을 정삼각형이라는 개념을 설명하면 쉽게 학습할 수 있다. 하지만 삼각형에 대한 개념과 특성을 이해하지 못하는 어린아이에게 삼각형의 세 변의 길이가 같은 삼각형을 정삼각형이라고 한다면 개념을 이해하는 데 어려움이 있을 것이다. 삼각형의 세 변의 길이가 같은 삼각형이 정삼각형이라는 것을 알기 위해서는 먼저 삼각형의 모양과 특성을 알고 있어야 하며, 변의 개념과 정삼각형, 정사각형 등의 정의 뜻을 이해하고 있어야 한다.

유의미학습이 일어나기 위해서는 학습자가 학습을 하기 위한 조건을 갖추고 있어야 한다. 유의미학습이 일어나기 위한 선행조건이 충족되지 않을 경우 무의미한 학습이 이루어지면 무의미한 기계적인 학습은 쉽게 망각하게 되므로 교육적 효과를 기대하기 어렵다. 유의미학습과정은 상징적으로 표현된 관념이 학습자가 이미 알고 있는 것에 실사적이고 비임의적으로 관련되는 것으로 학습자가 학습할 관념이 학습자의 인지구조에 이미 존재하고 있는 이미지, 이미 알고 있는 기호, 개념 또는 명제와 특별하게 관련이 있는 것을 의미한다(심재호, 2017).

유의미학습의 조건으로는 학습과제와 인지구조, 학습의향이 있다.

학습과제는 잠재적 · 논리적 의미와 함께 한 과제를 어떻게 표현하더라도 그 과제의 의미가 변하지 않는 실사성과 일단 자의적으로 변경될 수 없는 영속성을 지녀야 하며 학습자는 그 과제에 관련될 수 있는 관련 정착의미, 즉 한 학습자의 인지구조에 들어 있는 것으로서 유의미학습과정에서는 새 개념이 인지구조와 관계를 선행조직자를 통해 맺을 수 있는 근거를 제공해 주며, 그 개념의 의미가 저장될 수 있도록 해 주는 정착의미에 관련시키고자 하는 유의미학습태세가 있어야 한다(이칭찬, 이의길, 2007).

유의미학습의 조건의 학습과제, 인지구조, 학습의향, 실사성과 구속성, 논리적 · 잠재적 · 심리적 유의미가의 변인들 간의 관계를 요약하면 [그림 6-1]과 같다.

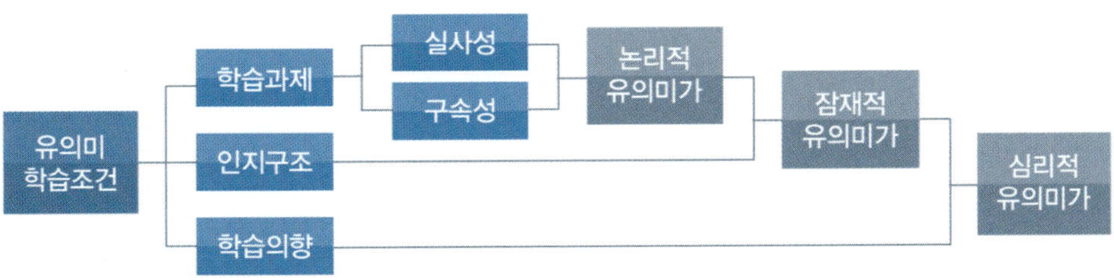

그림 6-1 유의미학습의 조건

출처: 임세규(2006).

[그림 6-1]이 보여 주듯이 유의미학습의 조건은 학습과제, 인지구조, 학습의향이다. 학습과제는 실사성과 구속성을 가지고 있어야 하며 논리적 · 잠재적 · 심리적으로 의미가 있어야 유의미학습조건으로 성립된다. 인지구조는 논리적 · 잠재적 · 심리적으로 의미가 있어야 유의미학습조건이 성립되며 학습의향은 심리적 의미가 있어야 유의미학습조건이 성립된다. 즉, 심리적 의미가 있을 경우 학습에 대한 의향이 있으며, 논리적 · 잠재적 · 심리적 의미가 있을 경우 학습을 할 인지구조가 형성되고 논리적 · 잠재

적 · 심리적으로 의미가 있으면서 실사성과 구속성을 가지고 있으면 학습과제로서의 조건이 성립되어 학습을 하고자 하는 유의미학습조건이 성립된다는 것이다.

학습내용이 학습자에게 의미가 있어야 학습하고자 하는 의지가 생기고 학습을 하더라도 인지구조에 이미 선행된 지식이 있어야 학습과제에 대한 인식과 발전이 가능하다는 것이다.

유의미학습조건이 성립되지 않을 경우 유의미학습이 이루어지지 않으므로 단순한 기계적인 학습을 하게 되고 성인학습자의 경우 자신에게 의미가 없는 학습에 대한 학습에 대한 욕구가 생기지 않아 학습을 시작하였다고 하더라도 지속적인 학습조건이 형성되지 못하고 학습에 대한 흥미를 가지지 못하게 됨으로써 지속적인 학습동기를 부여하기 어렵다. 하지만 학습자가 학습한 것 중에도 유의미한 학습이 이루어지지 않은 경우도 있다. 예를 들면, 학습자가 단어의 의미를 인식하지 않았어도 개념이나 명제의 정의를 암기할 수 있다.

1) 학습과제

유의미학습은 포괄적이고 이론적인 지식체계를 얻기 위한 학습에도 효과적이며 유의미학습의 결과는 기계적 암기학습의 결과보다 더 오랫동안 파지된다(조희형, 최경희, 2008).

학습과제는 과제의 표현방법이 변하더라도 자료가 지니고 있는 잠재적 · 논리적 의미가 변하지 않는 실사성과 구속성을 지니고 있어야 논리적 유의미가가 형성될 수 있다. 학습과제의 속성은 각 교과의 학습의 가장 상위에 포괄적인 개념을 두고 아래로 내려갈수록 하위개념을 두어 사실적인 자료로 구성하며, 각 교과는 나름의 특유한 개념을 가지고 있으므로 각 교과 자체로 다룰 때 그 힘이 강해진다(조희형, 최경희, 2008).

유의미한 학습을 위해서는 학습과제가 의미성을 지녀야 하는데, 이것은 곧 학습과제가 실사성을 지녀야 함을 의미한다(Ausubel, 1968). 실사성이란 학습과제의 구조와 형태가 변해도 그 의미와 본성이 변하지 않는 특성을 의미한다. 예를 들어, 꼭짓점의 합이 180°

가 되는 도형을 삼각형이라고 하는데, 이름을 어떻게 붙이더라도 삼각형의 특성이 바뀌지는 않는다(백성혜, 2006)는 것이다. 즉, 삼각형의 이름은 바뀌어도 삼각형의 꼭짓점의 합이 180°가 되는 것은 바뀌지 않는 특성을 실사성이라고 한다.

구속성은 일단 임의적으로 맺어진 관계가 하나의 관습으로 굳어진 후에는 그 관계가 다시 임의로 변경될 수 없는 성질(임세규, 2006)을 말한다. 관습은 문화에 따라 다를 수 있다. 예를 들어, 컵을 컵이라고 부르는 것은 컵에게 붙여진 이름의 구속성이다. 컵을 컵이라고 하지 않고 다르게 부른다면 의사소통이 되지 않을 것이다. 컵을 Cup이라고 하고 잔이라고 하지만 보편적으로 우리는 컵이라고 하면 의미가 통한다. 이는 컵이 가지고 있는 구속성이라고 할 수 있다.

2) 인지구조

학습자가 새로운 학습과제를 학습한다는 것은 학습자의 인지구조 속에 이미 조직화되어 있는 것을 보다 포괄적인 인지구조 속으로 통합시키는 것이다. 학습과제가 잠재적으로 유의미하게 될 것을 결정하는 요인은 학습자의 인지구조의 기능이다(심재호, 2017). 학습과제가 학습자에게 잠재적 유의미성을 가져 유의미학습이 이루어진다는 것은 학습과제가 학습자의 인지구조에 이미 형성된 것으로 학습과정에서 새로운 개념이 인지구조와 관계를 맺을 수 있는 근거를 제공해 주며, 파지과정에서는 그 개념의 의미가 저장될 수 있도록 해주는 것을 의미한다(임세규, 2006). 학습구조가 논리적으로 유의미가를 가지고 있다고 하더라도 학습자가 학습과제와 연결시킬 수 있는 인지구조를 가지고 있지 못하면 잠재적 유의미가를 형성할 수 없다. 이처럼 인지구조는 유의미학습에 결정적 영향을 미치는 요인이다. 유의미학습이 일어나기 위해서는 학습과제가 논리적 유의미가를 지니고 있어야 하고 학습자가 그와 관련된 인지구조를 가지고 있으면, 그 학습과제는 학습자에 대하여 잠재적 유의미가를 지닌다(권재술, 우종옥, 최변순, 김범기, 정완호, 정진우, 2004).

3) 학습의향

학습과제가 잠재적 유의미가를 가지고 있을 때, 학습자가 학습과제를 자신의 인지구조에 기꺼이 관련시키려는 태도를(백성혜, 2006) 학습의향이라고 한다. 즉, 유의미학습이 되기 위해서는 학습을 하기 위한 유의미학습양식이 있어야 하며 이러한 학습의향이 생기면 학습은 심리적인 유의미가를 가진다. 아무리 좋은 정보나 교육이라고 하더라도 학습자나 학습자에게 필요한 정보나 교육이 아니라면 학습자는 학습을 해야 되는 심리적인 유의미가가 생기지 않는다. 나아가 학습의향이 생기지 않으므로 유의미학습이 이루어지지 않는다.

3. 유의미학습의 종류

유의미학습은 오스벨 등(Ausubel, Navak, & Hanesian, 1978)이 주창한 학습이론으로 학습내용이 학습자의 인지구조에 의미 있게 연결되어 유의미학습이 이루어지고 그결과로 인지구조가 변해 새로운 의미로 형성된다. 유의미학습은 대상에 따라 표상학습, 개념학습, 명제학습으로 나눌 수 있다.

유의미학습에서 가장 기본적인 형태는 표상학습이다. 표상학습은 사물이나 기호나 단어들의 의미를 표현하는 것을 학습하는 것으로 사물의 이름을 말하는 것과 같은 것을 암기하는 학습형태이다. 표상학습은 이름 부여하기', 활동 정의하기와 같은 것이며, 단일한 단어들의 의미를 학습하는 것으로 그것들이 나타내는 것을 학습하는 것을 포함한다.

표상학습은 부호가 가리키는 대상의 피상적인 속성의 지각으로 '개'를 '개'라고 말하는 과정이다. 어린아이가 '개'라는 단어의 의미가 가르키는 속성을 배우기 위해 처음

'개'라는 단어를 배우고 그 단어가 가리키는 구체적인 지시대상과 연결하여 경험 속에서 다양한 개가 있음을 알게 되고 이들의 혼합된 이미지를 떠올릴 수 있게 된다. 일단 '개'라는 더 일반적인 의미가 습득되었을 때, 이 기호는 문화적인 개념인 '개'에 대한 개념명이 된다(심재호, 2017).

개념학습은 한 개념 부류의 각 요소들이 공통적으로 지니고 있으면서 다른 부류의 요소들과는 구별되는 일련의 특성들인 준거속성을 이해하여 사물에 대한 개념이나 의미를 파악하는 학습을 말한다(이칭찬, 이의길, 2007). 개념들은 보통 개별단어들은 문장의 형태로 결합되어 단일한 기호들에 의해 표현된다. 즉, 직접경험과 획득된 기존개념에 바탕을 둔 귀납적 과정을 통해 새로운 개념을 준거속성을 인식하면서 새로운 개념이 형성된다.

즉, 어린아이들은 개, 고양이, 소 등을 만나게 됨으로써 '개'라는 개념을 알게 된다. 어린아이가 개라는 개념을 배우기 위해 처음 개를 보았을 때 4개의 다리로 다니는 것은 개라고 개념을 형성하고 고양이를 보고 다리가 4개인 것을 보고 개라고 표현하지만 개와 고양이가 서로 다른 점에 대해서 이야기하고 새로운 개념을 획득하게 되면서 개와 고양이를 구분하게 된다. 즉, 직접경험 속에서 획득한 정보들을 바탕으로 준거속성을 인식하고 새로운 개념을 형성하게 된다.

명제학습은 단어들이 결합하여 명제 또는 구문으로 표현되는 관념들의 의미를 말하는 것으로 단어들은 단독으로 또는 이들의 결합으로 제시하는 것을 배우는 것이 아니라 명제의 형태로 표현된 새로운 관념들의 의미를 학습하는 것이다(심재호, 2017). 명제학습은 두 개 이상의 개념을 결합하거나 연결하여 새로운 구성의 관념의 의미를 학습하는 것이다. 새로운 명제의 의미를 배우기 전에 우선 그 명제가 가지고 있는 표상학습이 되어 있어야 한다. 즉, 표상학습은 명제학습의 기초로써 새로운 명제학습을 위해서는 그 명제가 가지고 있는 표상이 기초가 되어 명제의 결합과 재구성으로 새로운 관념의 학습이 가능하다는 것이다.

사회 구성원이 의사소통을 하기 위해서는 합의된 부호인 문자에 상징적 의미를 부여하여 문장을 만들어 사용하게 된다. 문장은 통사법칙에 의해서 사용되는데, 통사법칙은 하나의 문장을 구성하기 위하여 부호를 사용하는 사람들 간에 활용되는 상징적인 약속이다. 인간은 주변의 사건과 현상에 관한 명제를 학습하여 복합개념의 의미를 획득하며, 세상을 이해하고 깨닫게 된다(조승제, 2006).

4. 선행조직자

학습자가 학습을 하기 위해서는 사전에 학습에 대한 유의미성이 있어야 하는데, 이러한 유의미성을 갖기 위해서 필요한 것이 사전 인지구조 속에 학습과제를 촉진하는 사전 정보가 필요하다는 것이다. 학습자가 학습자료에 대해 알고 있는 선행지식이 전혀 없는 상태에서 새로운 개념을 받아들이고 이를 자신의 인식구조 속에 파지한다는 것은 어렵다. 학습과제의 잠재적 유의미성은 어떤 교과의 영역 또는 하위영역에서 특정 학습자의 지식구조와 관련성에 의존하는 것으로 실질적인 수업을 하는 과정에서 수업내용은 조직화된 속성을 가지고 있는 인지구조가 수업상황에 유의미한 학습 또는 파지에 영향을 미치는 중요한 요인이라고 할 수 있다(심재효, 2017). 그러므로 새로운 학습과제를 촉진하기 위해서는 학습과제와 관련하여 필요한 선행지식과 관련된 인지구조를 기반으로 하여 새로운 학습과제의 정보를 받아들일 수 있도록 인지구조를 강화하기 위한 사전학습과정을 가질 필요가 있다. 이렇게 사전학습과정을 통해서 새로운 학습과제를 촉진하기 위해 필요한 인지구조 내에 조직화되어 있는 것이 바로 선행조직자이다.

선행조직자는 학습자가 학습 효율성을 높이기 위해 학습할 과제에 관한 제반정보를 제공하여 학습자가 새로 학습할 과제에 대한 개념의 기초적인 기반을 마련하여 학습을 촉진시키는 새로운 학습과제보다 추상적이고 일반적이며 포괄적인 내용을 말한다(백성혜, 2006).

과학 교수 · 학습도구로서의 선행조직자는 산문체의 문장, 사진 · 그림 · 지도 · 도표 · 삽화 · 모형 등 시각적 자료, 개념도, 질문서, 실물, 시범실험 등 다양한 형식으로 제시할 수 있다, 이를테면 주기율표에 관한 수업에는 멘델레예프의 사진과 전기를, 지진파에 대한 수업에는 지진으로 파괴된 건물과 다리의 사진을, 진화의 수업에는 생명의 기원에 관한 이야기나 과학적 연구의 결과를, 열에너지에 관한 수업에는 여러 가지 형태의 에너지를 보여 주는 포스터 등을 선행조직자로 이용할 수 있다(Hassard, 2005; 조희형, 최경희, 2008 재인용). 선행조직자는 학습자가 학습과제에 대해 논리적 유의미가를 가지고 학습자의 인지구조에 파지하고 있거나 학습의향이 있어야 학습효과가 있다. 새로운 학습과제에 대한 유의미가를 가지고 있지 않은 경우 학습자가 학습의향이 생기지 않으므로 학습자의 학습에 대한 유의미가를 갖도록 하기 위해서는 선행조직자로써의 학습과정이 필요하며 이러한 선행조직자로서의 학습자료는 학습자의 특성에 맞춘 학습자료의 제공이 필요하다.

학습과제를 학습하기 위해 과제보다 상위개념인 추상적인 선행조직자를 도입하는 것은 어려운 과정이며 선행조직자의 도입만으로 유의미학습이 일어나는 것은 아니다. 유의미학습효과를 위해 선행조직자를 도입한 후에 바로 과제학습을 통해 유의미하게 정착시킨다면 학습효과를 나타낼 수는 있을 것이다.

선행조직자는 학습자들이 학습에 대한 이해를 할 필요가 있거나 또는 그들이 이미 가지고 있지만, 학습에는 적절하지 않다는 것을 깨닫지 못할 지식을 기억시키고 응용하는 데 도움을 주기 위한 정보를 학습자에게 주기 위한 것으로 새로운 것과 오래된 것 사이에서 조직자는 일종의 개념적 다리와 같은 활동을 하는 것이다(임세규, 2006).

선행조직자는 비교 선행조직자와 설명 선행조직자로 나눌 수 있다.

비교선행조직자는 인지구조를 이루고 있는 선행개념들 사이의 변별도를 증가시켜 그 선행지식들 사이의 관계를 명료하게 드러내며, 그렇게 함으로써 그보다 더 하위적인 학습과제를 적절한 위치에 연결시키고, 그에 따라 선행개념들을 연결시키는 인지적 다리의 역할을 한다(조희형, 최경희, 2008). 즉, 학습자에게 친숙한 학습자료를 활용하여 새롭게 학습할 과제와 비교를 하여 유추하는 포섭자의 역할을 수행하는 것으로 새롭게 학습할 과제와 동일하거나 유사한 자료와 비교하여 통합적 화합을 통해 새로운 과제를 수행하게 하는 역할을 하는 것이다.

예를 들어, 눈의 구조를 설명하기 위해서 카메라 렌즈의 작동법에 비유하여 설명하는 것은 유사수준으로 비교가 적절하다고 할 수 있다. 하지만 이러한 비유를 들기 위해서는 학습자의 인지구조 속에 카메라 렌즈의 작동법이 존재하고 있어야 한다. 그렇지 않으며 비교 학습과제가 새로운 학습과제로 학습대상에게 받아들여지게 됨으로써 교육효과를 가지지 못하게 되는 것이다. 비유는 인지구조 내에 존재하면서 새로운 학습과제를 포섭하는 역할을 하지만, 비유와 학습과제는 분명 다른 개념이기 때문에 차이점도 명시해줌으로써 비유가 비유로서의 역할만 충실히 할 수 있도록 지도하는 것이 중요하다(백성혜, 2006).

설명선행조직자는 학습자가 학습과제와 관련하여 선행개념을 가지고 있지 않은 과제를 수행하는 데 효과적인 것으로 학습자에게 친숙하지 못한 학습자료를 사용하여 새롭게 학습할 과제에 관한 설명을 하는 포섭자의 역할을 수행하는 것이다(조승제, 2006).

설명선행조직자는 가장 높은 추상성을 지닌 기본 개념들로 구성되며 학생들에게 생소한 학습과제를 제시할 때 그 과제에 대한 개념적 근거를 제공해준다. 설명선행조직자는 새로운 정보를 더 유의미하게 만들어 줄 뿐만 아니라 학생들에게 잃어버렸던 세부사항들을 더 쉽게 정착하게 해주며, 더 쉽게 일반화된 것으로 기억하게 해주고, 모두를 포섭할 수 있는 공통된 원리로 사실들을 통합적으로 연관시켜 준다(심재호, 2017).

학습자에게 삼투압의 조절을 설명하기 위한 설명선행조직자로써 에어컨의 온도조절 원리인 피드백 작용에 대해서 설명을 한다면 에어컨의 온도조절 원리를 이해하지 못하는 학습자라면 선행조직자로써 역할을 수행할 수 없게 된다. 성인학습자에게 삼투압의 원리를 설명하기 위해서 가장 적절한 삼투압의 설명 선행조직자는 김치를 담그기 위해서 배추를 절이는 과정이나 피클이나 장아찌를 담그는 과정에 대해 설명을 하고 삼투압 과정을 설명한다면 쉽게 이해가 될 수 있을 것이다. 이렇듯 학습자의 학습과제에 적절한 선행조직자는 이미 학습자의 인지구조 내에 존재하고 있는 개념을 선행조직자로 활용을 하여서 학습할 개념과 통합할 수 있는 적절한 선행조직자를 제공하는 것이 필요하다. 학습에 선행조직자로서의 예가 적절하지 않아 학습효과를 거두지 못한 경우가 많다. 때문에 학습자의 특성을 이해하여 학습자에게 적절한 선행조직자를 구성하는 것이 매우 중요하다.

5. 유의미학습의 수업 원리

1) 점진적 분화의 원리

유의미학습은 학습을 진행하면서 학습과제를 계열화하고 학습개념을 포섭하는 과정을 통해 학습자가 상위의 포괄적인 개념을 인지구조 내에서 점차 분화되어 개념을 점진적으로 학습하도록 한다. 인지구조 내에 정착되는 개념들은 학습내용 중 일반적이고 포괄적인 의미를 먼저 제시하고 보다 구체적인 하위개념들을 구체적으로 세분화되어 제시하면서 상위개념들에 의해 포섭되어 특수한 의미로 분화해가도록 하는 것이다.

학습자가 학습을 시작하기 전에 학습자의 인지구조 내에 학습과 관련된 개념이 장착되어 있지 않다면, 학습하기 전에 학습과제보다 하위 개념을 포섭할 목적을 가지는 상위개념을 설명선행조직자로 제시하면 비교적 생소한 내용을 학습하더라도 점진적 분화의 과정의 학습과정이 나타날 수 있다(백성혜, 2006).

예를 들어, 옥수수를 설명하기 위해서 생물이라는 상위개념을 선행조직자로 제시해서 학습자에게 생물은 동물과 식물로 나눌 수 있으며, 동물은 포유류, 양서류, 갑각류 등으로 분류되고 식물은 외떡잎식물, 쌍떡잎식물, 관엽식물, 선태식물 등으로 나뉠 수 있다. 속씨식물은 떡잎의 수에 따라 쌍떡잎 식물과 외떡잎식물로 나뉘며 떡잎이 1장 나오는 외떡잎 식물의 특수한 의미에 대해 이해하고 옥수수를 외떡잎 식물에 포섭하도록 하는 것이다.

즉, 학습자에게 학습개념을 설명하기 위해서 먼저 추상적이고 포괄적인 상위개념을 먼저 제시하여 점차적으로 세분화하여 특수한 의미로 분화되어 학습과제의 구체적 개념에 이르도록 하는 것이다.

2) 통합적 조정

학습자의 인지구조 내에서 서로 분리되어 있던 학습된 내용과 의미가 새로운 개념과 관련되어 유의미하게 포섭되어 통합되는 과정을 의미한다. 통합적 조정의 과정은 학습자에게 비교적 친숙한 내용들을 중심으로 이들 간의 관련성을 지어주는 형태로 이루어진다. 교육과정이 학습자의 이전학습과 관계될 수 있도록 조직되어가는 원리이다.

학습자의 학습과제가 학습자의 인지구조 내에 학습된 내용과 일치되고 통합되어 학습자에게 유의미한 개념으로 전환되는 것을 말한다. 즉, 학습자료를 설명하기 위해 제시한 학습자료의 유사점과 차이점을 제시해 관련성을 갖도록 한다. 통합적 조정은 비교조직자를 활용하는데, 만약 학습자에게 관련된 개념이 학습자의 인지구조 내에 없을 경우 비교선행조직자를 도입하여 활용한다.

학습과제를 학습하기 위해서는 학습에 필요한 자료를 제시하는 데 순서가 필요하다. 학습자의 인지구조 내에서 학습내용을 학습하기 위해 새로운 학습내용과 기존에 가지고 있는 선행학습과의 관계를 연결하기 위해서 선행학습에서 명확하게 선행학습을 확인하고 새로운 학습내용에 대한 학습을 진행해야 한다. 오스벨(2000)은 학습강화는 학습자료를 여러 번 피드백을 통해 확인하고 교정하면서 학습자료에 대한 명료화가 되는 과정을 통해 달성된다고 하였다.

6. 수업의 실제

1) 유의미학습의 수업 모형

(1) 선행조직자 교수 모형의 적용

선행조직자 수업 모형은 교수자가 학습자에게 강의내용을 설명하는 상황에 적용되는 것으로 학습내용을 가르칠 때 학습자들이 학습내용의 개념이나 원리를 보다 쉽게 이해할 수 있도록 학습자의 특성과 수준을 고려하여 학습내용과 관련된 도입자료를 제공하는 선행조직자를 활용하여 가르치는 모형이다. 선행조직자는 학습자의 인지구조를 강화하고 새로운 정보의 파지를 증진시키기 위한 수단으로 학습과제보다 더 포괄적이고 추상적인 수준으로 제시되는 자료로 학습자료를 이전에 학습된 자료에 통합하거나 변별하도록 돕는다(Ausubel, 1968; 권낙원, 김동엽, 2008 재인용).

선행조직자로 활용될 수 있는 것은 적절한 실례, 비유, 용어, 개념, 명제, 일반화, 원리, 법칙 등이 있는데, 이들을 시청각적인 자료화하여 제시함으로써 보다 의미 있는 수업을 하고자 하는 모형이다(한국교육학술정보원d, 2003).

오스벨의 이론의 선행조직자에 기초하여 조이스와 바일(Joyce & Weil, 2009)이 제시한 3단계의 수업모형은 〈표 6-1〉과 같다.

표 6-1 선행조직자 수업 모형

단계	내용	내용
1단계	선행조직자 제시	• 수업목표의 명료화 • 선행조직자 제시 – 조직자의 속성의 정의 – 예를 제시 – 조직자의 전후관계 제시 – 반복적으로 제시 • 학습자가 가지고 있는 지식과 경험을 상기

단계	내용	내용
2단계	학습과제와 자료 제시	• 학습자료 제시 • 주의집중 • 학습자료를 개통 있게 조직 • 학습자료의 논리적 제시
3단계	인지구조 강화	• 새로 배운 내용을 종합할 수 있는 원리 제시 • 새로운 내용을 능동적으로 수용할 수 있는 분위기 조성

출처: 권낙원, 김동원(2008). 교수-학습이론의 이해.

선행조직자 수업 모형의 3단계는 먼저 선행조직자를 제시하고 새로운 학습과제 및 자료를 제시하며 마지막으로 학습자의 인지구조를 강화하는 단계이다.

선행조직자를 제시하는 단계에서는 수업목표의 명료화, 선행조직자 제시, 학습자가 가지고 있는 지식과 경험을 상기하는 과정으로 활동이 이루어진다. 수업목표의 명료화는 교수자가 수업을 진행하기에 앞서 수업준비와 수업전개에 대한 방향을 제시함으로써 학습자들이 학습에 있어 필요한 수업의 준비와 전개를 위한 수업목표를 명확히 하여 학습자가 수업목표에 대해 인식하고 수업목표를 달성할 수 있도록 교수준비를 한다. 선행조직자는 이전에 학습한 내용에 대한 요약과는 달리 학습할 내용의 주제와 관련된 내용으로써 인지구조와 관련시킬 수 있는 도입자료로 추상적이고 포괄적이다. 유의미학습을 위한 선행조직자의 제시에는 학습자의 경험이나 지식과 연관된 자료를 제시하여 학습자들이 조직자에 대해 명확하게 지각하여 이해할 수 있도록 한다. 학습자가 관련 자료와 연관 짓기를 어려워하거나 명료화가 되지 않을 경우에는 이해할 수 있도록 반복 지도해야 한다.

2단계는 학습과제와 학습할 자료를 제시하는 단계로 학습과제와 관련된 학습내용들 간의 논리적 위계를 고려하여 순차적으로 제시하여 점진적 분화와 통합적 조정이 이루어질 수 있도록 한다. 즉, 학습내용을 제시할 때는 상위개념부터 제시하고 이어 하위개념을 제시하도록 한다. 먼저 제시한 상위개념의 내용이 후속하는 하위개념의 내용을 포섭할 수 있도록 제시하며 제시한 내용들 간의 상호 관련성이 드러나도록 해야 한다(권낙원, 김동엽, 2008).

3단계는 인지구조의 강화로 학습한 내용을 학습자의 인지구조에 통합하고 정착하는 단계이다. 학습자의 인지구조에 통합적 조정 원칙에 따라 학습자에게 정착을 촉진하는 것으로 기존지식과 새로운 지식 간의 통합적 조정을 촉진하고 개별적인 유의미 수용학습을 하도록 한다. 학습자가 가지고 있는 기존지식을 바탕으로 새로운 학습자료가 가진 개념을 이해하면서 선행조직자로 쓰인 개념과 관련지어 이해하도록 한다. 학습자들이 적극적인 학습을 통해 활동적인 수용학습을 촉진하고 학습내용이나 지식에 대한 비판적 접근을 허용하며 학습내용과 관련된 문제와 예를 제시하여 명료화할 수 있도록 한다.

(2) 유의미학습의 수업지도안

유의미학습의 수업지도안은 학습자에게 정착 의미를 촉진하는 선행조직자의 역할을 통하여 개별적으로 유의미한 수용학습을 하도록 하는 것이다. 본 장에서는 유의미학습의 수업지도안의 사례를 살펴보고자 한다.

선행조직자를 활용한 교수 · 학습 모형의 개발에서 류진수(2009)는 초등학교 4~6년 학생을 대상으로 선행조직자 모형을 적용한 체험환경교육에 대한 연구에서 선행조직사 모형을 적용한 학생들의 숲 해설 프로그램을 개발하였으며 프로그램 개발결과에 대한 만족도와 숲 해설에 대한 학습능력이 전반적으로 높게 나타났으며, 남학생보다는 여학생의 학습능력이 더 높은 것으로 나타났다. 즉, 체험환경교육의 진행에 앞서 다양한 선행조직자 활용이 학습자의 인지구조에 정착되면서 새롭게 학습한 내용을 구조화하여 기존의 지식과 효과적인 연결을 통해 학습효과를 높일 수 있었다는 것을 의미한다(류진수, 2009).

김은화(2011)는 중학교 과학수업에 유의미학습의 선행조직자를 활용하여 소화와 순환 단원의 수업 프로그램을 개발하였다. 소화와 순환 단원에서 영양소의 종류와 기능을 교수하기 위한 선행조직자로 야구 경기를 선택하였으며 야구 경기의 구성원 간의 역할

분담과 사람의 건강을 위한 여러 가지 영양소의 필요와 각자의 역할 수행과 연결지어 설명하는 비교선행조직자를 활용하는 방법을 사용하였다. 중학교 2학년을 대상으로 한 과학수업의 교수 · 학습지도안은 〈표 6-2〉와 같다.

표 6-2 '소화와 순환' 1차시 수업의 교수 · 학습지도안

단원명	소화와 순환	차시	1/6
수업주제	영양소의 종류와 기능		
교수 · 학습목표	1. 음식물에는 영양소가 들어 있다는 것을 말할 수 있다. 2. 영양소의 종류와 기능을 설명할 수 있다.		

과정	교수 · 학습활동	비고
도입	• 학습목표를 제시한다. – '영양소'하면 생각나는 것이 무엇인지 물어본다. • 선행조직자를 제시한다. – 해마다 프로야구 경기가 치러지고 있고 야구에 대한 관심이 증가하고 있다고 말하며 흥미를 유발한다. – 야구 경기가 원활히 이루어지려면 무엇이 필요한지 질문하고 각자 어떠한 역할을 하는지 말해 보도록 한다.	10분
전개	• 우리 몸을 건강하게 유지하기 위한 방법에 대해 질문한다. – 야구 경기가 원활하기 위해 필요한 것과 우리 몸이 건강하기 위해 필요한 것을 연결 지어 생각할 수 있도록 계속 언급하여 준다. • 영양소의 개념과 영양소를 얻는 방법을 설명한다. – 영양소는 살아가는 데 꼭 필요한 물질임을 설명한다. – 영양소는 음식물에 들어 있다는 것을 생각해 내도록 한다. • 영양소의 종류에 대해 설명한다. – 영양소의 기능을 필요성까지 확대하여 이해할 수 있도록 한다. – 비타민과 무기염류의 공동 특성을 강조하여 설명한다. • 선행조직자를 통해 학습한 내용을 상기시키고 영양소와 비교하여 설명해 보도록 한다. – 영양소의 필요성을 강조하고 우리 몸이 건강하게 유지하기 위해서는 음식을 골고루 섭취해야 함을 이해시킨다. • 기능이 비슷한 비타민과 무기염류 중 하나의 결핍이 미치는 영향에 대해 질문한다.	25분

과정	교수 · 학습활동	비고
	– 비타민과 무기염류는 넓은 의미에서 보면 기능이 같아 보이지만 그 종류에 따라 세부적으로 하는 일이 다르다는 것을 설명한다.	
정리	• 학습내용과 관련된 문제(교과서)를 풀어보도록 한다. • 다음 차시 학습 주제를 예고한다. – 입과 위의 소화	10분

출처: 김은화(2011). 유의미학습이론을 적용한 중학교 과학수업 프로그램 개발: 소화와 순환 단원을 중심으로.

교수 · 학습과정의 첫 단계에서는 〈표 6-2〉에서와 같이 도입에서 학습목표를 제시하고 핵심용어를 확실하게 인식시켜 수업목표를 명료화한다. 전개단계는 본 학습과제를 제시하는 것으로 학습자의 주의 집중을 위해 선행조직자 언급을 통해 학습자의 인지구조를 자극하여 본 학습과제 간의 연결을 촉구한다. 학습을 위해 교수자보다는 학습자가 스스로 학습한 내용을 발표하고 적극적인 학습활동을 할 수 있도록 유도한다. 마지막으로 정리단계에서는 수업내용에 대한 중요개념 정리와 명료화를 위한 문제풀이를 한다. 그리고 다음 차시 예고를 통해 수업을 마무리한다.

오스벨의 유의미학습 수업지도안은 학습자의 학습내용 정착을 촉진하는 선행조직자를 통해 학습자가 유의미 수용학습을 할 수 있도록 하는 것이다. 학령기 학생을 대상으로 한 유의미학습에서는 학령기 학생의 경험의 차이가 크지 않아 선행조직자의 선정이 용이하지만 성인학습자의 경우 연령별 차이도 있지만 학습능력과 사회적 경험 또한 많은 차이를 가지고 있으므로 학습내용의 선행조직자를 선정하기 위해서는 많은 연구가 필요하다.

(3) 유의미학습 모형의 교육적 의미

유의미학습이론에서 교수자가 교육과정 편성을 어떻게 하는가가 중요하므로 교사의 역할이 매우 중요하다. 교수자의 수업상황에서 학습자가 학습에 반응하도록 유도하고 학습자의 조건에 맞는 선행조직자를 제시하여 학습의 유의미성을 높여야 한다.

오스벨의 유의미학습이론은 단순한 반복으로 인한 기계적 학습의 단점인 단기간에 망각을 극복할 수 있는 학습방안이라고 할 수 있다. 흔히 말하는 벼락치기 공부의 경우 유의미가가 없다고 하더라고 단기기억을 해야 하는 학습자의 입장에서는 기계적인 무의미한 학습을 통한 기억을 해야 한다. 하지만 단기기억학습은 빠른 시간에 망각해 버리거나 기억을 하더라도 오래 저장되지가 않는다. 그러나 기억된 학습내용이 유의미가가 있는 경우 학습자의 인지구조에 있던 기존 지식과 연관하여 기억되므로 장기기억이 용이하다. 때문에 학령기 학생에 비하여 기억력이 떨어지는 성인학습자에게는 유의미 교수·학습방법이 좋은 학습방안이라 할 수 있다. 그리고 유의미학습법의 효과적인 학습을 위한 선행조직자의 제시에 대한 이론적 근거의 제공과 학습과제를 학습하기 위한 방안으로 학습내용에 대한 포괄적이고 추상적인 개념에서 시작해서 구체적인 특정한 사실적 개념으로 계열화하여 수업하는 효과적인 방안을 제시하였다는 점을 들 수 있다.

현대사회는 급변하는 사회 변화에 따라 정규교육만으로는 살아갈 수 없어 끊임없는 자기계발과 다양한 평생교육에 대한 욕구와 필요성에 놓여 있다. 이러한 시대상을 반영하여 평생교육을 위한 다양한 프로그램과 학습자들의 학습욕구를 충족하고 효과적인 학습을 위한 다양한 교수방법이 개발되고 시행되고 있는 현 시점에 성인학습자들의 특성을 이해하고 성인학습자에게 더 효과적인 유의미학습방법에 대한 교수 프로그램 개발을 위한 노력이 제고되어야 할 것이다.

기억하기

1. 오스벨(Ausubel)은 학습할 내용과 학습자가 이미 가지고 있는 개념으로 구성된 인지구조 사이의 상호작용을 통하여 학습자가 가지고 있는 기존의 인지구조에 새로운 개념이 추가되어 새로운 인지구조를 구성하는 것을 유의미학습이론이라고 하였다.

2. 유의미학습의 조건은 학습과제와 인지구조, 학습의향이다.

3. 유의미학습은 대상에 따라 표상학습, 개념학습, 명제학습으로 나눌 수 있다.

4. 선행조직자는 학습자가 학습 효율성을 높이기 위해 학습할 과제에 관한 제반정보를 제공하여 학습자가 새로 학습할 과제에 대한 개념의 기초적인 기반을 마련하여 학습을 촉진시키는 새로운 학습과제보다 추상적이고 일반적이며 포괄적인 내용으로 비교선행조직자와 설명선행조직자가 있다.

5. 점진적 분화의 원리는 학습자에게 학습개념을 설명하기 위해서 먼저 추상적이고 포괄적인 상위개념을 먼저 제시하여 점차적으로 세분화하여 특수한 의미로 분화되어 학습과제의 구체적 개념에 이르도록 하는 것이며, 통합적 조정이란 학습자의 인지구조 내에서 서로 분리되어 있던 학습된 내용과 의미가 새로운 개념과 관련되어 유의미하게 포섭되어 통합되는 과정을 의미한다.

평가하기

1 학습자에게 유의미학습이 되기 위한 조건으로 바르게 연결된 것은?

① 선행조직자, 학습과제, 학습의향
② 선행조직자, 인지구조, 학습의향
③ 학습과제, 학습의향, 인지구조
④ 학습의향, 학습과제, 선행조직자
⑤ 인지구조, 학습과제, 선행조직자

2 유의미학습에 대해서 잘못 설명한 것은?

① 유의미학습은 학습자의 인지구조와 상관없이 새로운 인지구조를 구성하기에 적합한 학습이론이다.
② 유의미학습이 이루어지지 않을 경우 학습에 대한 욕구가 생기지 않아 지속적인 학습동기 부여가 어렵다.
③ 유의미학습의 결과는 기계적 암기학습의 결과보다 더 오랫동안 파지된다.
④ 학습과제는 학습의 가장 상위에 포괄적인 개념을 두고 아래로 내려갈수록 하위 개념을 둔다.
⑤ 임의적으로 맺어진 관계가 하나의 관습으로 굳어진 후에는 그 관계가 다시 임으로 변경될 수 없는 성질을 구속성이라고 한다.

3 학습자의 학습 효율성을 높이기 위해 학습의 도입부에 학습과제로 제시하는 것은 무엇인가?

4 학습자가 학습을 시작하기 전에 하위개념을 포섭할 목적으로 상위개념을 선행조직자로 제시하는 과정에서 일어나는 수업 원리는 무엇인가?

① 통합적 조정의 원리
② 선행학습 요약 정리의 원리

③ 점진적 분화의 원리

④ 체계적 조직 원리

⑤ 포괄적 개념의 원리

정 답

1. ③

[해설]

학습자에게 유의미학습이 되기 위한 조건은 학습과제, 인지구조, 학습의향이다.

2. ①

[해설]

① 유의미학습은 학습자의 인지구조와 상관없는 것이 아니라 학습자가 가지고 있는 기존의 인지구조에 새로운 개념이 추가되어 새로운 인지구조를 구성하는 학습이론이다.

3. 선행조직자

[해설]

선행조직자는 학습자가 학습 효율성을 높이기 위해 학습할 과제에 관한 제반정보를 제공하여 학습자가 새로 학습할 과제에 대한 개념의 기초적인 기반을 마련하여 학습을 촉진시키는 새로운 학습과제보다 추상적이고 일반적이며 포괄적인 내용을 말하는 것으로 학습의 도입부에 학습과제로 제시하게 된다.

4. ③

[해설]

학습자가 학습을 시작하기 전에 학습자의 인지구조 내에 학습과 관련된 개념이 장착되어 있지 않다면, 학습하기 전에 학습과제보다 하위개념을 포섭할 목적을 가지는 상위개념을 설명하고 선행조직자로 제시하면 비교적 생소한 내용을 학습하더라도 점진적 분화의 과정의 학습과정이 나타날 수 있다.

제3부

학습자 중심 평생교육방법

제 07 장

자기주도학습의 이해

개요

평생교육방법에서 중요한 특성은 교수자가 중심이 아닌 학습자의 참여성과 주도성을 인정하는 것이다. 성인은 성장과정에서 축적된 경험에 의해 풍부한 학습을 체험할 수 있으며 새로운 학습을 전개해 나갈 수 있는 잠재력을 가지고 있다.

본 장에서는 성인학습의 기초가 되는 자기주도학습의 개념, 구성요소, 자기주도학습의 선형적 모형과 비선형적 모형 등을 살펴보고자 한다.

제 07 장

자기주도학습의 이해

학습 목표

1. 자기주도학습의 개념을 설명할 수 있다.
2. 자기주도학습의 구성요소에 대해 설명할 수 있다.
3. 자기주도학습의 모형을 설명할 수 있다.
4. 자기주도학습의 활성화 방안에 대해 알 수 있다.

1. 자기주도학습의 개념

1) 자기주도적 학습의 중요성

현대사회는 정보통신기술의 발달로 정보의 생산과 보급이 급속히 이루어지는 지식기반사회이다. 지식기반사회에서는 무형 자산인 지식의 보유가 개인과 조직의 가치를 결정하게 된다. 그러므로 개인과 조직은 사회가 필요로 하는 새로운 지식의 습득을 위해 끊임없이 변화해야 한다.

근대사회에서는 지식을 많이 알고 있는 것이 사회의 인재상이라면 지식기반사회에서는 유연하고 창의적인 사고능력을 바탕으로 지식을 창조하고 생산하는 지식의 생산자로서 인재를 필요로 하고 있다. 창의적 인재에 대한 정의는 사람마다 다르겠지만 대체적으로 '새롭고 독창적인 것을 만들어 내는 사람', 융통성, 호기심, 합리성 등을 갖춘 사람이라 할 수 있다.

따라서 기존에 학교에서 배운 주입식 학습방법으로는 시대의 변화에 유연하게 대처할 수 없을 뿐만 아니라 지식습득의 양에 한계가 있고 무엇보다 유연하고 창의적인 사고를 할 수 없다.

또한, 과거에는 학교에서 배운 지식과 경험을 가지고 직업을 선택하면 평생직업이 가능했지만 급격한 시대 변화에 따른 산업의 개편, 고용의 불안정, 짧아진 지식의 주기 등으로 평생학습을 요구하고 있다. 시대의 흐름에 맞추어 끊임없이 새로운 지식을 습득하지 않으면 낙오될 수밖에 없다.

평생학습시대에서는 자신에게 필요한 정보와 지식을 판단하여 스스로 학습할 수 있어야 살아갈 수 있다. 그러므로 학습목표를 설정하고 정보와 지식을 선별하여 적합한 학습전략으로 성취하고 평가하는 자기주도학습은 지식기반사회를 살아가는 데 가장 중요한 능력이다.

2) 자기주도학습의 개념

자기주도학습은 우리나라에서의 학습자가 혼자 공부하는 학습활동인 독학의 의미로 오래 전부터 사용되어 왔고 자율학습, 자기조절학습, 자기교육, 독립학습 등 학자들마다 다르게 이해하고 해석하고 있다. 자기주도학습에 대한 학자들의 다양한 정의를 살펴보면 다음과 같다.

놀스(Knowles, 1975)는 자기주도학습을 "학습자가 타인의 도움의 여부와 상관없이 학습자 스스로 학습의 주도권을 가지고 자신의 학습 욕구를 진단하고, 학습목표를 설정하며, 효과적으로 학습하기 위해 학습에 필요한 인적 · 물적 자원을 탐색하고, 적절한 학습 전략을 선택 · 실행하여, 학습결과를 평가하는 과정"으로 정의를 내렸다.

토프(Tough, 1979)는 "학습자가 혼자서 학습을 할 때 사전에 점검하고 결정해야 될 사항을 구성하고 이를 다른 사람의 도움 없이 학습하는 것"을 자기주도학습이라 정의하였다.

데이브(Dave, 1975)는 자기주도학습이란 "학습자가 학습의 필요성을 인지한 후 적절한 기술, 자원, 학습기회를 통하여 필요를 충족시킴으로써 학습자 자신이 개인적 · 사회적으로 발전하기 위하여 학습을 계획하고 관리하는 것"이라고 정의하였다.

롱(Long, 1996)은 자기주도학습을 넓은 의미에서 교육내용, 교육과정, 심리적 과정 등을 모두 포괄하는 것이고 좁은 의미에서는 자기주도학습 중에서 하나에 초점을 맞추는 것이라고 하였다. 또한, 타인주도학습과 비교하여 자기주도학습의 개념을 보다 명확하게 제시하였다.

표 7-1 롱의 자기주도학습과 타인주도학습의 개념

자기주도학습	타인주도학습
상대적으로 독립적임	상대적으로 의존적임
솔선수범에 가치를 둠	지시에 따르는 것에 가치를 둠
긍정적인 자아효능감	제한된 자아효능감
초인지적인 인식	초인지적인 인식이 제한됨
내적으로 동기화됨	외적으로 동기화됨
깊이 있는 참여	표면적인 참여
정신적 초점에 우선권	정신적 초점이 산만함

출처: 권대봉(1999). p. 45.

이상에서 여러 학자들이 정의한 자기주도 학습개념을 정리하면, 자기주도학습이란 학습자가 어떤 학습상황에서든지 자신의 학습요구를 확인하고 이를 충족시키기 위해 필요한 모든 물적 · 인적 자원을 활용하여 학습계획 및 학습전략 그리고 학습결과를 평가하는 과정으로 학습자의 자기발전과 자아실현을 위한 학습이라 할 수 있다(이재나, 2003).

3) 자기주도학습의 구성요소

자기주도학습은 학습과정에서 동기 · 인지 · 행동이 상호작용하여 학습자가 스스로 학습목표를 설정해서 학습하고, 학습결과를 평가하는 것으로 이러한 과정을 통해 창의력과 문제해결능력이 향상된다. 따라서 자기주도학습을 이해하기 위해서는 구성요인을 아는 것이 필요하다.

(1) 인지조절

인지조절은 새로운 자료나 정보를 기억하고 이해하는 데 사용하는 능력을 의미한다. 동일한 시간과 내용을 학습하더라도 학습자에 따라 성적이나 학습성과가 차이가 나는 이유가 바로 인지의 차이 때문이다.

(2) 동기조절

동기란 인간이 행동을 하게 하는 근원적인 힘으로 행동의 시작과 지속적으로 할 수 있게 하는 힘이다. 학습을 시작하게 하는 동기는 타인에 의해 발생하기도 하지만, 학습자 내부에서 발생할 때 가장 강력하고 지속력도 증가한다.

(3) 행동조절

행동조절은 학습자가 학습의 효율성과 성공을 위해 자발적으로 학습환경을 조성하고 실천하는 것을 의미한다. 타인의 요구보다는 학습자가 스스로 자신의 행동을 통제하고 시간을 조절한다.

2. 자기주도학습 모형

자기주도학습은 학습자의 욕구 분석, 평가, 학습자원, 촉진자의 역할 등 학습과정과 관련이 있다. 미리 계획된 절차에 따라 학습이 진행된다고 주장하는 선형적 모형이 있고, 학습은 상황에 따라 적절하게 대처하면서 이루어진다는 비선형적 모형이 있다. 또한, 학습자가 자기주도적으로 학습을 진행시켜 가기 위해 지도자가 어떻게 개입할 것인가를 보여 주는 수업 모형이 있다.

1) 선형적 자기주도학습 모형

선형적 자기주도학습 모형은 토프와 놀스가 제시한 것으로서 자기주도적 학습의 과정을 욕구측정, 학습목표 설정, 학습전략 선택, 학습실행, 학습결과 및 평가로 이어지는 과정으로 제시하였다. 이러한 학습과정의 모형은 전통적 교수과정의 요소들이 포함되어 있다.

(1) 토프

토프(Tough)는 성인학습 프로젝트를 통하여 성인의 모든 학습과제 70%가 자신에 의해 계획 · 실행 · 평가되었음을 발견했고 이것을 그동안 자신의 연구와 경험, 학습자들과의 면담을 통하여 자기주도학습을 13가지 단계로 제시하였다.

표 7-2 토프의 자기주도학습의 13단계

단계	특성
1단계	어떤 지식이나 기술을 학습할 것인지를 결정
2단계	학습을 위한 구체적인 활동 · 방법 · 자원 등을 결정함
3단계	학습장소를 결정

단계	특성
4단계	구체적인 학습시간과 대상을 선정
5단계	학습시기를 결정
6단계	학습 진행속도를 결정
7단계	현재 개인의 지식 · 기술 · 진척도를 평가
8단계	학습 방해요인과 현행 학습절차의 미비점 탐색
9단계	바람직한 학습자원 및 장비를 마련
10단계	학습장소를 선정하거나, 기타 물리적 조건 형성
11단계	인적 및 물적 자원을 활용하는 데 필요한 자금 확보
12단계	학습시간을 선정함
13단계	학습동기를 증진시키기 위한 단계를 설정

출처: 신용주(2004). p. 101.

(2) 놀스

놀스(Knowles, 1975, 1980)는 성인이 되어감에 따라 자기주도적으로 학습하게 된다고 가정했으며, 학습자, 교사, 자원, 동료 등의 협조와 지원이 필요하다는 것을 강조했다. 토프와 유사한 모형으로 자기주도학습을 5가지 단계로 제시하였다.

표 7-3 놀스의 자기주도학습의 5단계

단계	특성
1단계	학습욕구의 측정
2단계	학습목표의 설정
3단계	학습을 위한 인적 및 물적 자원 파악
4단계	적합한 학습전략 선택 및 실행
5단계	학습결과의 평가

출처: 신용주(2004). p. 101.

2) 비선형적 자기주도학습 모형

비선형적 자기주도학습 모형은 학습자들이 자기주도학습과정에서 계획된 절차에 따라 일정한 단계로 이루어지지 않는다고 가정한다. 학습자들은 자신의 환경 속에서의 기회, 성격 특성, 인지과정 등 여러 요인들이 복합적으로 작용해서 자기주도학습을 형성해 간다고 보았다. 따라서 상호작용하는 학습이 효과적으로 발생할 수 있도록 상황에 맞게 적절하고 유용한 자원을 배정하는 것이 중요하다.

(1) 스피어

스피어(Spear, 1988)는 연구를 통하여 자기주도학습은 선형적인 형태가 아니라 비선형적인 형태로 이루어진다는 결론을 내렸다. 즉, 하나의 학습활동이 반드시 다른 학습활동과 관련을 맺고 이루지는 것이 아니라는 것이다.

스피어는 자기주도학습을 3가지 차원과 각각의 하위체계를 제시하면서 이 요소들이 학습을 구조화하는 경향이 있다고 하였다.

표 7-4 스피어의 자기주도학습의 차원 및 하위체계

차원	하위체계
지식	기존의 지식 및 새로 습득한 지식
행동	특정 목적을 위한 지시적 행동, 탐험행동 및 우연적 행동
환경	일관된 환경 및 우연한 환경

출처: 신용주(2004). p. 103.

(2) 브로켓과 하임스트라

브로켓과 하임스트라(Brockett & Hiemstra, 1991)는 성인학습에 있어서 자기주도성을 이해하기 위한 출발점은 개인의 책임이라는 생각에 개인책임지향(Personal Responsibility Orientation) 모델을 제시했다.

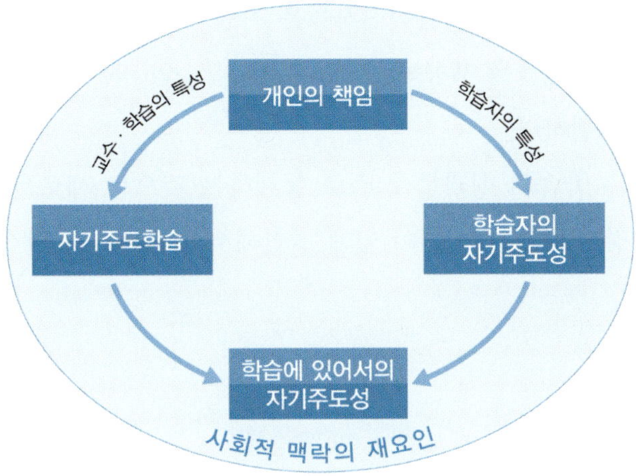

그림 7-1 **브로켓과 하임스트라의 개인책임지향 모형**

출처: 신용주(2004). p. 105.

여기서 개인의 책임은 자신의 환경을 통제하는 것이 아니라, 자신이 처한 상황에 반응하는 방법에 대하여 통제권을 갖는 것을 의미한다.

특히, 이 모형에서는 자기주도성이라는 새로운 이론의 틀을 제시하는데, 교수방법으로서의 자기주도학습(SDL)과 학습자 개인적 특성의 자기주도성(learner self-direction)의 의미가 모두 포함되어 있다. 학습자들은 수업과정에서 학습을 계획하고 실행하는 1차적 책임을 지며 교육기관이나 자원은 촉진자의 역할을 한다. 또한, 교수자는 촉진자의 역할로 학습자들의 욕구를 평가, 학습자원의 배치, 수업방법과 평가에 있어서도 도움이 되는 역량을 소유해야 한다고 주장한다.

(3) 개리슨

개리슨(Garrison, 1997)은 자기주도학습이 내적인 책임, 외적인 통제, 과제에 대한 동기 등 3가지 요인에 의해 형성되는 것이라고 하면서 통합 모델을 제시하였다. 3가지 요인을 자세히 살펴보면 다음과 같다.

첫째, 자기관리는 주로 학습을 계획하고 실행하는 학습과정활동으로 학습목표를 설정하고 학습자원을 관리한다. 학습촉진자들은 지원, 방향 제시, 성공적인 교육성과를 위해 필요한 기본적인 것들을 제공해 주기 때문에 학습의 자기관리는 교사와 학습자의 협력적인 경험이 적절하다.

둘째, 자기조정은 학습의 성과를 스스로 통제하는 것으로 새로운 지식이나 경험이 이전의 지식이나 경험과 얼마나 의미 있게 결합해서 학습목표를 달성했는가의 문제를 포함하고 있다.

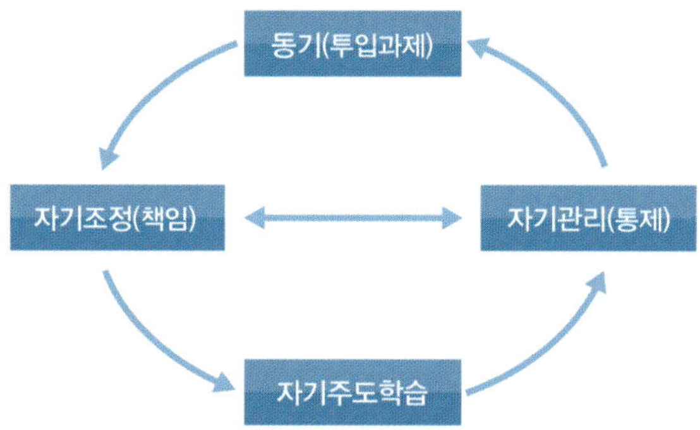

그림 7-2 개리슨의 자기주도학습 통합 모델

출처: 권대봉(1999). p. 45.

셋째, 동기는 학습자가 학습을 시작하고 지속적으로 목적을 달성하는 데 중요한 작용을 한다. 동기는 학습이 시작될 때 지각되는 가치와 예상되는 학습목표의 상황 및 인지 사이에서 조정된다.

개리슨의 자기주도학습 모형은 위의 세 가지 차원에서 모두 고려될 때 개인적으로 의미 있고 사회적으로 가치 있는 학습이 될 수 있다.

3) 자기주도학습의 수업 모형

자기주도학습의 수업 모형은 형식적 교육상황에서 교수자들이 자기주도학습방법을 교육 프로그램이나 활동에 사용하기 유용한 이론이다. 수업 모형의 교수방법을 통해서 학습자는 많은 통제권과 독립성을 가지고 학습을 할 수 있게 된다.

(1) 그로우 모형

그로우(Grow, 1991)는 단계적 자기주도학습(Staged Self-Directed Learning) 모형에서 학습자의 특성을 의존적 학습자(Dependent Learner), 관심 있는 학습자(Interest Learner), 참여적 학습자(Involved Learner), 자기주도 학습자(Self-directed Learner)로 구분하고 적합한 교수자의 역할을 제시하였다.

표 7-5 그로우의 단계적 자기주도학습 모형

단계	학습자	지도자역할	교수 예
1	의존적 학습자: 무엇을 가르쳐 줄 권위 있는 사람을 필요로 하는 낮은 자기주도성	권위자, 코치	• 즉각적인 피드백으로 코치 • 반복연습 • 정보 제공을 위한 강의
2	관심 있는 학습자: 학습에 대한 동기가 되어 있고 확신은 있지만 무엇을 학습해야 할지 모르는 보통수준의 자기주도성	동기유발자, 안내자	• 강의 및 유도된 토론
3	참여적 학습자: 기술과 기초 지식을 가지고 있으며 자기 스스로 특정한 내용을 탐구할 준비와 능력을 갖춘 중간 수준의 자기주도성	촉진자	• 함께 참여하는 교사에 의해 촉진된 토론 • 세미나 • 집단 프로그램
4	자기주도 학습자: 자신의 학습을 스스로 계획·실행·평가할 수 있는 의지와 능력을 가진 고도의 자기주도성	상담자, 위임자	• 인턴제 • 연구논문 • 개별 과제 • 자기주도적 학습집단

출처: 이현림, 김지혜(2011). p. 99.

① 1단계: 의존적 학습자(Dependent Learner)

의존적 학습자는 자격과 권위를 갖춘 전문가가 학습할 내용, 방법, 시기에 대해 분명한 방향을 제시해 줄 수 있는 학습자로 훈련과 지시가 일방적으로 제시하는 방식이 사용된다.

② 2단계: 관심 있는 학습자(Interest Learner)

관심 있는 학습자는 동기가 있고 학습할 자신이 있지만 무엇을 학습할지 모르는 상태이므로 교수자가 과제를 설명하고 방향을 제시하면 발전하게 된다.

③ 3단계: 참여적 학습자(Involved Learner)

참여적 학습자는 지식과 기술을 가지고 있으며 학습참여에 능동적인 사람으로서 어떤 주제를 탐구할 준비가 되어 있다. 지도자는 참여를 이끌어 내고 의사소통에 초점을 두면서 학습자를 안내하고 촉진하는 역할을 하면 된다.

④ 4단계: 자기주도적 학습자(Self-directed Learner)

자기주도적 학습자는 자신이 학습을 계획하고 실행하고 평가할 수 있는 학습자로 교수방법은 가르치는 것이 아니라 위임과 격려를 통해 학습자의 능력을 배양한다.

	T1 권위적 전문가	T2 안내자 동기부여자	T3 촉진자	T4 위임자
S4 자기주도적 학습자			독자적 프로젝트, 자기주도적 토론, 발견학습 전문가로서 교수자, 모니터	
S3 참여적 학습자		자료 활용, 촉진적 토론, 실제적 문제에 관해 교수자와 밀접한 관련이 있는 팀학습, 비판적 사고, 학습전략		
S2 관심 있는 학습자	중간 수준의 자료, 강의-토론, 자극적인 방법을 통한 기초 활용, 동기부여자로서 교수자			
S1 의존적 학습자	개론수준의 자료, 강의, 연습, 중간 첨삭			

그림 7-3 그로우의 학습자 단계적 자기주도학습 모델의 교수적용

출처: 차갑부(2009). p. 82.

(2) 하몬드와 콜린스 모형

하몬드와 콜린스(Hammond & Collins, 1991)는 해방학습과 사회적 행동의 촉진이 자기주도학습의 핵심원리라는 것을 제안한다. 이 모형은 비판교육학, 민중교육, 참여 연구에 기반을 두고 학습자를 도와주기 위한 7가지 구성요소들을 제시하고 학습자들이 주도권을 가질 것을 강조한다.

- 협조적인 학습 분위기 조성
- 학습자 자신의 정치 · 사회 · 경제에 대해 분석 및 비판적 성찰
- 자신의 역량에 대한 프로필 작성
- 개인 및 사회적 관계 속에서 학습자의 학습욕구 진단
- 개인 및 사회적으로 관련이 있는 학습목표 설정
- 학습 실행 및 관리
- 학습 성찰 및 평가

이 모형이 다른 모형과 차별화되는 점으로는 학습에 영향을 미치는 정치 · 경제 · 사회 · 환경적 관계에서 검토하여 비판적 관점을 포함한 점과 개인 및 사회적 학습목표의 개발을 하는 데 강조점을 둔 것이다.

3. 자기주도학습의 강화

1) 자기주도학습의 평가

성인학습자의 자기주도학습에 대한 태도나 준비, 학습수준 등이 어떠한지 파악하는 것은 매우 중요하다. 이를 통해 성인학습자의 학습목표를 설정, 목표 달성 여부를 파악하는 등 학습을 하는 것에 적절하게 이용될 수 있다. 현재 자기주도학습을 평가하는 것에서는 1977년 구글리엘미노(Guglielmino)가 개발한 자기주도학습 준비도 검사가 주로 사용된다. 자기주도학습 준비도 검사는 58문항과 8개의 요인으로 ① 학습기회의 개방성, ② 효율적인 학습자 자아개념, ③ 학습의 솔선수범과 독립성, ④ 자신의 학습에 대한 책임감, ⑤ 학습의 애정과 열정, ⑥ 미래지향성, ⑦ 창의성, ⑧ 기본학습기술과 문제해결기술 사용능력으로 구성되어 있으며 그 내용은 다음과 같다(권두승, 2014).

표 7-6 구글리엘미노의 자기주도학습 준비 검사

전적으로 동의하면 = 5	동의하는 편이면 = 4	그저 그렇다 = 3
부정하는 편이면 = 2	전적으로 부정하면 = 1	

항목	점수				
1. 나는 내가 살아 있는 한 배우고자 한다.	1	2	3	4	5
2. 나는 내가 무엇을 배우고자 하는지를 알고 있다.	1	2	3	4	5
3. 나는 내가 이해하지 못하는 것에 대하여 그것을 이해하려고 노력하지 않는다.	1	2	3	4	5
4. 내가 배우고 싶은 것은 배우려고 애쓴다.	1	2	3	4	5
5. 나는 배우기를 좋아한다.	1	2	3	4	5
6. 내가 새로운 일을 시작하는 데는 다소 시간이 걸린다.	1	2	3	4	5
7. 나는 교사가 수업시간에 학생들에게 항상 정확히 어떤 행동을 취하도록 이야기해 줄 것을 이야기한다.	1	2	3	4	5

항목	점수				
8. 나는 모든 사람에게 교육의 중요성이 자기 자신이 어떤 인간이고 어떤 위치에 있고 또 어떻게 될 것인지를 생각하게 하는 것이라고 한다.	1	2	3	4	5
9. 나는 혼자서 일을 잘하지 못한다.	1	2	3	4	5
10. 만약 내가 가지고 있지 못한 정보가 있어 그것을 가질 필요가 있다고 생각하면 나는 그 정보를 어디서 구할 것인지를 알고 있다.	1	2	3	4	5
11. 나는 다른 사람들보다 내 방식대로 혼자서 일을 더 잘 배울 수 있다.	1	2	3	4	5
12. 내가 아무리 좋은 생각을 가지고 있어도 일이 성사되도록 계획을 세우는 데 약한 것 같다.	1	2	3	4	5
13. 나는 학습경험으로서 배우는 내용과 방법을 결정하는 데 참여하는 것을 더 좋아한다.	1	2	3	4	5
14. 내가 어떤 일에 흥미를 가진다면 어떤 공부라도 내게는 힘들 것은 없다.	1	2	3	4	5
15. 나 이외에 아무도 내가 배우는 것에 대해 전혀 책임이 없다.	1	2	3	4	5
16. 나는 내가 배우고 있는 것인지 아닌지 구별할 수 있다.	1	2	3	4	5
17. 내가 배우고 싶은 것이 많아서 하루가 24시간보다 길었으면 좋겠다.	1	2	3	4	5
18. 내가 배우겠다고 결심한 것이 있다면 아무리 바쁘더라도 시간을 낼 수 있다.	1	2	3	4	5
19. 내가 적어 놓은 것을 잘 이해하지 못 한다.	1	2	3	4	5
20. 내가 배우지 못한 것은 나의 허물이 아니다.	1	2	3	4	5
21. 나는 어떤 일에 대하여 더 배워야 하겠다는 필요가 있을 때가 언제인지 안다.	1	2	3	4	5
22. 나는 내가 어떤 시험에서 좋은 성적을 얻을 수 있다는 자신이 있으면 더 이상 공부를 하려고 하지 않는다.	1	2	3	4	5
23. 나는 도서관이 따분한 곳이라고 생각한다.	1	2	3	4	5
24. 내가 가장 존경하는 사람들은 항상 새로운 것을 배우고 있다.	1	2	3	4	5
25. 나는 새로운 것을 배워야 할 때 여러 가지 방법을 생각해 낼 수 있다.	1	2	3	4	5

항목	점수				
26. 나는 내가 지금 배우고 있는 것을 내 장기목표와 연관시키고자 노력한다.	1	2	3	4	5
27. 나는 내가 꼭 배워야하겠다고 생각하는 것은 무엇이든지 나 스스로 배울 수 있다.	1	2	3	4	5
28. 나는 어떤 질문에 대한 해답을 찾아내는 일을 매우 즐긴다.	1	2	3	4	5
29. 나는 여러 가지의 정답이 있는 문제를 푸는 것을 좋아하지 않는다.	1	2	3	4	5
30. 나는 여러 가지 사물에 대하여 많은 호기심을 가지고 있다.	1	2	3	4	5
31. 나는 배우는 것이 끝나면 기쁨을 느낀다.	1	2	3	4	5
32. 나는 다른 사람들에 비하여 배우는 일에 관심을 더 많이 가지고 있지 않다.	1	2	3	4	5
33. 나는 공부하는 기초능력 면에서 별 문제가 없다.	1	2	3	4	5
34. 나는 그 결과가 어떨지 모르지만 새로운 일을 벌이기를 좋아한다.	1	2	3	4	5
35. 자기 일을 잘하고 있는 사람이 내가 저지른 실수를 지적하는 것이 싫다.	1	2	3	4	5
36. 나는 어떤 일을 해내는 독특한 방법을 잘 생각해 낸다.	1	2	3	4	5
37. 나는 장래 일에 대하여 생각하기를 좋아한다.	1	2	3	4	5
38. 나는 내가 하고자 하는 일을 찾아내는 데 다른 누구보다도 잘한다.	1	2	3	4	5
39. 나는 어떤 문제를 당면할 때 좌절보다는 도전적으로 생각한다.	1	2	3	4	5
40. 나는 내가 꼭 해내야겠다고 생각하는 것을 스스로 할 수 있다.	1	2	3	4	5
41. 나는 문제를 내 방식대로 해결하는 것을 좋아한다.	1	2	3	4	5
42. 나는 집단으로 배우는 상황에서 지도자 역할을 한다.	1	2	3	4	5
43. 나는 각자의 의견에 대하여 토론하기를 좋아한다.	1	2	3	4	5
44. 나는 내 방식대로 문제에 접근하기를 좋아한다.	1	2	3	4	5
45. 나는 새로운 것을 배우고자 하는 강한 욕망을 가지고 있다.	1	2	3	4	5
46. 내가 배우면 배울수록 세상을 더욱 신비롭게 생각한다.	1	2	3	4	5
47. 배우는 일이 즐겁다.	1	2	3	4	5

항목	점수				
48. 우리는 항상 새로운 학습방법을 개발하기보다는 이전부터 사용한 학습방법을 쓰는 것이 좋다.	1	2	3	4	5
49. 나는 하나의 인간으로서 계속 발전할 수 있도록 더 배우고 싶다.	1	2	3	4	5
50. 내가 배우는 일은 내게 책임이 있는 것이지 다른 사람에게 있는 것이 아니다.	1	2	3	4	5
51. 배우는 방법을 학습하는 것은 내게 중요하다.	1	2	3	4	5
52. 나는 새로운 것을 배우기에 나이가 많다고 생각하지 않는다.	1	2	3	4	5
53. 계속 배운다는 것은 따분한 일이 아니다.	1	2	3	4	5
54. 나는 매년 몇 가지 새로운 것을 내 나름대로 배운다.	1	2	3	4	5
55. 배우는 것은 생활의 한 방편이다.	1	2	3	4	5
56. 배우는 것은 나의 삶에 아무런 변화도 주지 못한다.	1	2	3	4	5
57. 나는 교실에서 공부할 때나 혼자서 공부할 때나 공부를 잘한다.	1	2	3	4	5
58. 지도자들은 항상 배우려고 노력하는 사람이다.	1	2	3	4	5

2) 자기주도학습의 활성화 방안

하임스트라(Hiemstra)는 동료 교수들과 함께 연구한 결과를 토대로 성인학습자, 성인교육자, 교육기관이라는 세 범주를 설정하여 구성한 자기주도학습의 활성화 방안을 다음과 같이 제시했다(권두승, 조아미, 2007).

(1) 성인학습자

- 성인학습자의 잠재력을 인정한다.
- 성인학습자 자신에 대한 객관적 분석을 유도한다.
- 내적 강화기제를 개발한다.
- 학습양식의 이해와 활용을 유도한다.
- 지원집단 형성을 유도한다.

- 학습에 대한 책임을 수용한다.

(2) 성인교육자

- 자기주도학습에 관한 연구를 한다.
- 주기주도학습론의 실천적인 부분을 활용한다.

(3) 교육기관

- 자기주도학습을 활용하는 기관을 지원한다.
- 구성원들에게 자기주도학습을 소개한다.
- 다양한 평가척도나 기준을 개발한다.
- 지원 법률 제정과 재원을 확보한다.
- 성인학습자에게 지원 서비스를 제공한다.
- 자기주도학습 촉진환경을 조성한다.

기억하기

1. 자기주도학습이란 학습자가 어떤 학습상황에서든지 자신의 학습요구를 확인하고 이를 충족시키기 위해 필요한 모든 물적 · 인적 자원을 활용하여 학습계획 및 학습전략 그리고 학습결과를 평가하는 과정으로 학습자의 자기발전과 자아실현을 위한 학습이라 할 수 있다.

2. 자기주도학습은 학습과정에서 동기 · 인지 · 행동이 상호작용하여 학습자가 스스로 학습목표를 설정해서 학습하고, 학습결과를 평가하는 것으로 이러한 과정을 통해 창의력과 문제해결능력이 향상된다.

3. 자기주도학습은 학습자의 욕구 분석, 평가, 학습자원, 촉진자의 역할 등 학습과정과 관련이 있으며, 선형적 모형, 비선형적 모형, 수업 모형이 있다.

평가하기

1 자기주도학습의 구성요소는 무엇인가?

2 선형적 자기주도학습 모형의 설명으로 틀린 것은?

① 대표적인 학자로 Tough와 Knowles가 있다.
② 자기주도학습은 일정한 단계로 이루어진다.
③ Tough는 자기주도학습의 13가지 단계로 제시했다.
④ Knowles는 성인이 되어감에 따라 자기주도적으로 학습하게 된다고 가정한다.
⑤ 자기주도학습은 계획에 따라 일정한 단계로 이루어지지 않는다.

3 Grow의 단계적 자기주도학습 모형에서의 학습자의 특성이 아닌 것은?

① 의존적 학습자 ② 수동적 학습자
③ 관심 있는 학습자 ④ 참여적 학습자
⑤ 자기주도적 학습자

4 자기주도학습의 활성화 방안 중 성인학습자에 대한 것 중 틀린 것은?

① 성인학습의 잠재력을 인정한다.
② 성인학습자 자신에 대한 객관적 분석을 유도한다.
③ 외적 강화기제를 개발한다.
④ 지원집단 형성을 유도한다.
⑤ 학습에 대한 책임을 수용한다.

정답

1. 인지조절, 동기조절, 행동조절 2. ⑤ 3. ② 4. ③

제 08 장

멘토링과 코칭

개 요

평생교육에 있어서 개개인의 능력을 개발하는 것은 중요하다. 개인의 능력개발은 개인의 발전뿐만 아니라 조직과 지역사회를 위해서도 많은 잠재적 가능성을 지니기 때문이다. 본 장에서는 개인의 주도적 학습을 촉진하고 대집단학습방법에서의 한계점을 해결해 줄 수 있는 대표적인 개인 중심 교육 및 학습방법인 멘토링과 코칭에 대하여 자세히 알아보기로 한다.

제 08 장

멘토링과 코칭

학습 목표

1. 멘토링의 개념을 설명할 수 있다.
2. 멘토링의 기능과 실행과정에 대해 설명할 수 있다.
3. 코칭의 개념을 설명할 수 있다.
4. 코칭의 유형 및 특성에 대해 설명할 수 있다.

1. 멘토링

1) 멘토, 멘티, 멘토링의 개념

멘토(mentor)의 기원은 고대 그리스 신화에서 비롯된 것으로 알려져 있다. 트로이전쟁에 나가는 오디세우스 왕이 자신의 가장 친한 친구에게 자신의 아들인 텔레마코스를 잘 보살펴 줄 것을 부탁했는데, 그 친구의 이름이 바로 멘토(Mentor)였다는 것이다. 그는 오디세우스 왕이 전쟁에서 돌아오기까지 10여 년 동안 텔레마코스에게 좋은 친구이자 선생님, 상담자, 지도자 그리고 때로는 아버지가 되어 그를 잘 지도하고 돌보아 주었다. 그 후로 멘토라는 이름은 지혜와 신뢰로 한 사람의 인생을 이끌어 주는 상담자이자 친구, 지도자라는 의미로 사용되었다고 한다.

오랜 멘토의 역사는 멘토와 관련하여 다양한 정의를 제공해 주고 있다. 그중 일반적인 정의 몇 가지를 제시하면 다음과 같다.

멘토는 도움을 주는 사람, 인생을 안내해 주는 사람, 양육자, 상담가, 사부와 같은 역할을 하는 사람을 가리킨다. 그리고 멘토가 그 영향을 미치는 대상, 즉 멘토의 도움을 받는 대상을 멘티(mentee), 멘제(menger), 멘토리(mentoree), 프로테제(protege)라고 부른다. 멘토링(mentoring)이란 멘토가 멘티와 활동하고 있는 상태를 말한다. 즉, 경험과 지식이 많은 사람이 지도와 조언으로 대상자의 실력과 잠재력을 향상시키는 체계를 '멘토링'이라고 하며, 스승의 역할이 '멘토', 지도 또는 조언을 받는 사람을 '멘티'라고 한다.

일반적으로, 멘토링은 지혜와 숙련된 경험을 소유한 사람(멘토)이 덜 숙련된 사람(멘티)에게 지혜와 지식을 전해 주는 것을 의미한다. 또한, 멘토링은 어떤 당면한 과제나 질문에 단순히 대답을 주는 것이 아니라 상호 간의 일대일 대면을 통하여 학습, 대화, 도전의 지속적인 인간관계와 개인능력의 발전을 도모하는 것을 의미한다(김영옥, 최라미, 조미경, 2019).

멘토링은 멘토와 멘티 간의 상호 존경과 신뢰에 기초해 이루어져야 한다. 이것이 기반이 될 때, 단방향적 지식 전달이 아닌 양방향으로 지식을 전달하여 서로 도움을 주고받는 것이 역동적으로 일어날 수 있다. 멘토링 관계의 목표는 바로 멘토와 멘티 모두의 성장과 발전을 통한 성공이라는 것이 이해되어야 한다. 멘토와 멘티 각자의 성공은 다르게 표현될 수 있지만, 멘토링 관계의 성공을 위해 두 당사자가 최선을 다한다는 필수 조건이 전제되는 것이 중요하다. 이상적인 멘토링 관계의 예로서는 소크라테스와 플라톤, 아리스토텔레스와 알렉산더 대왕, 설리반 선생과 헬렌 켈러, 그리고 프로이트와 융 등을 들 수 있다(권두승, 조아미, 2004).

멘토링 이미지는 근대 더욱 대중적이 되어 기업에서 신입생의 교육, 학문, 스포츠, 예술 분야에서도 교육, 훈련 및 지원을 제공하는 멘토링이 제공되고 있으며 소외계층 아동 · 청소년 대상으로 멘토링의 활동영역이 더욱 확대되는 추세이다(김영옥, 최라미, 조미경, 2019).

2) 멘토링의 기능

크람(Kram)과 노에(Noe)는 멘토링의 기능을 크게 '경력개발기능'과 '개인적 도움기능'이라는 두 가지 측면으로 정리하였다. 또한, 알레만(Alleman)은 여기에 추가적으로 '학습기능'을 포함시켰다.

이 세 가지 기능을 정리하면 다음과 같다(최병권, 2004).

(1) 경력개발기능(career development function)

- 도전적 과제를 수행
- 상사의 후원과 지원 및 추천
- 성과 및 업무수행 정도에 대한 피드백 제공
- 조직 및 개인적 경력목표 달성에 도움이 되도록 지원

(2) 개인적 도움기능(personal help function)

- 상담(counseling) 제공
- 정신적 지원과 격려를 제공
- 상사의 역할 모델을 제공
- 칭찬, 우정, 자신감을 제고

(3) 학습기능(specific learning function)

- 현재 직무에 대한 학습
- 조직문화나 규율에 대한 학습
- 특정 전문적인 지식이나 기술에 대한 학습

3) 멘토링의 기대효과

멘토링은 멘토, 멘티 모두에게 개인적인 성장, 경쟁적인 직업사회에서의 경력개발, 변화에 대한 적응 등의 학습적 개발의 차원에서 가치 있는 기회를 제공한다는 점에서 그 의의를 찾을 수 있다. 멘티는 관련 영역의 전문가인 멘토와의 관계를 통해 보다 효율적으로 자신의 능력을 탐색하고 확장시켜 나갈 수 있고, 멘토는 멘티와의 상호작용을 통해 새로운 지식과 다양한 관점을 이해하고 수용할 수 있게 되며, 자신의 리더십 역량을 발휘할 수 있다. 그러한 의미에서 멘토링은 급변하는 사회 경제적 맥락 속에서 처음 조직에 입문한 멘티가 순조롭게 조직에 적응하면서 성공적으로 성장할 수 있도록 돕는 실용적 개별교수방식이라고 할 수 있다. 멘토링의 기대효과를 조직 차원과 개인 차원으로 나누어 살펴보면 〈표 8-1〉과 같다.

표 8-1 조직 및 개인 차원에서의 멘토링 기대효과

구분		내용
조직 차원		• 조직의 비전, 가치관 및 조직 결속력 강화 • 성장 잠재력이 높은 핵심인재의 개발 • 구성원의 학습과 자기 계발 촉진 • 지식의 노하우와 이전을 통한 경쟁력 향상 • 신입 직원의 정착과 조직 몰입 유도 •조직에 새로운 활기와 유대를 형성
개인 차원	멘토	•새로운 관점, 지식, 기술, 추세의 이해 및 수용 가능 • 자신이 축적해 온 지식 및 관점에 대한 비판적 성찰 가능 • 리더십 역량의 개발과 발휘 • 멘토링 기회가 멘토 자신의 삶의 새로운 활력소가 될 수 있음 • 멘티의 성공적 경력개발에 대한 자부심 향상 • 조직으로부터의 인정과 보상
	멘티	• 특정 분야에 대한 전문 지식, 노하우 및 조직의 관례를 습득함 •중요한 정보 원천에 대한 접근성이 향상됨 • 업무 수행의 완성도가 향상됨 • 조직 내에서 인정받기가 상대적으로 용이함

구분		내용
		• 안정된 조직 정착으로 자신감과 리더십이 향상됨 • 의사결정능력이 향상됨 •멘토와 분리를 통해 새로운 멘토로서의 역할 수행이 가능함

출처: 신용주(2012).

4) 멘티의 학습 유형에 따른 멘토링 지원

개인 중심 평생교육방법으로써 멘토링이 이루어질 때 멘티의 학습 유형에 따라 멘토의 멘토링 전개방식은 달라져야 한다. Tomlin(1995)은 멘티가 학습활동을 전개하는 기본적인 틀을 주로 〈표 8-2〉와 같이 네 가지로 구분하였다.

표 8-2 학습자 유형에 따른 멘토링 지원의 유형

학습자 유형	멘토링의 유형
다른 사람의 가르침으로부터 배우는 학습자	• 계획을 세운다. • 행위를 관찰하도록 안내한다. • 모델링과 모니터링을 촉진한다. • 모델링과 반성(reflection)을 촉진한다.
스스로의 가르침을 통해 배우는 학습자	• 계획 세우기를 돕는다. • 교수활동을 지원한다. • 모니터링과 피드백을 지원한다. • 분석과 반성을 돕는다.
점진적인 상호 협동을 통해 배우는 학습자	• 진보적인 공동 계획 세우기 • 함께 학습하는 팀으로서 교수하기 • 상호 모니터링 • 상호 분석 및 반성
핵심 아이디어와 광범위한 이슈의 탐구를 통해 배우는 학습자	• 학생, 동료, 학교 및 체제에 관한 직접적인 연구를 촉진한다. • 교수(teaching)에 대한 투입요소들과 배경 이슈들에 대하여 읽고 분석하기 • 주제에 관한 조직적 토의 및 개별지도(tutorial)의 활성화

출처: 신용주(2004).

5) 멘토링의 운영

(1) 멘토의 역할

효과적인 멘토링이 이루어지기 위해서 멘토의 역할이 중요하다. 멘토를 지원하기 위한 실천지침은 다음과 같다(신용주, 2012).

① 멘티의 이야기를 진심으로 경청한다

멘토에게서 가장 중요한 능력은 멘티의 이야기를 경청하는 것이다. 이를 통해 멘토는 멘토링을 진행하는 데 필요한 정보를 얻게 되는 동시에 멘티의 의사표현을 돕는다. 좋은 멘토는 오랜 시간을 경청하며, 멘티의 개인적인 이야기를 들어주면서 그의 목표를 상기시킨다.

② 멘토링의 관계를 체계적으로 설계한다

멘토는 조직의 상황을 고려하고 멘티의 발달수준에 적절한 멘토링 체계를 형성해야 한다. 이때 멘토는 멘티의 가치관을 존중하면서 멘티가 더 복잡하고 다양한 관점을 볼 수 있도록 한다.

③ 멘토에 대한 긍정적인 기대를 표현한다

멘토가 "너는 할 수 있어. 난 네가 할 것을 믿어."라고 말해 주었을 때 멘티는 큰 자신감을 얻는다. 이처럼 멘티를 향한 긍정적 기대를 표현함으로써 변화를 일으킬 수 있고 멘티에 대한 신뢰와 확신을 보여 주는 것이다. 현명한 멘토는 멘티가 잘못한 것에 집착하지 않는 대신에 앞으로의 가능성에 대해 대화를 나눈다. 실제로 대부분의 멘티는 멘토가 자신의 결점을 지적하기보다는 잘한 것을 말해 줄 때 자신의 능력이 훨씬 향상되었다고 말한다.

④ 멘티를 지지한다

성인학습자인 멘티는 학교를 떠나 있는 경우가 많으며, 학습을 시작하는 것과 학습 환경에 대한 두려움을 가지고 있다. 멘토는 시간적 여유를 두고 필요한 정보와 도움이 될 만한 자원에 대해 설명해 준다. 특히, 멘토는 멘티의 권익을 지지하고 옹호하는 것이 중요한 역할 중의 하나이다.

(2) 효과적인 멘토링의 실시방법

① 과제를 부여한다

멘토는 멘티를 세심하게 고려하여 필요한 과제를 부여한다. 과제는 지식 습득을 위한 것뿐만 아니라 멘티의 새로운 성찰과 성장을 촉진하는 것이 좋다.

② 비판적 사고의 기회를 제공한다

멘토는 멘티에게 사회적 관습에 대한 새로운 지각을 제공한다. 멘토링을 통해 멘티는 자신이 가져왔던 신념과 가치가 다양한 관점 중의 하나라는 것을 깨닫게 된다.

③ 가상적 사고를 격려한다

가상적 질문을 통해 현실의 제약을 벗어나 폭넓게 사고하는 훈련을 시도한다. 이처럼 추상적인 사고능력은 매우 중요한 학습도구이며 실제적 차원을 넘어서는 새로운 세계를 상상할 수 있는 능력을 키운다.

④ 구체적이고 긍정적인 피드백을 제공한다

많은 멘토가 알면서도 자주 사용하지 않는 방법이 바로 구체적인 피드백을 제공하는 것이다. 대부분의 경우 맨토들은 칭찬과 격려가 멘토링에 효과적인 것을 인지하고 멘티에게 시도하지만, 구체적으로 멘티가 무엇을 잘했다고 칭찬하지 않는다. 그러나 칭찬과 격려는 구체적일수록 더 멘토링의 효과를 발휘한다. 따라서 멘티와 대화를 나눌 때 "어떤 아이디어가 좋았으며, 어떤 아이디어가 더 통찰적이었다"와 같이 무엇을 어떻게 잘했는지를 정확히 알려주도록 한다.

⑤ 이성 간에 문제가 발생하지 않도록 주의한다

이성 간에 형성된 멘토링 관계에서는 멘토는 말과 행동에서 특별히 신경을 써야 하며, 멘토가 유의해야 할 행동지침은 다음과 같다.

- 기본적인 예절을 유지한다. 멘티의 옷차림, 비평, 성적인 행동, 상스러운 이야기나 농담, 불필요한 신체접촉 등은 하지 않는다.
- 멘티의 불만처리정책에 대해 숙지한다. 멘토링 관계에서도 조직의 성희롱 관련 규칙이나 법규에 대해 숙지하여 저촉되지 않도록 한다. 상대방이 원치 않는 성적 의미의 언어적 · 신체적 행동은 모두 성희롱에 해당되므로 이러한 문제가 발생하지 않도록 모든 행동과 말에 주의한다.
- 멘토링의 관계와 로맨틱한 관계를 혼돈하지 않는다. 교수자–학습자, 멘토–멘티 간의 로맨틱한 관계는 공식적으로 금지되어 있다. 따라서 멘토링의 관계와 개인의 로맨스는 구분하는 것이 원칙이다.
- 오해의 소지를 미리 방지한다. 멘토의 과도한 열정적인 태도는 멘티에게 성희롱으로 받아들여질 수 있고 개인적인 관심으로 인식되기도 한다. 그러므로 멘토링을 진행할 때 사무실 문을 열어 놓거나 외부에서의 멘토링은 1:1로 하지 말고 소집단으로 진행한다.

(3) 멘토링 프로세스

일반적으로 멘토링 프로세스는 멘토와 멘티를 연결하는 과정, 멘토가 멘토링 활동을 전개하는 과정, 멘토링 활동성과에 대해 평가하는 과정으로 구분되며 자세한 내용은 다음과 같다(최병권, 2004).

① 1단계: 멘토와 멘티를 연결하는 과정

멘토링에서 가장 중요한 요소 중 하나는 멘토와 멘티를 연결하는 과정이다. 이때 멘토링에 의한 시너지 효과(synergy effect)를 극대화하기 위해서 멘토의 강점, 약점과 멘티의 욕구, 니즈가 적절하게 맞아야 한다.

- 멘티의 의견 최대한 존중
- 서로의 가치관과 성격 검토
- 멘토 선발과정에 다양한 방법 활용
  예) 조직의 전 구성원을 대상으로 추천 의뢰

② 2단계: 멘토링 활동 전개하는 과정

멘토와 멘티가 연결된 후에는 실제적인 멘토링 활동이 시작된다. 이때 가장 중요한 과제는 멘토와 멘티 간에 원활한 소통이 이루어져야 한다는 것이다. 멘토링은 대인관계를 기반으로 하는 학습과정이기 때문에 충분한 커뮤니케이션을 통해 서로의 입장을 이해하는 것이 중요하다.

- 오리엔테이션으로 시작
- 첫 만남의 어색함 극복
- 상대방의 기대치 확인
- 멘토로서의 활동 강화
- 대화의 힘, 질문 적극 활용
- 정기적인 만남 유지
- 멘토링 활동 중 진지하게 고민하는 멘토, 발전하는 멘티가 되어야 한다.

③ 3단계: 멘토링 활동성과에 대해 평가

아무리 좋은 학습법이라도 그것에 대한 철저한 사후평가가 없을 경우 본연의 목적을 달성하기 어렵다. 따라서 학습법이 사람들의 태도나 행동에 의미 있는 영향을 주고 있는지 여부를 지속적으로 점검하고, 부족한 부분을 개선해 나가는 활동이 필요하다. 효율적인 멘토링 프로그램 평가는 다음 사항을 고려하여 실시한다.

- 통계자료에 의한 평가
- 멘티의 조직목표 성취 정도 평가
- 멘토와 멘티 모두에게 질문지에 응답하도록 하여 그 내용을 평가함
- 평가에 기초하여 멘토링 프로그램의 반복 · 변경 · 폐지 · 확대 여부를 결정함
- 멘토링 프로그램이 조직에 끼친 영향이 무엇인가? 프로그램은 비용 효과적이었는가?
- 멘토링 프로그램의 효율성을 높이기 위하여 어떠한 변화가 필요한가?

2. 코칭

1) 코칭의 개념

(1) 코칭의 정의

코칭(coaching)이라는 용어는 헝가리의 도시 '코치(coach)'에서 만들어진 커다란 사륜마차에서 유래된 것으로, 가리키는 사람을 목적지까지 다다를 수 있도록 인도한다는 의미를 지니고 있다.

현대적 의미에서의 코칭은 1980년대 초반 미국의 토마스 레너드(Thomas Leonard)라는 재무 플래너로부터 시작되었다. 그는 부유층 고객의 재무관리를 오랫동안 해 오면서, 단지 재무뿐만 아니라 자녀에 대한 교육과 진로, 비즈니스에서 고민사항 및 은퇴 후의 노후 대책에 이르기까지 폭넓은 대화를 나누게 되었다. 그러면서 그들이 무엇을 선택

할지 망설이고 있을 때 올바른 결정을 하도록 돕고, 심리적으로, 정서적으로 힘들 때 친구가 되어 주기도 하였으며, 더욱 즐겁고 행복한 삶을 가꾸어 나갈 수 있도록 친밀하게 조언해 주기도 하였다(김영옥, 최라미, 조미경, 2019).

어느 날 한 고객이 래너드와 자신의 관계를 운동선수와 코치의 관계에 비유하면서 고객에 대한 래너드의 활동을 '코치'라고 부르기 시작했다. 그후, 1992년에 래너드는 최초의 코칭전문 교육기관인 '코치 유(Coach U)'를 설립하였고, 이어 1994년 '국제코치연맹(International Coach Federation: ICF)'을 설립하였다(유동수, 김현수, 한상진, 2008).

코칭에 대한 정의는 전문가에 따라 조금씩 다르게 표현되고 있다. 그러나 결국, 코칭은 멘토링(mentoring), 티칭(teaching), 카운슬링(counseling)과 달리 계약관계로 맺어지고, 개인의 변화와 발전을 지원하는 수평적이고 협력적인 파트너십에 중점을 둔다는 공통적인 의견이 있다. 성취를 이루려는 피고용인과 적극적으로 커뮤니케이션하고 스스로 동기부여와 문제제기를 하며 해답을 찾아 해결할 수 있도록 도와주는 것이 코칭의 목적이다.

따라서 관리자의 직접적인 개입은 코칭이 아니다. 코칭이 즉각적으로 이루어질 경우, 자주 관리자 자신이 피고용인의 업무를 대신 떠 맡아버리는 경우가 있다. 예를 들어, 피고용인의 컴퓨터 작업능력이 수준에 미치지 못한다고 생각한 관리자가 그를 컴퓨터에서 밀쳐낸 후 직접 일을 처리해버리면서 자신은 시범을 보였다고 믿는 경우, 이것은 실패한 코칭이다. 훌륭한 코칭이 이루어지기 위해선, 계획적이든 혹은 충동적이든 간에, 관리자에게 좋게 보이도록 하는 것이 아니라 피고용인들의 발전에 그 초점을 두고 돕는 것이 가장 중요하다.

(2) 코칭의 유사개념

코칭과 유사한 개념으로 훈련(training), 상담(counseling), 멘토링(mentoring) 등을 들 수 있다. 개념들 간에 많은 부분이 서로 겹치고 혼용되어 사용되는 일이 많지만, 각기 특성, 목적과 과정, 추구하는 내용이 다르다(김영옥, 최라미, 조미경, 2019).

① **훈련**(training)

훈련은 교육 참가자에게 특별한 지식과 기술을 전수하는 교육훈련과정이다. 훈련은 주로 고용자들이 업무에 필요한 기술을 제공하고 업무를 수행하는 데 있어서 마땅히 지켜야 할 규칙과 법규를 오리엔테이션하는 것에 초점을 둔다. 입사 초기나 새로운 기술을 익혀야 할 필요가 있을 때 실시하며 이는 선택사항이 아닌 필수과정이다. 성과가 좋은 기업이나 조직은 그들의 가장 큰 자산인 인적자원의 질과 양을 늘리기 위해 훈련을 지속적으로 실시한다. 훈련은 일시적이 아니라 항구적으로 계속되는 훈련과정으로써 점진적인 향상을 추구한다.

② **상담**(counseling)

상담은 업무 수행에 영향을 미치거나 미칠 가능성이 있는 개인적인 이슈들을 풀어 나갈 수 있도록 돕는 활동이다. 상담에는 결혼이나 가족의 갈등 또는 약물남용 등 개인적인 문제 그리고 정서적 · 심리적인 장애요인들에 관한 문제들이 포함된다. 이와 같은 형태의 문제의 본질을 확실하게 밝히고 해결하기 위해 경영진은 외부의 전문적인 상담기관을 적극적으로 활용한다. 상담을 필요로 하는 대부분의 조직은 이러한 자신들의 요구사항이 충족될 수 있도록 방법을 찾아야 한다는 책임감을 느낀다. 대개의 경우, 상담은 선택사항이 아니다.

③ **멘토링**(mentoring)

멘토링은 인간적으로 성숙하고 전문 분야에서도 경험이 풍부한 경영 관리자가 직원에게 자신의 지혜나 경험을 일대일로 전수하는 일련의 과정이다. 경영 관리자는 직원의 좋은 친구, 아버지, 스승, 때로는 상담가의 역할을 수행한다. 전형적으로 조직 문화에 대한 적응, 직업적인 성장, 정책에 대한 이해, 조직 내에서의 개인적인 네트워킹 문제를 다룬다. 멘토는 가르침을 받는 멘티로 하여금 안목을 갖고 방향을 설정하여 조직 내에서 기회를 얻을 수 있도록 도와준다. 멘토링은 개인이든 조직이든 양자 모두에게 매우 바람직한 방법이지만 필수적이라고는 강조할 수 없다.

〈표 8-3〉은 코칭, 훈련, 상담이 요구되는 상황들을 각각 정리한 것이다.

표 8-3 코칭, 훈련, 상담이 요구되는 상황들

구분	내용
코칭	• 오류나 실수가 증가할 때 • 최종기한을 지키지 못하는 경우가 증가할 때 • 최소한의 수준만을 유지할 때 • 더 잘할 수 있는 능력이 있을 때 • 잠재력이 발휘되지 못할 때 • 기술을 가다듬을 필요가 있을 때
훈련	• 과정에 변화가 일어났을 때 • 새로운 도구나 장비를 사용할 경우 • 새로운 책임을 맡았을 때 • 부서를 옮겼을 때
상담	• 만성적으로 일이 더디거나 장기결석을 하는 경우 • 감정적으로 폭발했을 때 • 이상한 행동을 할 때 • 약물남용이 의심될 때

출처: 신용주(2004).

2) 코칭의 유형 및 특성

코칭은 그 대상과 분야에 따라 크게 비즈니스 코칭과 퍼스널 코칭으로 나누어진다(유동수, 김현수, 한상진, 2008).

(1) 비즈니스 코칭(Business Coaching)

비즈니스 코칭은 기업의 임직원들을 대상으로 직장 내에서 발생하는 다양한 비즈니스 문제를 다룬다. 조직문화, 대인관계, 경력관리, 동기부여, 목표관리, 문제해결, 리더십 등에 이르기까지 수없이 많은 이슈가 존재한다. 주된 목적은 상사가 부하 직원에게 동기를 부여하고 능력을 개발하여 생산성을 높이는 것이다. 따라서 효과적인 코칭을 위해, 코치와 피코치는 상호 종속적인 관계가 아닌 협동적인 인간관계를 구축하고, 지속적으로 커뮤니케이션을 할 수 있도록 노력해야 한다. 코칭을 통하여 피코치의 바람직하지 못한 행동은 개선시켜야 하고, 바람직한 행동은 지속적으로 더욱 발전시켜 나갈 수 있도록 유지 및 강화시켜야 한다.

(2) 퍼스널 코칭(Personal Coaching)

퍼스널 코칭은 개인의 다양한 관심사에 따른 서비스를 제공하는 것이라고 할 수 있고 다음과 같이 다양한 분야가 있다.

- **라이프 코칭**: 은퇴, 이혼, 노후 설계 등 인생 전반의 이슈를 다룸
- **커리어 코칭**: 진학을 고민하는 청소년부터 대학생, 구직자 및 전직 희망자 등을 대상으로 하여 서비스를 제공
- **부모 코칭**: 올바른 자녀 교육 및 좋은 부모가 될 수 있도록 지원

3) 효과적인 코칭

(1) 코치의 역할

좋은 코치는 긍정적이고 열정적이며 상대방을 지지할 줄 알고 피코치를 신뢰한다. 특히, 좋은 코치는 분명한 집중력으로 성취 지향적이고, 충분한 지식을 갖추고 있으며, 또한 정확한 관찰자이다. 좋은 코치는 상대를 존중할 줄 알고, 인내심이 있으며, 명확하게 말하고, 추진력이 있다. 성공적인 코치들에게는 대개 〈표 8-4〉와 같은 공통적인 특성이 나타난다(신용주, 2004).

표 8-4 좋은 코치가 가지고 있는 특징과 기술

구분	내용
공정함 (Fairness)	사람들을 공정하게 대하는 태도는 주위 사람들로 하여금 충성과 신뢰를 이끌어 낼 수 있는 자질이다. 우리는 엄격하지만 공정한(tough but fair) 코치로부터 가장 많이 배운다.
일관성 (Consistency)	변덕스럽거나 경박스러운 행동은 코치로서의 성공에 방해가 된다. 사람들은 당신이 피고용인 등에게 뿐 아니라 당신 자신에 대해서도 일관된다는 것을 알고 싶어 한다.
융통성 (Flexibility)	관리자는 옳은 방식으로 일을 하고, 리더는 옳은 일을 한다는 속담이 있다. 옳은 방식으로 일한다는 것은 개인이나 상황에 적절한 코칭방법을 결정하는 융통성을 가지고 있다는 것과 상통한다.
자원이 풍부함 (Resourcefulness)	훌륭한 코치는 일을 처리하는 방법을 안다. 코칭에 도움이 되는 다양한 자원을 끌어올 수 있는 것이다. 만약 답을 모른다면, 그는 누구에게서 또는 어디에서 도움을 얻을 수 있는지를 알고 있다.
공감 (Empathy)	훌륭한 코치는 타인의 입장이 되어볼 수 있다. 자신이 새로운 과제를 대했을 때 어떤 느낌이었는지를 잘 기억하고 있다.
참을성 (Patience)	성공적인 코치는 참을성과 이해심을 보여 준다. 행동 변화에는 시간이 걸리며 직무수행능력의 개선은 점진적으로 이루어진다는 것을 안다.
열정 (Enthusiasm)	야구나 농구 경기의 사이드라인에 서 있는 코치들처럼 훌륭한 코치들은 모두가 열정적이다. 이들의 열정은 피코치에게 그대로 전염된다.
정직과 성실 (Honesty&Integrity)	효과적인 코치는 솔직하지만 수행수준에 대한 높은 기준을 지니고 있다. 사람들은 그 코치가 옳은 일을 하기 때문에 따르는 것이다.
친절함 (Friendliness)	성공적인 코치가 되려면 사람들을 끌어당기는 힘과 매력이 있어야 한다. 불친절한 태도는 사람들로 하여금 코치의 도움이나 코칭을 받지 않으려 하게 만든다.
타인에 대한 진실된 배려 (Genuine concern for others)	성공적인 코치는 사람들에게 진심으로 관심을 가지며, 그 관심을 실제로 말과 행동을 통해 보여 준다.
자신감에 대한 신뢰 (Self-confidence)	타인에 대한 코칭을 성공적으로 수행하기 위해서는 스스로에 대한 신뢰가 있어야 한다. 즉, 자신이 하고 있는 일을 잘 알고 있으며, 그것이 다른 사람들에게 건강한 지도가 된다는 믿음이 있어야 한다.

출처: 신용주(2004).

4) 보스와 코치의 비교

보스와 코치는 비슷하지만 서로 다른 개념이다. 보스의 특성과 코치의 특성을 비교하면 〈표 8-5〉와 같다.

표 8-5 보스 vs. 코칭의 비교

보스	코칭
• 많이 말한다.	• 많이 듣는다.
• 이야기한다.	• 물어본다.
• 방향을 결정한다.	• 잘못된 결정을 막는다.
• 추정한다.	• 조사한다.
• 통제하려 한다.	• 위임하려 한다.
• 명령한다.	• 의욕을 불러일으킨다.
• 부하를 움직인다.	• 부하들과 함께 움직인다.
• 결과물을 우선한다.	• 과정을 우선한다.
• 잘못을 따진다.	• 책임을 나누어진다.
• 거리를 유지한다.	• 접촉을 유지한다.

출처: 서천석(2003).

5) 코칭의 실행과정(유동수, 김현수, 한상진, 2008)

(1) Check 단계: 상대방 이해하기

코치는 피코치에 대한 깊은 애정과 관심을 바탕으로 항상 그들을 연구 · 관찰하고, 필요에 따라 관찰된 내용을 기록하여 저장 및 관리해 두어야 한다.

예를 들어, 직장 내에서 상사가 부하 직원을 대상으로 코칭을 할 경우에 코치는 '피코치의 장래 비전, 근무실적, 태도, 업무능력(잠재능력 포함), 근무 사기, 대인 관계, 회사 내 평판' 등의 조직 내 업무 관련 사항뿐만 아니라 피코치의 성격, 기질, 특기, 취미, 장단점, 삶의 가치, 신념, 관심사 등의 업무 외적인 사항들까지도 종합적으로 관찰하고 검토한다. 그럼으로써 과연 이 사람에게 코칭을 통해 개선이나 변화가 가능할지 여부를 객관적으로 판단해야 한다.

(2) Open 단계: 대화의 장 열기

코칭의 시작단계에서 가장 중요한 것은 터놓고 이야기하기(open mind)이다. 피코치가 안심하고 자기 심정을 터놓고 이야기하도록 만들기 위해서 피코치와의 대화 순간에 코치는 완전히 피코치의 입장에서 들어야 한다.

(3) Ask 단계: 목표 및 문제 확인과 해결안 찾기

코치는 Check 단계에서 입수한 피코치의 기본적 정보들과 Open 단계에서 파악된 피코치에 대한 단서들을 참고해서 추가적인 질문을 던짐으로써 피코치에 대한 목표 및 문제를 확인한다. 또한, 해결안을 찾을 수 있도록 피코치에 대한 이해가 깊어지도록 노력해야 한다.

(4) Comment 단계: 발전적 피드백 제공하기

코칭의 과정 중 피코치의 바람직하지 못한 언행 및 사고방식 등을 발견하게 된다면 피코치에게 진심 어린 피드백을 해 주어야 한다. 많은 경우에 혹시나 피코치가 기분 나빠하거나, 자존심이 상하거나, 자신을 싫어하거나, 사기가 저하됨으로써 일이나 생활에 지장을 초래하지는 않을까 두려워서 눈치만 보다가 결국 피드백을 할 기회를 놓친다. 그렇게 될 경우, 피코치는 한 단계 더 발전할 기회와 인생의 가장 큰 깨달음을 가질 수도 있는 중요한 기회와 시기를 잃을 수 있다. 그러므로 발전적 피드백을 제공하는 것은 코칭의 과정에서 반드시 필요하다.

(5) Help 단계: 실행계획 구체화 도와주기

코치와 의견이 일치되면 피코치가 문제해결방안 실행계획을 수립할 수 있도록 도와는 것으로 이 단계가 있어야만 코칭의 결과가 실행하게 되고 코칭의 효과가 발생하게 된다.

코치(COACH) 모델이 프로세스에 따라 잘 진행되었는가를 확인하는 방법으로 〈표 8-6〉의 코치 모델 프로세스 체크리스트를 통해 가능하다.

표 8-6 코치 모델 프로세스 체크리스트

구분	내용
Check	• 피코치에 대한 사전 정보를 입수하여 파악하였는가? • 문제의 증상 및 징후들을 포착하였는가?
Open	• 피코치가 터놓고 이야기할 수 있도록 충분히 공감 · 수용 및 칭찬 · 인정하였는가? • 현 상황을 폭넓게 이해하였는가?
Ask	• 진정 원하는 것/목표/바람직한 모습이나 상태가 무엇인지 확인하였는가? • 문제(들)와 근본 원인을 파악하였는가? • 현상과 목표와의 차이 분석을 명확히 하였는가? • 피코치가 제시할 수 있는 모든 해결방안을 도출하였는가? • 최적의 해결안을 찾도록 하였는가? • 실행을 위한 장애물을 확인하고 제거방법을 찾았는가?
Comment	• 장기적인 관점에서 피코치의 성장/발전(인간적/전문적)을 위해 꼭 필요한 피드백을 하였는가? • 바람직한 변화에 대한 실천 의지를 강화시키고 적극 지지해 주었는가?
Help	• 구체적인 해결안의 실행 계획을 수립하도록 하였는가? • 가장 먼저 실천한 결과를 상호 공유하는 방법을 정하였는가? • 이번 미팅의 주요 내용을 요약 정리하였는가? • (다음 미팅이 필요한 경우) 다음 단계(미팅 일정 및 의제 등)에 대한 합의를 하였는가?

출처: 유동수, 김현수, 하상진(2008).

기억하기

1. 멘토링은 지혜와 숙련된 경험을 소유한 사람(멘토)이 덜 숙련된 사람(멘티)에게 지혜와 지식을 전해 주는 것을 의미하고 어떤 당면한 과제나 질문에 단순히 대답을 주는 것이 아니라 상호 간의 일대일 대면을 통하여 학습, 대화, 도전의 지속적인 인간관계와 개인능력의 발전을 도모하는 것을 의미하는 개인 중심 교육 및 학습방법이다.

2. 멘토링은 조직 차원에서 신입직원의 조직정착을 돕고 직무몰입을 유도하며 잠재적 인재의 개별적 육성을 도울 뿐만 아니라 참가하는 성인학습자에게 개인적인 성장, 변화에 대한 적응 등의 학습적 개발의 차원에서 가치 있는 기회를 제공함으로써 조직 차원에서 그리고 개인적인 차원 모두에서 의의를 갖는다.

3. 코칭은 사람은 무엇이든 할 수 있는 무한한 능력과 가능성이 있다는 공통된 철학과 자신의 능력을 극대화하고, 개발하여 목표를 성취할 수 있도록 돕는 개인 중심 교육 및 학습방법이다.

4. 코칭의 실행과정 중 'COACH' 모델은 Check 단계(상대방 이해하기), Open 단계(대화의 장 열기), Ask 단계(목표 및 문제 확인과 해결안 찾기), Comment 단계(발전적 피드백 제공하기), Help 단계(실행계획 구체화 도와주기)로 이루어진다.

평가하기

1 나이가 많고 경험이 풍부한 사람이 어린 사람의 경력 개발을 촉진하기 위해 지지해주고 가르쳐 주고 지도해주고 촉진해 주는 종합적인 개인 중심 교육 및 학습방법을 무엇이라고 하는가?

2 멘토링의 2단계 활동을 전개하는 과정 중 틀린 것은?

① 첫 만남의 어색함을 극복한다.
② 서로의 기대치를 확인하여야 한다.
③ 멘토로서의 활동을 강화한다.
④ 질문을 적극 활용한다.
⑤ 서로의 가치관과 성격을 검토한다.

3 개인의 변화와 발전을 지원하는 수평적이고 협력적인 파트너십에 중점을 두며, 성취를 이루려는 개인과 적극적으로 커뮤니케이션하고, 스스로 동기부여와 문제제기를 하고 해답을 찾아 해결할 수 있도록 도와주는 개인 중심 교육 및 학습방법을 무엇이라고 하는가?

4 'COACH' 모델의 5가지 단계 중 코치와 의견 일치를 이룬 피코치가 그 문제해결 방안에 대한 실행계획을 구체적으로 수립할 수 있도록 하는 단계는 어떤 단계인가?

정답

1. 멘토링 2. ⑤ 3. 코칭 4. Help 단계

제 09 장

액션러닝

개 요

최근의 교육은 학습자들이 적극적으로 참여하고 다양한 경험을 할 수 있는 학습자 중심의 교육으로 변화되고 있다. 학습자 중심의 교육은 토의, 문제해결, 발표 등 다양한 방법으로 이루어지고 있는데, 액션러닝은 위의 것을 모두 포함한 방법이라 할 수 있다.

본 장에서는 액션러닝의 개념과 구성요소, 실제 수업에서의 액션러닝을 적용하기 위한 방법들에 대해 알아보고자 한다.

제 09 장

액션러닝

학습 목표

1. 액션러닝의 개념과 특징을 설명할 수 있다.
2. 액션러닝의 구성요소를 설명할 수 있다.
3. 액션러닝이 적용기준을 설명할 수 있다.
4. 액션러닝의 핵심절차를 설명할 수 있다.

1. 액션러닝의 개념

1) 액션러닝의 정의

액션러닝(Action Learning)은 유럽, 미국, 아시아의 많은 기업에서 적용하는 수업기법 중 하나로 1940년 영국의 레그 레반스(Reg Revans, 1980)에 의해 처음 소개되었다.

레반스는 액션러닝에 대하여 "문제상황에서 자신의 행동을 개선하기 위해 의도된 변화를 하고자, 실제적이고 복합적이며 긴장감이 많은 문제에 책임감을 가지고 참여하여 그 대상이 필요로 하는 지적이고 감성적이며 물리적인 개발을 하는 수단"이라고 정의하였다.

시간이 지나면서 액션러닝이 발전해 가고 적용되는 영역이 넓어짐에 따라 다른 학자들도 액션러닝의 뜻에 대해 저마다의 정의를 개진하였다. 액션러닝에 대한 학자들의 다양한 의견을 살펴보면 다음과 같다.

잉글리스(Inglis, 1994)는 액션러닝을 "문제에 대한 해결책을 마련하기 위해 구성원이 함께 모여, 개인과 조직의 개발을 도모하는 과정"이라고 정의하였다. 마쿼트(Marquardt, 1999)는 "액션러닝이란 소규모로 구성된 한 집단이 기업에 직면하고 있는 실질적인 과제를 해결하는 과정에서 학습이 이루어지며, 그 학습을 통해 각 집단 구성원은 물론 조직 전체에 혜택이 돌아가도록 하는 일련의 과정이자 효과적인 프로그램"이라고 정의하였다.

박성희 등(2013)은 액션러닝을 "수요자 중심의 학습으로, 서로 지원하고 도전하는 동료들과 함께 적극적인 자세로 문제를 해결하는 과정에 참가하여 이론과 실천의 통합으로 높은 성과를 달성할 수 있는 학습기법"이라고 정의하였다.

봉현철과 유평준(2001)은 "액션러닝이란 교육에 참여한 구성원들이 소그룹으로 학습팀을 구성하여 스폰서(sponsor) 또는 자기 자신이 꼭 해결하고자 하는 실존의 과제를 팀 전체 또는 각자가 주체가 되어 러닝코치(learning coach)와 함께 정해진 시점까지 주어진 과제를 해결하거나 과제해결방안을 도출하는 동시에 그 과정에서 지식 습득, 질문, 피드백, 성찰을 통하여 과제의 내용 측면과 과제해결의 과정 측면을 함께 학습하는 하나의 과정"이라고 정의하였다.

여러 학자들이 제시한 액션러닝의 다양한 정의를 종합해서 박수홍, 안영식, 정주영(2005)은 액션러닝은 "교육 참가자가 소집단을 구성하여 각자 또는 전체가 팀워크를 바탕으로 실패의 위험을 갖는 실제 문제를 정해진 시점까지 해결하는 동시에 문제해결과정에 대한 성찰을 통해 학습하도록 지원하는 역량개발의 교육방식으로 학습조직 구축의 초석이 되며, 교육훈련과 조직개발이 혼합된 교육기법"으로 정리하였다.

2) 액션러닝에서의 학습

레그 르반스(1982)는 액션러닝에서의 학습은 과거로부터 축적된 지식과 올바른 질문하기를 통해 이루어지며, 특히 올바른 질문하기는 액션러닝의 학습에서 가장 핵심적인 사항으로 직접적인 경험, 영감을 통해 가능하다고 하였다.

마식과 오넬리(Marsick & O'Neil, 1999)는 레반스의 정의에서 실행 부분을 추가하였다. 이들은 액션러닝은 단순히 지식과 그에 대한 질문을 넘어 실제 현장에서 실천을 해야 한다고 강조한다. 여기에 페들러(1997)는 액션러닝에서 학습이 일어나기 위해서는 지식, 질문, 실행과 함께 비판적 성찰을 해야 한다고 주장하였다. 비판적 성찰활동은 학습자가 학습을 하는 과정이나 실행을 하는 동안에 자신들의 행동과 실천방안을 스스로 되돌아보고 수정하여 다른 팀원들에게 긍정적 에너지를 전달해 줄 수 있기 때문이다(박수홍, 정주영, 2012).

이와 같은 학자들의 의견을 종합하여 마쿼트(1999)는 액션러닝에서 학습이 일어나기 위해서는 다음과 같은 4가지의 조건이 반드시 필요하다고 하였다(박수홍, 정주영, 2015).

- **지식**(Programed Knowledge): 학습팀이 부여받은 문제에 대해 학습자가 이미 가지고 있는 선수학습 정도
- **올바른 질문**(Questioning): 학습팀이 부여받은 문제의 핵심 원인과 그것을 풀 수 있는 방법은 무엇인지, 그리고 이러한 것들이 학습자의 선수학습과 어떻게 연결될 수 있는지에 대한 질문
- **실행**(Implementation): 지식과 올바른 질문을 통해 도출된 문제의 근본 원인과 해결책을 바탕으로 실제 문제현장에서 이를 적용하고 실천해보는 것
- **비판적 성찰**(Reflection): 액션러닝 활동을 진행해 가는 동안 지속적으로 스스로를 돌아보는 성찰활동을 통해 자기학습과정을 조절, 이를 통해 동료에게 긍정적 자극을 전달

3) 액션러닝의 특징

액션러닝의 특징 역시 학자들마다 다양한 의견을 보이고 있다(박수홍, 안영식, 정주영, 2010).

- 액션러닝은 실시간 현장학습경험에서의 중요한 조직 경영상의 요구를 만족시키는 것과 동시에 개인 및 팀의 역량개발을 지향하는 방법이다.
- 액션러닝을 통해서 조직은 경영상의 위기 혹은 기회에 적절히 대응함으로써 심각한 경영상의 문제를 해결할 수 있으며, 동시에 조직 내 핵심인재를 개발하여 역량을 갖추도록 함으로써 조직을 전략적으로 가장 이상적인 방향으로 이끌어 가도록 할 수 있다.
- 액션러닝은 구성원들의 자발성과 임파워먼트, 신뢰와 비밀유지, 지원과 도전, 삶에 대한 긍정적 접근 등을 강조하는 민주적 특성을 기반으로 한다.
- 액션러닝은 성찰을 통한 경험학습, 실천의 창출, 총체적 접근을 강조한다.
- 액션러닝은 실제적인 접근과 통찰적인 질문을 강조한다.

4) 액션러닝의 효과

워싱턴대학교의 공중보건센터(Nothwest Center for Public Health Practice: NCPHP)는 데일(Daie)의 원뿔 모형에 기초하여 학습의 원뿔을 제안하였다. 학습의 원뿔이론은 학습방법에 따라 성인학습자가 2주 뒤에 기억하는 내용이 얼마나 다른지 정리한 모델이다. 학습방법으로 읽기만 한 경우 학습자는 학습한 것의 10%, 듣기만 한 경우 20%, 보기만 한 경우 30%, 보고 들을 경우 50%, 말하고 필기할 경우 70%, 행동하고 말할 경우 90%를 기억한다. 이 결과를 통해 액션러닝은 실용성을 갖춘 유용한 학습수단임을 확인할 수 있다.

마쿼트(2004)는 액션러닝의 효과를 다음과 같이 네 가지로 제시하였다(박수홍, 정주영, 2015).

(1) 문제해결력을 신장할 수 있다

문제해결력이란 구체적 문제를 실행해서 효과적이고 효율적인 해결결과를 낳는 능력이다. 액션러닝은 복잡하지만 실제적인 문제를 해결해 가며 문제를 해결할 뿐만 아니라 해결해 가는 과정 자체를 학습하는 결과를 낳는다. 따라서 자연스럽게 문제해결력이 신장된다.

(2) 리더십을 개발할 수 있다

액션러닝은 교수자가 일방적으로 진행하는 수업이 아니라 학습팀의 자기주도적 학습을 지향하므로 학습팀의 자기주도성이 개발된다. 또한, 액션러닝 팀빌딩의 과정과 의사소통하는 과정에서 구성원들은 공동체를 구축하고 세워가고 그 안에서 발생하는 문제와 갈등을 함께 서로를 존중하는 흐름에서 의사소통하고 질문과 성찰을 통해 함께 해결해 가는 학습을 하게 된다. 또한, 이미 명확히 규정해 놓은 해답을 찾는 것이 아니라 위기상황에 놓인 문제의 해결책을 찾아감으로써 실질적으로 문제해결력이 신장된다. 이는 단순 기능적인 협의의 전술적 리더십을 탈피하여 오늘날 빠르게 변화하고 집단지성이 증가하는 사회에 요구되는 리더십이다. 액션러닝을 통해 구성원들은 조직 전체를 관리하고 운영하는 전인적인 리더로 양성될 수 있다.

(3) 팀을 만들어 가는 역량, 팀 자체의 역량을 키울 수 있다

현재까지 액션러닝을 수행하였던 대부분의 학습팀은 강한 결속력과 뛰어난 성과를 가진 팀으로 빠르게 변화되었다. 액션러닝의 전 과정에서 팀워크에 필요한 의사소통능력과 문제해결능력 발달의 과정들이 러닝코치의 다양한 팀 활동 지원을 통해 학습이 이루어졌기 때문이다.

자신들이 수립한 전략 중심으로 깊이 있는 대화, 협동심, 판단력 등을 갖춤으로써 학습하는 능력을 발휘할 수 있다.

(4) 학습조직을 구축해 갈 수 있다

학습 스킬과 능력, 변화된 조직 문화 · 구조, 전체 구성원의 참여, 지식관리능력 향상은 액션러닝을 통해 자생적으로 학습조직이 거듭날 수 있다. 학습조직은 공유한 비전을 중심으로 누구의 강요나 의도를 통해 유지되는 것이 아니라 자발적으로 모여 문제를 해결하는 연속적인 집합체이다.

액션러닝에서 학습팀 활동을 전개하게 되면 팀으로서의 시너지 효과를 경험하게 되고 이를 통해 학습팀의 효용을 깨닫고 자발적으로 학습조직을 구축해나가게 된다.

5) 액션러닝과 유사 교육 프로그램과의 비교

유영만(1995)은 기존의 전통적인 교육과 액션러닝 학습의 차이점을 패러다임, 철학 등 8가지 측면으로 나누어 〈표 9-1〉과 같이 제시하고 있다.

표 9-1 액션러닝의 학습과 전통적 교육방법과의 비교

구분	전통적인 교육방법	액션러닝
패러다임	공급자 중심의 교수 (강사의 상대적 우월성)	수요자 중심의 학습 (학습활동의 중요성)
철학	문제상황에 대한 전문적 지식을 가지고 있는 소수의 외부 전문가	문제상황에 직면하고 있는 내부 구성원 모두가 전문가
이론과 실전의 관계	이론과 실천의 분리	이론과 실천의 통합
교수·학습전략	주입식	참여식
적합한 영역	전문적 지식 및 기술의 집중적인 단기간의 훈련	일반적 경영관리능력 개발
교육생의 역할	수동적 지식의 흡수자	적극적 참여자
강조점	현장과 관련성이 적은 전통적인 내용 중시	현장 중심의 비구조적 문제 또는 기회의 해결 및 발견
교육과 경영의 관계	교육을 위한 교육 교육전략≠경영전략	경영성과 기여도의 극대화 교육전략=경영전략

출처: 김영옥, 최라미, 조미경(2019).

또한, 액션러닝은 기존의 집합식 교육 프로그램과 교육목표, 교육기간, 교육대상, 참여 주체 측면에서 비교되는 특성을 가지고 있다(봉현철, 유평준, 2001). 이를 요약하면 〈표 9-2〉와 같다.

표 9-2 액션러닝의 학습과 기존의 집합식 교육 프로그램과의 비교

구분	기존의 집합식 교육	액션러닝
교육목표	일방향의 특정한 구체적인 교육목표를 추구	현장문제의 실제적 해결, 참가자 간 유대관계 강화, 학습조직의 구축, 문제해결능력 강화를 통한 참가자들의 리더십 함양, 참가자들의 전문성 강화 등 개인과 조직의 역량 개발을 돕는 여러 가지 교육목표를 추구
교육목적	지식/태도/행동의 변화	비즈니스 이슈의 실제적 해결을 통한 학습
교육기간	대개의 경우 3~4일에서 일주일로 그 기간이 짧음	비교적 3~4주 이상에서 2년여에 이르기까지 긴 기간이 김
교육대상	계층별/부문별 교육	조직 내의 핵심 인력만을 대상
참여 주체	학습자, 교수자	팀 구성원, set advisor, CEO를 포함한 현업 부서장
교육비용	프로그램 운영비용	set meeting 운영비용, set advisor 선임비용, 현업 부서장 참여비용 등 프로그램 운영비용 외의 비용 추가
교육운영절차	프로그램 운영/비교적 간단한 절차	오리엔테이션, set meeting, 계획, 실행 및 적용, 성찰 프로세스의 복잡한 운영 절차

출처: 봉현철 외(2001).

2. 액션러닝의 핵심 구성요소와 실천 원리

1) 액션러닝의 핵심 구성요소

액션러닝의 핵심 구성요소는 과제, 학습팀 구성, 러닝코치(퍼실리테이터), 후원자와 실행의지, 질문과 성찰, 과제내용과 해결과정에 대한 학습으로 〈표 9-3〉과 같이 여섯 개의

요소로 구분한다.

표 9-3 액션러닝의 6가지 핵심 구성요소

구성요소	내용
과제	교수자가 학습자에게 부여하는 문제해결내용의 과제로서 실패의 위험이 있는 실제적 문제를 정해진 시점까지 해결하도록 함
학습팀	팀워크를 바탕으로 5~6명 팀원의 소집단 학습팀 구성
러닝코치 (퍼실리테이터)	액션러닝의 전문가로서 액션러닝 전 과정에 관여하여 문제인식방법과 문제해결방법 및 의사결정방법을 탐색하여 올바른 의사결정을 할 수 있도록 돕는 역할을 수행함. 러닝코치는 항상 학습에 중점을 두며 문제의 해결에 관여하지 않음
후원자와 실행 의지	학습팀원들의 참여와 열정에 대한 후원자의 실행 의지와 태도에 따라 학습팀원들의 참여와 열정의 정도가 사실상 결정되므로 구성원들의 방향타 역할을 수행함. 또한, 액션러닝을 통해 통합한 과업의 해결방안에 대해 최종적 의사결정 권한을 행사하는 역할을 수행함
질문과 성찰	팀원들이 해결방안을 찾아내기 위해 학습과 함께 지속적인 성찰활동을 함
과제내용과 해결 과정에 대한 학습	과제의 해결과정에서 일어나는 학습에 대한 지식습득은 물론 역량개발, 훈련과 조직이 발달함

2) 액션러닝의 실천 원리

모건과 라이레즈(Morgan & Ramirez)는 액션러닝의 실천 원리를 통찰과 혁신적 발상을 위한 다양성의 장려, 학습방법의 학습, 최소한의 결정적 요건이라는 세 가지 측면에서 정리하고 있다(김종표, 2018).

(1) 통찰과 혁신적 발상을 위한 다양성을 장려한다

액션러닝은 통합적 학습방법이다. 액션러닝의 과정을 통해 가능한 여러 분야에서 참가한 구성원들의 다양한 지식, 신념체계, 가치관, 아이디어, 관심, 경험이 통합된다. 개인의 학습과 팀 및 조직의 학습 역시 통합된다.

(2) 학습방법을 학습한다

액션러닝은 사전에 설정된 특정 지식이나 기술을 한정된 시간에 습득하는 소위 '예금식 교육방법'을 지양하고, 실질적인 환경의 변화에 대응하여 필요한 지식을 스스로 배우고 배운 것을 현실에 적용하는 능력을 배양할 수 있도록 부단한 탐구활동을 적극 장려한다.

(3) 최소한의 결정적 요건만 고려한다

학습하고 학습한 것을 실행하는 것에 요구되는 최소한의 절대적 필요조건 이외의 학습과정을 사전에 설계할 필요가 없으며, 이러한 최소한의 결정적 요건은 액션러닝의 실천형태를 유연하고 다양하게 구성할 수 있는 가능성을 제공한다.

3. 액션러닝의 적용

1) 액션러닝 적용기준

구성주의에 기반하여 많은 학습법이 개발되고 있지만 학습법에 따라서 적용하기에 적합한 경우도 있고 아닌 경우도 있다. 액션러닝 학습법을 어떠한 경우에 채택하는 것이 좋을지에 대해 로스웰(Rothwell, 1999)은 다음과 같이 제안했다.

- 실제로 문제를 해결했을 때 학습목표를 달성할 수 있고, 학습목표에 해당하는 역량을 문제를 해결하는 과정에 참여한 학습자 개인 및 팀이 모두 갖추었을 때
- 각자 다른 다양한 배경을 가진 팀원을 구성으로 팀원 모두 같은 목표를 달성하고자 했을 때

박수홍, 안영식, 정주영(2010)은 액션러닝을 적용해야 할 경우와 그렇지 않은 경우로 구분하였는데, 먼저 액션러닝을 적용해야 할 경우는 다음과 같다.

- 해답을 아는 사람이 없을 때, 모든 사람이 그 문제의 해답을 모를 때 적합하다. 수학문제와 같이 정답이 정해져 있는 것보다 문제가 복잡하게 얽혀져 있을수록 좋다.
- 복잡하게 얽혀져 있는 문제를 해결할 방법을 아는 사람이 없을 때이다. 앞의 1번과 유사한 의미이다. 1번과 2번의 차이점은 1번은 답을 알지 못하는 경우와 2번은 해결방법을 모르는 경우를 의미한다.
  문제의 해결방법과 답을 알지 못하는 상황에서 핵심 질문을 할 사람이 특정적으로 고정되어 있지 않을 경우 적합하다.
- 얽혀 있는 문제를 해결하는 과정 중 위험을 감수할 사람이 부족할 경우에 적합하다. 학습팀이 문제상황을 공동목표로 설정하고 자신의 문제로 인식하며 수용하여 해결해야 한다는 뜻이다. 불확실하고 얽혀 있는 문제를 해결하는 과정에서 예기치 못한 상황이 발생하게 된다면 문제의 원인과 결과를 책임자에게 떠넘기려는 모습과 팀의 균열이 생기기 때문이다.

액션러닝을 적용하지 않아야 할 경우는 다음과 같다.

- 이미 답이 알려졌거나 학습을 다른 프로그램화할 수 있는 경우는 바람직하지 않다.
- 학습방법을 더 빠르고 보다 저렴하게 진행하는 경우는 적용하지 않는 것이 좋다.
- 학습팀의 상황이 변동적이지 않고 안정적으로 앞으로 변함이 없을 경우라면 액션러닝이 적합하지 않다.
- 단순하게 해결해야 할 문제나 이슈의 경우 액션러닝이 아닌 다른 학습법을 적용하는 것이 좋다.

2) 액션러닝의 절차

실제 수업에서 액션러닝은 시작, 진행, 결과의 3단계로 진행된다(손은주, 추성경, 임희수, 2015). 첫째, 시작 단계에서는 실행팀을 구성하여 실제문제를 발굴 · 선정하는 단계이다. 둘째, 아이디어 개발단계로 개발된 아이디어를 활용하여 실행문제에 대해 다양한 의사결정과정을 통해 해결안을 도출하고 발표 및 피드백을 진행한다. 마지막으로 결과단계에서 진행단계의 접근이 창의적으로 문제해결이 되도록 하며 이러한 단계별 절차를 살펴보면 다음과 같다(김영옥, 최라영, 조미경, 2019).

(1) 실행팀 구성

실행팀 구성은 팀 빌딩이라고도 불리며, 팀워크를 구축하는 활동으로 팀 활동에서 이루어지는 과정이기에 매우 중요한 단계이다. 실행팀을 구성하는 세부내용은 〈표 9-4〉와 같다.

표 9-4 실행팀 구성 세부내용

단계	세부내용
팀원 구성	• 성격유형검사나 학습양식검사의 결과를 이용하여 다양하고 이질적인 구성원 6~7명으로 집단을 구성한다.
팀 명, 팀 구호, 팀 규칙 정하기	• 팀원이 정해져 팀이 구성되면, 자기소개 및 친목 다지기 활동으로 팀 결속력을 다진다. • 팀 명, 팀 구호, 팀 규칙을 정하여 전체 학습자 앞에서 발표한다. • 팀 규칙은 앞으로 활동 수행에 대한 서로의 약속이며, 서로 격려하고 활발한 참여를 도모하기 위한 수단이다.

출처: 김영옥, 최라영, 조미경(2019).

(2) 문제 발굴과 선정

주변을 둘러보며 실제적으로 해결해야 할 문제를 찾아야 되며 실제 문제 발굴과 선정의 세부내용은 〈표 9-5〉와 같다.

표 9-5 문제 발굴 및 선정 세부내용

단계	세부내용
문제 발굴 및 선정	• 팀원 각자가 실제 문제 한 가지씩을 발굴하고, 팀 회의를 통해 팀으로 함께 해결하고자 하는 문제를 선정한다. • 문제 선정기준에 따라 문제의 적절성을 토의하며 문제를 선정한다. • 문제 선정방법으로 의사결정 그리드(grid; [그림 9-1] 참조)나 매트리스, PMI 기법 등의 학습도구를 사용할 수 있다.

출처: 김영옥, 최라영, 조미경(2019).

그림 9-1 의사결정 그리드

(3) 문제 정의

팀에서 선정된 문제를 구체적으로 정의하는 단계이다. 문제 정의단계의 세부내용은 〈표 9-6〉과 같다.

표 9-6 문제 정의 세부내용

단계	세부내용
문제 정의	• 팀에서 선정된 문제의 근본 원인과 구조를 파악하여 문제를 구체적으로 명료하게 정의한다. • 문제의 근본 원인 파악 시 가설 설정, 자료조사 결과물 활용, 조사활동이 수행된다. • 문제의 근본 원인에 따라 해결해야 할 문제가 무엇인지 목록화한다.

출처: 김영옥, 최라영, 조미경(2019).

(4) 정보 수집 및 분석

문제를 해결하기 위해 다양한 정보를 수집하고 분석하는 단계로 정보 수집 및 분석의 세부내용은 〈표 9-7〉과 같다.

표 9-7 정보수집 및 분석 세부내용

단계	세부내용
정보 수집 및 분석	• 정보 수집은 문제와 관련된 문헌조사, 연구조사, 인터뷰, 현장조사 등을 통해 이루어진다. • 팀이 효과적으로 정보 수집 및 분석단계를 감당하기 위해 역할분담표나 자료 수집 계획서, 방문조사 및 연구조사 계획서를 활용한다. • 수집된 정보를 다각적인 관점에서 분석하여 문제해결의 실마리를 찾는다.

출처: 김영옥, 최라영, 조미경(2019).

(5) 아이디어 개발과 의사결정

활동이 진행될 때마다 아이디어 개발과 의사결정이 필요하며, 아이디어 개발과 의사결정의 세부내용은 〈표 9-8〉과 같다.

표 9-8 아이디어 개발 세부내용

단계	세부내용
아이디어 개발	• 아이디어 개발 시 브레인스토밍, 브레인라이팅, 디딤돌([그림 9-2] 참조) 등의 학습도구를 사용한다. • 의사결정의 과정에서 팀의 필요에 따라 의사결정 그리드나 매트리스, PMI기법, 어골도 등의 학습도구를 사용하여 정확한 의사소통 및 결정을 할 수 있도록 한다. • 도출된 아이디어를 해결안 탐색안에 기술해 둔다. • 해결안 탐색안에서 선정된 아이디어는 수정 · 보완 · 추가할 수 있다.

출처: 김영옥, 최라영, 조미경(2019).

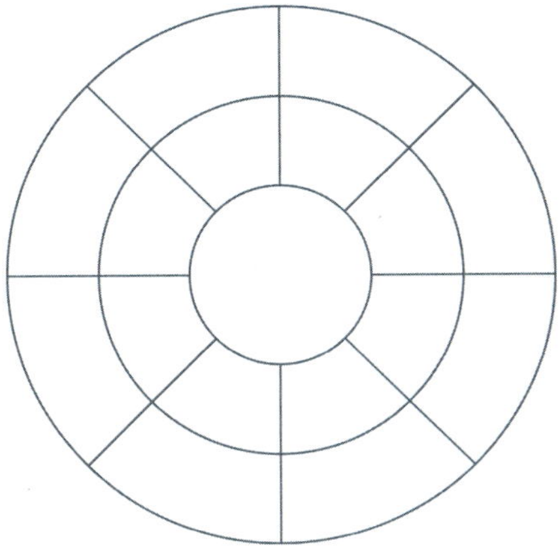

그림 9-2 디딤돌

(6) 해결안 도출

문제를 해결하기 위해 다양한 방법을 찾고 선택하는 단계로 해결안 도출의 세부내용은 〈표 9-9〉와 같다.

표 9-9 해결안 도출 세부내용

단계	세부내용
해결안 도출	• 해결안 탐색안에서 실천 가능하거나 타당한 것을 재선정한다. • 원인을 제거, 약화, 강화시킬 수 있는 방법을 찾는다. • 선정된 아이디어 중에서 우선순위를 정한다. • 실천 가능한 아이디어가 도출된 후 구체적인 세부안을 마련한다. • 구체적인 세부안이란 '문제 개요'를 작성하여 문제의 유형과 학습목표, 대략적인 문제해결과정, 기대하는 결과물 및 효과를 간략히 기술하여 문제해결 방향과 결과에 대해 예측하는 것이다. • 해결안은 실행을 전제로 마련되지만 최종 의사결정권자인 스폰서가 기각한다면 해결안은 수정되거나 폐기될 수밖에 없으므로 사전에 스폰서와 충분한 논의의 기회를 가져야 한다. • 해결안의 성격과 상황에 적합한 방법으로 사전 테스트를 거쳐 승인 가능성을 높이는 것이 좋다.

출처: 김영옥, 최라영, 조미경(2019).

(7) 실행계획 및 실행하기

문제해결을 위해 다양한 해결방법을 현장에서 적용하기 위한 계획을 세우고 계획에 따라 현장에서 실천하는 단계로 실행계획 및 실행하기의 세부내용은 〈표 9-10〉과 같다.

표 9-10 실행계획 및 실행하기 세부내용

단계	세부내용
실행 계획	• 실제 현장에서 실행되기 전 육하원칙으로 실행계획을 세우며 미리 예상되는 문제점들을 확인한다. • 실행계획서를 작성할 시 팀원 간의 역할을 분담하여 필요한 것, 유의할 것들을 기술한다. • 실제 현장에서 실행하기 전에 육하원칙에 의해서 실행계획을 세우며 미리 예상되는 장애나 문제점들을 확인한다. • 실행계획서를 작성할 때 필요한 것과 유의해야 할 것들을 기술하여 팀원과 역할을 분담한다.
실행하기	• 문제해결안을 현장에서 직접 실천하는 단계이다. • '실행하기 활동지'를 통해 실행과정과 문제해결안을 기술하고 느낀점, 시사점, 증빙자료(영상 또는 사진)를 마련한다. • 해결안을 현장에서 직접 실천하는 단계이다. • '실행하기 활동지'를 통해 문제해결안 실행과정을 기술하고, 느낀 점, 시사점, 실행 중 영상이나 사진 또는 증빙자료를 마련한다.

출처: 김영옥, 최라영, 조미경(2019).

(8) 발표 및 피드백

문제를 해결하기 위해 전 과정을 전체적으로 파악할 수 있도록 발표자료와 보고서를 제작하여 피드백을 주고받는 단계로 발표 및 피드백의 세부내용은 〈표 9-11〉과 같다.

표 9-11 발표 및 피드백 세부내용

단계	세부내용
발표 및 피드백	• 문제 발굴부터 실행까지 일련의 과정을 발표하며, 새로 알게 된 사실, 느낀 점, 실천할 점 등의 성찰과정을 거친다. • 피드백 시 액션러닝의 과정평가, 내용 및 결과평가, 발표평가, 팀원 평가 등이 이루어진다.

출처: 김영옥, 최라영, 조미경(2019).

이와 같이 액션러닝을 위한 8단계로 나누어 단계별 세부내용을 살펴보았다.

액션러닝은 주로 기업에서 문제해결을 위해 도입되었지만 교육에서도 다양하게 학습방법으로 사용되고 있다. 기존에 사용되던 학습방법과 동일한 이론 중심 학습이 아닌 실천 중심의 학습이 이루어지는 것이 액션러닝의 핵심목적이다.

즉, 액션러닝 팀원들이 현장을 조사하기 위해 인터뷰를 실시하고 설문 분석을 실시하고 최종 발표물을 잘 만드는 것을 넘어서, 액션러닝을 통해서 해결하고자 했던 과제의 초기 목적, 과제 선정의 이유, 과제가 조직에 미치는 영향을 지속적으로 성찰하고 실천하도록 해야 한다(김영옥, 최라영, 조미경, 2019).

기억하기

1. 액션러닝은 "교육 참가자가 소집단을 구성하여 각자 또는 전체가 팀워크를 바탕으로 실패의 위험을 갖는 실제 문제를 정해진 시점까지 해결하는 동시에 문제해결과정에 대한 성찰을 통해 학습하도록 지원하는 역량개발의 교육방식으로 학습조직 구축의 초석이 되며, 교육훈련과 조직개발이 혼합된 교육기법"이다.

2. 액션러닝에서 학습이 일어나기 위해서는 ① 지식, ② 올바른 질문, ③ 실행, ④ 비판적 성찰의 4가지 조건이 필요하다.

3. 액션러닝의 과정은 '1. 실행팀 구성, 2. 문제 발굴 및 선정, 3. 문제 정의, 4. 정보 수집 및 분석, 5. 아이디어 개발과 의사결정, 6. 해결안 도출, 7. 실행계획 및 실행하기, 8. 발표 및 피드백의 단계로 이루어진다.

평가하기

1 실제적이고 복잡한 문제를 해결하기 위해 그룹이나 팀과 함께 전문가의 도움을 받아서 학습하고 실천하는 지속적인 학습과정을 무엇이라고 하는가?

2 액션러닝의 적용에 해당하지 않는 것은?

① 수학문제와 같이 답이 하나로 딱 떨어질 경우

② 복잡한 문제상황을 해결해야 할 방법을 아는 사람이 없을 경우

③ 다양한 배경을 가진 학습팀원이 존재하고 이들이 모두 같은 목표를 달성하고자 할 경우

④ 문제의 답과 해결과정을 잘 모르는 불확실한 상황에서 이를 풀 수 있을 만한 핵심 질문을 던질 수 있는 사람이 특정 사람으로 고정되어 있지 않을 경우

⑤ 불확실하고 복잡한 문제상황을 해결해 가는 중에 어느 정도 위험을 감수할 만한 사람이 부족할 경우

3 액션러닝의 4가지 조건 중 학습팀이 부여받은 문제에 대해 학습자가 이미 가지고 있는 선수학습의 정도를 무엇이라고 하는가?

4 액션러닝의 효과로 틀린 것은?

① 문제해결력을 신장할 수 있다.

② 리더십을 개발할 수 있다.

③ 팀 자체의 역량을 키울 수 있다.

④ 규명해 놓은 해답을 깊이 있게 질문할 수 있다.

⑤ 학습조직을 구축해 갈 수 있다.

정답

1. 액션러닝 2. ① 3. 지식 4. ④

제 10 장

팀 기반 학습(TBL)과 문제 중심 학습(PBL)

개 요

미래사회의 요구에 적절히 대응할 수 있는 협업형 창의융합인재 양성을 구현하기 위해 '창의적 문제해결역량, 융합적 사고력, 자기주도적 학습역량, 협력적 리더십 역량을 학생들에게 갖출 수 있도록 한다. '사전학습(Pre-Clas) → 적용학습(수업 중) → 심화학습(수업 후)'으로 구조화되어 있다. 이는 자기주도적 학습과 팀 기반 학습을 적절히 병행하여 충분한 역량을 학생들이 키우도록 극대화하도록 한 것이다.

팀 기반 학습(TBL)과 문제 중심 학습(PBL)은 교수자와 학습자 간의 능동적인 교육을 권장하기 위해 고안된 교수법으로써, 학습내용을 수동적으로 수용하는 방법에서 능동적으로 문제를 해결하고 팀원 간의 협동을 통해 학습내용을 응용할 수 있는 능력을 함양하기에 적절한 학습방법이다.

본 장에서는 팀 기반 학습(TBL)과 문제 중심 학습(PBL)의 개념과 특징, 이론적 근거, 핵심 원리, 학습구성에 대해 설명하고, 실제사례를 통한 진행방법을 살펴보고자 한다.

제 10 장 팀 기반 학습(TBL)과 문제 중심 학습(PBL)

학습 목표

1. 팀 기반 학습(TBL)의 개념과 학습과정을 설명할 수 있다.
2. 팀 기반 학습(TBL)의 핵심 원리와 구성을 이해할 수 있다.
2. 문제 중심 학습(PBL)의 개념과 특징을 설명할 수 있다.
3. 문제 중심 학습(PBL)의 적용과정에 대해 이해하고, 효과적인 문제 중심 학습 운영방법에 대해 논의할 수 있다.
4. 문제 중심 학습(PBL)의 효과에 대해 설명할 수 있다.

1. 팀 기반 학습

1) 팀 기반 학습의 개념

(1) 팀 기반 학습의 개요

팀 기반 학습(Team-Based Learning: TBL)방법은 1970년대 미국의 오클라호마(Oklahoma) 대학교의 래리 마이클슨(Larry Michaelsen) 교수에 의해 처음 시도된 교수 · 학습방법이다. 초기에는 경영대학과 의과대학의 수업전략으로 팀들이 유의미한 학습과업에 임할 수 있는 기회를 제공하도록 설계된 특별한 교수 · 학습방법으로 활용되기 시작하였다.

이 교수 · 학습은 개별학습과 협동학습의 장점을 접목시켜 대규모로 진행되는 교육

현장에서 효과적으로 활용할 수 있으며 구성주의 철학과 이론을 구체적으로 실천하는 한 방법이다. 소규모집단을 형성하고 교실 내 토론을 위해 독립적으로 교실 밖에서 준비한 것을 결합하는 교수전략이다. 다른 집단학습과 구별되는 팀 기반 학습의 가장 큰 특징은 이러한 준비과정에서 읽기 과제가 부여됨으로써 학생들은 사전학습을 하는 것이며, 성적은 집단의 수행, 동료평가를 기초로 하여 부여한다.

팀 기반 학습에 대한 관심은 의과대학을 비롯하여 자연과학 관련 강좌, 언어 강좌, 사회과학 관련 강좌에서 활용되었으며 현재는 미국, 영국, 인도네시아, 체코, 캐나다 등 다양한 국가들에서 활용되고 있는 교수 · 학습전략이다(Cargin, 2004; Fink, 2004; 조현정, 이영민, 2008, 재인용).

전통적인 수업방식에서의 교수자는 단순히 '지식의 전달자'였던 반면 팀 기반 학습에서의 교수자는 '교육과정 개발 및 운영자', '정보의 제공자', '촉진자'로써의 역할을 수행하게 된다. 반면, '지식의 수혜자'였던 학습자는 개인 및 팀 학습에 대한 책무성을 지닌 '적극적인 참여자'로써 문제에 대한 질문을 제시하고, 자신이 이해한 것을 적용, 정보들을 종합적으로 스스로 개념의 틀을 만드는 작업을 수행한다(조아라, 2010).

일반적으로 팀 기반 학습에서 가장 우려하는 것은 학생들의 무임승차이다. 따라서 무임승차를 방지하고 구성원 모두가 지적 자원으로 팀 학습에 주도성을 가지고 참여하기 위해서는 적절한 팀 구성과 구성원들의 역할 설정, 학습활동에 대한 성찰과 피드백, 그리고 공정한 평가를 통한 개인과 팀의 발전을 촉진할 수 있어야 한다고 주장한다(심미자, 2009).

(2) 팀 기반 학습(TBL)의 등장요인

팀 기반 학습은 구성원의 협력을 기반으로 한 문제해결 중심의 수업이다. 집단 단위의 학습은 학습집단(Learning in Group), 협력학습(Collabrated Learning), 협동학습(Cooperated Learning) 등 다양한 명칭으로 연구되어 왔다. 그러나 집단적 학습이 체계적으로 운영되지 못한 경우에 구성원 간의 갈등, 분업의 공정성 등이 문제로 지적되며 이러한 기존의 문제점을 보완하고자 하는 의도에서 팀 기반 학습이 등장하게 되었다.

2) 팀 기반 학습의 특징

팀 기반 학습의 특징은 단순히 개념에 대한 학습을 하는 것이라기보다 개념을 사용하도록 학습하는 것을 보다 강조한다. 이를 위해 사전에 읽기 과제가 부여되어 학습자들의 사전학습을 전제로 한다는 점이 다른 집단학습과 차별화되는 점이다. 또한, 수업시간 내에 주어진 학습과제에 대한 탐색적 학습과 오류수정, 평가, 응용이 가능하도록 설계할 수 있다(조현정, 이영민, 2008).

팀 기반 학습은 최상의 성과를 산출하는 학습 팀이 되도록 지원하고, 그러한 팀들이 유의미한 학습과업에 임할 수 있는 기회를 제공하도록 설계된 특별한 교수전략이라 할 수 있다(Michaelsen, Knight, & Fink, 204). 팀 기반 학습은 기존의 소집단에서 사용하는 집단(group)을 팀(team)으로 변환시킨다. 이는 팀으로 진행하는 학습방법이 집단으로 진행하는 학습방법보다 교수와 학습에 있어서 더 효과가 있다는 전제에서 출발한다. 그 이유는 팀에 속한 학습자 개개인의 역량이 뛰어나기 때문이 아니다. 오히려 각 팀에 속한 구성원들이 서로를 이해하며 학습의 목표를 달성하기 위해서 매우 높은 수준의 노력을 기울이게 되면서 팀 구성원들이 매우 도전적이고 복잡한 문제의 해결능력을 갖추게 되기 때문이다. 팀 기반 학습에서는 학습자들이 학습내용을 응용할 수 있도록 기회를 제공하는 데에 학습목표를 둔다. 이를 위해 교사는 지식 전달자가 아니라 교육과정을 전반적으로 계획하고 운영하는 역할을 하게 되며, 학습자들은 수동적으로 교사의 지식을 받아들이는 입장에서 벗어나 수업시간에 제시되는 과제를 수행하기 위해 미리 제시된 학습내용을 숙지하도록 해야 한다. 임진혁 등(2015)이 지적한 바와 같이, 팀 기반 학습에서 팀은 단순히 몇몇의 학습자들이 모여 수업에 참여하는 수동적인 역할을 하는 것이 아니다. 더치와 알렌(Dutch & Alen, 201)에 의하면, 팀에 속한 학습자들은 끊임없이 서로 협동하며 주어진 과제를 수행해야 하고, 완성된 과제를 서로 검토하고 평가하는 적극적인 역할을 해야 한다. 따라서 팀 기반 학습에서의 성공 여부는 팀 구성원 간의 협력에 있다고 볼 수 있다.

팀 기반 학습은 팀 구성원들이 서로 협력하여 각 팀에 주어진 과제를 성취하는 것을 의미하기 때문에 기존의 협력학습이 갖는 장점을 같이 공유한다(Hamilton, 197; Michaelsen, Watson, & Black, 1989; Mils & Cotel, 198). 따라서 적절한 과제가 각 팀에게 배정되는 것이 중요하고, 주어진 과제를 성취하기 위해서 팀 구성원 간의 상호작용이 필요하다. 학습자들은 미리 학습하고 오기 때문에 자신이 이미 학습한 내용을 활용하여 적극적인 상호작용이 가능하다. 즉, 팀 구성원들 간의 상호작용을 통해서 복잡한 문제들에 대한 해결책을 찾을 수 있는 의사결정을 하게 되며, 또한 각 팀 구성원은 팀의 과제를 성공적으로 수행하기 위한 각자의 공헌을 하게 되는 이점이 있다.

3) 팀 기반 학습의 핵심 원리

팀 기반 학습은 개인 및 팀의 지속적인 책무성 강화, 상호 연관된 과제를 사용한 팀 상호작용의 기회 부여, 아이디어 교환을 중심으로 하는 토론을 효과적으로 지원하기 위해 4가지 핵심 원리를 강조한다.

마이클슨, 나이트와 플린크(Michaelsn, Knight & Flink, 2004)는 팀 기반 학습의 4가지 핵심 원리를 제시하고 있는데, 그 원리는 다음과 같다.

첫째, 집단을 적절하게 형성하고 운영해야 한다. 즉, 효과적인 집단을 형성하기 위해서는 두 가지 중요한 변수를 고려해야 한다. 그 변수는 집단을 구성할 때 집단 응집력의 발달을 저해하는 특성이 있는 구성원들로 구성하면 안 되며, 집단별 과제를 수행하기 위해서 집단을 어느 정도 비슷한 수준의 구성원으로 구성해야 한다.

둘째, 학생은 반드시 본인의 학습에 책임을 지게 한다. 책임 인식을 확고하게 하기 위해서는 집단 구성원 개인별 또는 집단별 성과를 모니터링 해야 하며, 집단의 성과가 좋든지 나쁘든지 매우 중요한 결과를 얻을 것이라는 확신을 줘야 한다.

셋째, 집단별 학습과제를 통하여 집단의 발전과 학습을 촉진해야 한다. 성공적인 팀 기반 학습을 이행하는 데 중요한 것은 적절한 집단별 학습과제를 개발하여 부여하는 것이다. 집단이 해결해야 할 과제는 집단 구성원 간에 서로 적절한 소통이 이루어지도록, 집단 구성원을 촉진할 수 있을 정도의 복잡성을 가져야 한다.

넷째, 학생들에게 즉각적인 피드백을 자주 제공한다. 학생들에게 즉각적인 피드백을 제공함으로써 학생들의 다양한 사고를 촉진하여 학습과 집단발달에 큰 영향을 미치게 된다. 이러한 피드백은 즉각적으로 자주 해주면 더욱 강력하게 작용할 수 있다.

4) 팀 기반 학습의 구성

팀 기반 학습은 크게 사전학습단계, 준비도 점검단계, 개념 적용 문제해결단계로 구성되어 있다(Michealsen, Knight, & Fink, 2002).

첫째, 사전학습단계에서는 팀 기반 학습의 효과를 극대화하기 위하여 학습자의 학습환경과 학습자 분석을 통해 팀 기반 적용대상에 대한 이해가 필요하고, 학습자는 읽기자료를 통해 스스로 학습개념을 형성해 나간다.

둘째, 준비도 점검단계에서는 학습자들은 수업에서 학습해야 할 내용을 숙독하고 이에 관련된 자료를 탐색하여 주요 개념을 열거하고 그 내용을 다시 정리한다. 또한, 파악해야 할 구체적인 항목들과 준비도 확인단계를 세부적으로 운영하기 위한 절차에 대한 이해가 중요하다. 개개인이 구성한 지식에 근거하여 팀별 토론을 통해 문제를 점검하는 과정을 거친다. 이러한 과정을 통해 학습자는 자신이 이해한 내용에 오류가 있는지를 검토할 수 있다. 최종단계인 개념 적용 문제해결단계에서는 개인별 혹은 팀별로 점검한 개념들을 실제 학습상황에서 적용하며, 팀별로 전략적인 의사결정을 통해 문제를 해결하게 된다(이영민, 2008). 실생활문제를 창의적 아이디어로 해결하고 자유로운 글, 그림, 역할극, 산출물 등의 다양한 형태의 해결방안을 도출할 수 있다. 이상과 같은 단계에서 구성원 간의 의사 조율과 결정과정이 포함되어 있으므로 학습자들은 자연스럽게 여러 사람의 아이디어가 어떻게 결합되어 의미를 형성하는지를 경험할 수 있다.

그림 10-1 팀 기반 학습의 절차

출처: 이수영, 주은정(2011). p. 421.

팀 기반 학습의 세부 절차와 같이 팀 기반 학습은 협력에 의한 문제해결 중심 학습에 유용하다. 즉, 학습목표에 도달하기 위해 팀 과제를 제시하고 팀원들의 개인별 책임 역할을 수행할 수 있도록 효과적인 팀을 구성하여 문제를 해결하는 학습 모형이다.

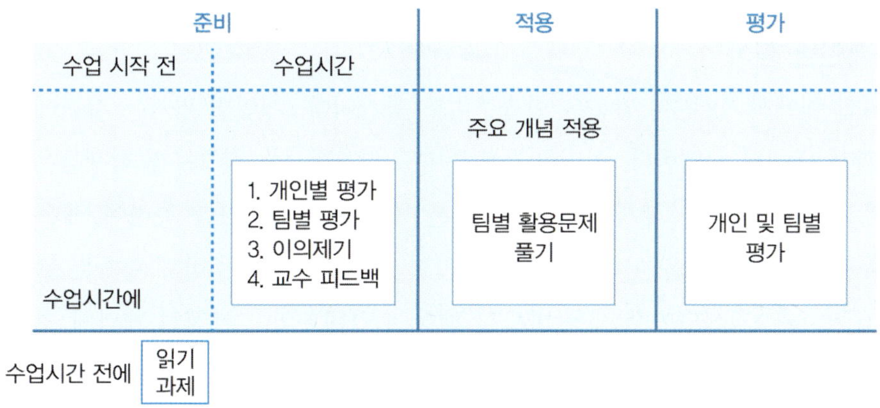

그림 10-2 팀 기반 학습의 단계

출처: 김광희, 신윤석(2014). p. 600, 재인용.

김광희, 신윤석(2014)에 의해 팀 기반 학습을 제시하였다. 즉, 준비단계, 활용단계(피드백을 포함한 활동), 평가단계 등 세 단계로 구성되어 있으며, 각 단계를 상세히 살펴보면 다음과 같다.

(1) 준비단계

준비단계는 수업 전 학생들이 개별준비를 하여 수업시작 후 개별로 준비도 평가를 거친 후 팀별로 평가과정을 거치면서 학습 준비도의 평준화 과정을 거친다.

① 읽기 과제

수업 시작 전 준비는 학생들에게 읽기 과제를 미리 부여하여 예습을 수행하도록 함으로써, 수업시간에 학생들이 반드시 이해하여야 할 개념, 이슈, 아이디어에 대하여 미리 학습하도록 한다. 읽기 과제는 학습준비도 확인과정에서 가장 핵심이 되는 구성요소이다. 학생들은 읽기 과제를 수행하여 준비도 평가를 위한 준비를 한 후에 참석하여야 한다.

② 개인별 평가

강의실 내에서 첫 번째 활동은 학습준비도 평가이다. 개인별 평가는 사전에 부여한 읽기 과제 내에서 시행한다. 이러한 학습준비도 평가를 실시함으로써 학생들은 동료들로부터 학습할 기회를 갖게 되고, 교수들은 학습준비도 평가를 통하여 해당 단위의 수업내용의 주요 개념을 이해하였는지 파악할 수 있다. 학습준비도 평가는 진위형 문제(참이나 거짓)나 4지선다형 문제를 반드시 해당 수업내용의 기본적인 개념에 초점을 맞춰 시행하여야 하며, 팀 내에서 토론할 만큼 충분히 어려워야 한다.

③ 팀별 평가

학생들이 개인별 평가를 마치고 답안지를 제출한 후 팀 단위의 그룹 형태로 모인다. 개인별 학습준비도 평가와 동일한 문제를 가지고 팀별로 다시 평가를 시행한다. 팀별 평가를 수행하기 위해서는 팀원들은 평가문제에 대하여 합의를 도출하여야 한다. 이 과정에서 사전에 수행한 읽기과제에서 부족했던 부분을 토론과정에서 보충하는 효과를 얻을 수 있다. 또한, 팀별 평가에서 평가점수를 즉각적으로 공개하여 팀원들이 잘못 이해한 부분을 파악하게 하여 이해도를 높이는 계기가 된다. 팀별 평가를 수행하는 동안에 개인별 평가를 채점하고 점수를 공개하여 팀별 · 개인별 평가결과를 확인하고 피드백을 받도록 한다. 팀원들은 개인별 답안지와 팀별 답안지를 확인함으로써 팀 구성원들의 협력이 얼마나 효과적인지를 인식할 수 있다.

④ 이의제기

팀별 평가를 마친 후 팀별로 평가에서 틀린 문제에 대한 이의제기를 하기 위해 읽기 자료를 다시 검토하는 과정을 거친다. 이의제기를 위해 팀원들은 토론하며 이 과정에서 팀별 점수를 만회하기 위하여 결정적인 증거를 제시할 수 있도록 철저히 준비를 해야 한다.

⑤ 교수 피드백

학습준비도 평가의 마지막 단계로 학생들이 이의를 제기한 후 곧바로 실시하는데, 교수는 개인별 평가와 팀별 평가에서 가장 많이 틀린 부분에 초점을 맞춰 피드백을 제공한다. 여기서 피드백은 수업 전에 부여된 읽기 자료의 가장 어려운 부분과 학생들의 이해도가 낮은 부분에 한정하여 실시한다.

(2) 활용단계

이 단계에서 학생들은 준비단계에서 학습한 내용을 활용하는 연습을 한다. 학생들은 주어진 응용문제에 질문을 던지고 이에 답하고, 문제를 해결하고, 의미를 발견하고, 예측하거나 특정 주제의 학습내용을 활용하는 모든 활동을 한다(Michaelsn, Knight & Flink, 2004).

각 팀별로 문제에 대한 적절한 해답을 제시하고, 교수는 팀별로 제시한 해답을 비교하며 각 팀에서 제시한 해답의 장단점과 함께 피드백을 제공한다.

(3) 평가단계

각 팀들은 학습한 내용을 활용하는 방법을 연습한 후 평가단계로 넘어간다. 새로운 응용문제를 제시하고 도출한 해답을 바탕으로 팀별 평가를 실시한다. 또한, 여기서 마지막으로 각 팀별로 팀원들을 평가한다. 이 단계의 목적은 기존 소집단학습에서 문제로 제시되는 특정 학생만 열심히 하였으나 똑같은 성적을 받는 문제를 해소하는 것이다.

5) 팀 기반 학습의 적용과 실제

(1) 자유학기제 중학교 대상 팀 기반 영어 수업

본 연구는 중학교에서 자유학기제에 참여하고 있는 중학교 1학년 52명을 대상으로 그들에게 팀 기반 학습에 참여하게 하였을 때 그들의 영어능력 향상 및 정의적인 면에 어떤 영향을 미치는지를 알아보기 위해서 실시되었다. 수업 시작 전에 학습자들에게 미리 학습자료를 배부하여 개별적 선행학습을 하게 하였으며, 그 후 집단별로 해결해야 할 심화과제를 부여하여 팀별로 문제를 해결하도록 하였다. 본 연구는 10주간 총 16차에 걸쳐 이루어졌으며, 언어능력 향상 및 정의적인 태도 변화를 알아보기 위해서 언어능력 검사지 및 설문지, 그리고 학습자들의 변화를 자세하게 알아보기 위해서 개별면담을 실시하였다. 연구결과에 의하면, 학습자들의 영어능력은 사후검사에서 사전검사에 비해 의미 있게 향상하였으며, 설문조사 및 면담조사결과에서도 팀 기반 학습이 학습자들의 정의적인 면에 긍정적인 영향을 미치고 있다는 것을 발견하였다. 하지만 간혹 팀원 간의 갈등, 무임승차 등의 이유로 인해서 팀 기반 학습에 대해서 부정적인 인식을 가지고 있는 학습자들도 있어서 팀 기반 학습에 관심을 갖고 있는 교수자들의 주의 깊은 관심을 필요로 한다는 점도 발견되었다.

팀 기반 학습은 학습에 대한 학습자들의 자율성과 책임을 강조하기 때문에 자유학기제의 문제점으로 지적되는 학습자들의 학업성취도에 긍정적인 영향을 미칠 것이다.

본 연구가 시작되기 전에 학생들에게 팀 기반 학습에 대해 간단한 설명과 함께 연구의 목적과 진행 방향에 대한 오리엔테이션을 진행하였다. 팀 기반 학습은 수업 전 사전 계획과 선행학습단계를 제외하고 준비도 확인단계와 문제해결단계는 교실 내의 수업으로 진행되었다. 본 연구에서는 준비도 확인 및 문제해결의 두 단계를 각각 45분 한 차시로 진행하였으며, 10주 동안 총 16차시의 수업을 진행하였다. 수업에서 사용된 준비도 확인, 개인 및 팀 평가지와 심화학습 결과물은 매 수업시간마다 수집되어서 결과 분석을 위한 자료로 활용되었다.

먼저 팀 기반 수업이 시작되기 전에 미리 학습자들에게 사전 학습에 필요한 학습자료가 개발되었다. 학습자들에게 제공된 학습자료는 교과서를 보완하는 성격으로 개발되었으며, 듣기 · 말하기, 읽기, 문법, 쓰기의 네 분야로 나누어 개발되었다. 듣기 · 말하기와 문법의 읽기 자료는 학습자들이 집단별 과제를 수행하는 데 필요한 표현이나 문법적 지식이 비교적 명확하게 교과서에 제시되어 있으므로 이를 설명해주는 형태로 자료가 개발되었다. 그러나 읽기나 쓰기의 경우에는 명확한 언어적 지식에 대한 내용을 제시하기가 어려웠고, 이에 집단활동을 할 때 도움이 될 수 있는 단어나 관련 배경 지식을 쌓을 수 있는 내용 위주로 읽기 자료가 개발되었다.

학습 준비도 확인 검사지는 학습자들의 학습 준비도를 확인하기 위한 목적을 달성하기 위해 사용되었다. 본 연구에 사용된 준비도 확인 검사지는 '참/거짓 판단 유형'부터 '5지 선다형 유형'까지 다양한 유형으로 개발되었고, 세부적인 내용보다는 핵심적인 내용을 질문하는 방향으로 개발되었다.

마지막으로 문제해결단계에서 활용할 수 있는 심화과제 학습지를 개발하여 사용하였다. 팀 기반 학습에서 제시되는 과제는 혼자서 해결할 수 있는 단순한 과제가 아니라 학습자들이 학습한 개념의 내용을 실제 상황에 적용할 수 있도록 개발되었다. 본 연구는 총 16차시로 개발되어 진행되었는데, 각 차시별 수업내용을 정리하여 제시하면 다음과 같다.

팀 기반 학습이 학습자 자신의 정의적인 측면에 미친 가장 중요한 영향은 바로 '수업에 대한 태도 변화'로 나타났다. 기존의 수동적인 학습태도에서 벗어나 본인의 의견을 적극적으로 표현하고 조원들과 같이 과제를 수행하는 과정에서 자신의 학습태도가 많이 변화하였다는 의견이었다.

특히, 이전의 강의식 수업에서 교사의 설명에 잘 집중하지 못했던 학습자들이 팀 기반 학습에서는 본인이 속한 집단의 다른 친구들에게 자신의 아이디어를 적극적으로 제시하면서 보다 적극적인 학습태도를 보이게 되었다. 이는 팀 기반 학습이 학습자의 태도를 변화시키는 데 긍정적인 영향을 주었다고 할 수 있다. 이 외에도 팀 기반 학습이 영어에 대한 흥미를 증가시켰다는 의견과 영어에 대한 자신감이 증가되었다는 의견, 선생님과의 친밀감이 형성되었다는 의견도 있었다.

팀 기반 학습은 학생들의 의사소통능력, 문제해결능력, 자기주도적 학습능력, 학습태도에 긍정적인 영향을 미쳤다. 팀 기반 학습을 통해 학생들은 예습을 하면서 자기주도적 학습을 수행하고, 이는 능동적으로 수업에 참여하게 되었다. 팀 기반 학습시간 동안 개인별 문제풀이, 팀별 문제풀이 및 응용문제풀이 · 발표 등의 과정을 겪으면서 학생들은 의사소통 및 문제해결능력을 향상시켰다고 풀이될 수 있을 것이다.

(2) 팀 기반 학습(TBL)전략을 적용한 A-STEAM 수업의 설계

STEAM 교육은 다양한 분야의 융합적 지식을 연결하여 종합적으로 문제를 해결할 수 있는 창의적 인재 양성을 목적으로 하며, 창의적 문제해결력 향상, 배려, 소통역량을 강조한다(백윤수 외, 2011). 여러 지식을 융합하고 창의적으로 문제를 해결하기 위해 STEAM 교육에서 추구하는 이러한 역량들의 향상은 전통적인 교수법과는 다른 수업전략을 요구한다. 따라서 STEAM 교육에서는 다양한 교수 · 학습방법들이 연구되고 있으며, STEAM 수업에 있어서 아이디어 융합의 주체는 개인일 수도 있고 집단일 수도 있겠지만 대체로 학생들의 STEAM 수업 속에서 아이디어의 융합단위는 집단이었다(박혜원, 신영준, 2012). 본 사례 참여자들은 미술영재로 영재의 특성상 작품 제작에서 개인적 감정 표현, 몰입을 중요시하여 협력학습형태보다는 개인 학습을 선호하는 경향이 있었다. 그러나 집단지성의 역량을 강조하는 미래교육에서 협력에 의한 의사결정 및 성공의 경험은 중요하며, 융합적 사고를 발현하는 데 있어서도 중요한 역할을 할 것으로 판단되어 팀 기반 학습(Team-based learning)전략을 기반으로 STEAM 수업을 설계하였다.

본 수업은 미술활동을 중심으로 이루어진 STEAM수업이다. 미술작품은 우리가 사는 세계와 밀접하게 관련된 주제를 다루고 있어서 미술작품을 중심으로 다양한 이슈들을 쟁점화할 수 있고, 쟁점들의 문제를 해결할 수 있는 방법을 이와 연관된 타 학문의 지식과 개념을 융합하기에 용이하기 때문에 미술작품 감상을 통해 주제를 제시하고 이를 해결하기 위해 팀을 형성하여 토론에 의해 아이디어를 조합하고 각자의 역할에 따라 미술작품을 협력으로 완성한다.

본 연구의 A-STEAM 수업은 강영숙, 구은정(2016)의 STEAM 수업 모형을 미술영재 수업에 맞게 재구성한 것이다. 교수 · 학습단계는 팀 기반 학습의 단계와 같이 크게 사전학습단계, 준비도 점검단계, 개념 적용 문제해결단계의 3단계로 구성되어 있다.

표 10-1 교수 · 학습단계별 세부내용

교수 · 학습 단계	중점전략	교수 · 학습활동	STEAM 준거
사전학습	핵심개념, 지식이해	• 관련 영상 시청 후 사전 이해 작성	상황 제시
준비도 점검	아이디어 생성	• 동기유발 및 자기 문제화 상황 제시 • 학습문제 정의 • 사전학습 이해도 점검(기본/응용문제)	창의적 설계
	문제해결방법 찾기, 의사소통, 협력학습	• 문제해결을 위한 전략 수립 • 사전학습 및 수집한 정보 공유 • 문제해결방법 결정	
개념 적용 문제해결 단계	문제해결 및 공유	• 협업을 통한 문제해결 • 다양한 산출물 공유 • 산출물에 대한 질문하기	성공의 경험, 도전
	학습정리, 피드백, 성찰	• 자기평가 · 상호평가 • 도전과제 확인 • 다음 차시 예고	

출처: 강영숙, 구은정(2016) 내용 재구성.

사전학습단계에서는 학생들은 수업 전 온라인학습을 통하여 본 수업에서 학습해야 할 과학·기술의 내용 지식이 담긴 동영상, 사진자료, 읽기 자료를 보고, 그 개념을 정리한 후 본 수업에 참여한다.

준비도 점검단계에서는 사전학습 여부를 개인별, 팀별로 확인하여 어느 정도의 내용 지식이 투입되어 있는지 확인한다. 개인별 점검방법은 학습지를 통하여 확인하고 팀별 점검은 실시간 반응 시스템 애플리케이션을 이용하여 즉각적인 상호 피드백을 주어 사전학습과 관련된 내용을 이해하고, 브레인라이팅 및 마인드맵 등을 통하여 모둠별로 아이디어를 결집하도록 한다. 또한, 준비도 점검단계에서 문제해결방안에 대한 모색으로 팀별로 토론한 문제해결방법에 대한 이의를 제기해 보거나 모둠원 또는 교수자로부터 피드백을 받고, 문제해결방법을 찾는다. 이 단계에서는 학생들 상호 간의 충분한 의사소통과 협업이 이루어지고, 문제해결을 위해 필요한 지식을 스스로 배울 수 있도록 한다. 이때 교사의 역할은 학생들이 활발한 의사소통을 할 수 있도록 적절한 토의·토론기법을 제공하여 활동을 질적으로 활성화하는 것이다. 이 단계에서 학생들은 사전학습을 통해 각자 이해한 정보를 모둠원과 공유하며 적극적인 팀 프로젝트에서 자신의 역할을 수행하게 된다.

개념 적용 문제해결단계에서는 준비도 점검단계에서 찾은 문제해결방법으로 문제를 해결하고, 이러한 문제해결방법을 모둠 간, 전체 학생들을 대상으로 공유하면서 성공의 경험을 발표하고 공유한다. 여기에서 성공의 경험은 화려한 결과물이나 능력 향상을 의미하기보다는 함께 해결하는 과정이나 수업을 하면서 경험한 느낌이나 문제해결방법의 작은 발견, 그 자체가 될 수 있다.

마지막으로 수업시간에 활동한 내용에 대한 자기평가 및 상호평가를 실시하여 학생들이 스스로 자신의 학습과정을 성찰할 수 있는 기회를 갖도록 안내하면서 학생들 각자 수준이나 관심영역에 따라 도전 과제를 선택하도록 한다.

이 연구는 팀 기반 문제해결활동에 대한 대학생들의 흥미, 흥미가 문제해결에 미치는 영향, 문제해결과정 속에서 나타나는 학생들의 인식 변화 및 행동특성을 확인한 실행연구이다. 실행연구를 수행하기 위해 학생들이 작성한 학습활동지, 서술형 설문지, 학생 작품 및 작품 사진자료, 교사 관찰일지를 살펴보았고 이를 통해 얻은 연구 결과는 다음과 같다.

프로젝트의 성공은 협력, 배려, 소통에 있었다. 보통의 리더는 앞에서 이끌어 가는 사람이다. 하지만 헤더윅은 팀원들의 가운데에서 팀원들을 결속하고 북돋아주는 역할을 하였다. 프로젝트의 성공은 팀원의 분업화와 적절한 역할분배뿐만 아니라 서로 소통하고 협력하는 가운데 집단지성이 발휘되었기 때문에 창의적인 사고로 곳곳에 발생하는 문제를 해결할 수 있었다(강영숙, 2018).

따라서 협력은 과학 · 기술의 발달을 위해서만 필요한 것이 아니라 창의적 예술작품 제작에서 경험하는 문제를 해결하기 위해서도 필요하다. 이에 미술활동으로 창의적 문제해결력 향상을 도모할 수 있는 협력의 방법을 모색해야 한다.

2. 문제 중심 학습

1) 문제 중심 학습의 기원과 이론적 근거

(1) 문제 중심 학습의 기원과 개념

미국에서 출발한 PBL은 이후 교육 패러다임의 대전환, 즉 지식 관련 인식론적 변화와 학습자 중심 교육의 강조에 따라 자연스럽게 전 세계로 확산되었다. 사실 PBL은 의대교육의 문제점을 개선하고자 40여 년 전 바로즈(Barows) 등에 의해 개발된 교수 · 학습 모형이다. 그는 의대생들은 많은 지식을 머리에 넣고 있으나 의사로써 실제 환자를 진단 및 치료하는 데서 다양한 난관에 봉착하는 점을 목격하였다.

그래서 그는 '실제상황'을 직접적으로 다루고 이를 해결해나가는 PBL을 개발하고 이를 의대교육에 적용함으로써 의대생들이 폭넓은 전문지식에 기반한 추론능력과 자기주도적 학습능력을 개발, 육성하여 실제 의료행위에서 도움을 받게 하고자 하였다. 그런데 폭넓은 전문지식에 기반한 추론능력과 자기주도적 학습능력들은 의대생뿐만 아니라 다른 전문영역을 전공하는 일반 대학생들에게도 마땅히 공통적으로 요구되는 필수 능력들이다. 그러다보니 PBL은 의대교육을 넘어서 그 활용가치가 확대되고 확산될 수밖에 없었다.

2000년대 들어 한국의 대학생들에게도 졸업 후 이러한 능력을 갖추고 사회활동 및 직업활동에 나설 것을 요구하는 사회적 분위기가 강화되고 있다. 이러한 사회적 요구는 지식 구성과 학습자 중심 학습을 강조하는 '구성주의'와 본격 결합되면서 다양한 교수·학습방법들을 대표하는 PBL이 점점 더 심도 있게 연구되고 활용되는 추세이다.

PBL은 많은 학자들에 의해 다양하게 정의되고 있다. 외국 학자들의 PBL 정의를 살펴보면, 레빈은 "학습자가 실세계의 문제와 이슈에 대한 내용 지식, 비판적 사고, 문제해결기술을 적용하도록 장려하는 교수방법"이라 정의한다. 토프와사게는 "복잡한 실세계 문제에 대한 연구와 해결에 초점을 맞추는 경험학습"이라고 정의하였다.

한편, 한국 학자들 중 장경원은 "수업방식에서 학습자들에게 실제적인 문제를 제시하고, 그 제시된 문제를 학습자들이 조별로 해결하는 과정에서 학습이 이루어지는 방식"이라고 정의하였다. 또한, 조연순은 "문제로 시작하는 수업이며, 이 문제는 실세계의 비구조화된 문제로 시작하여 문제를 해결하는 과정을 통해 필요한 지식을 학습자 스스로 배울 수 있도록 이끌어 가는 교육적 접근"이라고 정의내렸다.

정리하면, PBL은 학습자가 주어진 실제적 문제를 파악하고 다른 학습자들과 협동학습을 통해 ① 지식의 획득·활용, ② 학습동기 증진, ③ 자기주도 및 협동적 학습능력 함양을 통해 학습자의 문제해결능력을 증진시키는 교수·학습방법이다. 이러한 학습과정에서 학습자는 자연스럽게 긍정적인 태도 및 가치관을 습득하게 되는 것이다.

(2) 문제 중심 학습(PBL)의 특성

PBL의 특징에 대해 많은 학자들이 다양한 주장을 하였다.

먼저 오만록은 PBL의 특성을 다음과 같이 11가지로 제시한다.

첫째, PBL은 학습자 중심의 교육방법이다.

둘째, PBL은 실제적인 현실문제들 위주로 구성된다.

셋째, PBL은 교육에 대한 전체적 · 종합적 접근이다.

넷째, PBL은 학생들로 하여금 개별적 그리고 집단적으로 학습활동에 참여하게 한다.

다섯째, PBL은 학생들로 하여금 유의미한 학습을 하도록 한다.

여섯째, PBL은 실제 상황을 반영한 포괄적인 문제를 학생들에게 제시함으로써 문제해결전략, 지식 및 기능을 계발하게 한다.

일곱째, PBL의 교육과정은 학습자들이 실제 직면하게 되는 일련의 현실적인 문제들로 구성된다.

여덟째, PBL에서의 교사의 가장 중요한 역할은 학생들의 학습을 도와주는 촉진자의 역할이다.

아홉째, PBL에서의 학습집단으로서 가장 이상적인 집단 구성원 수는 5~7명인데, 이들은 서로 협력하여 문제를 해결함으로써 협동적 또는 팀 학습기능을 획득하게 된다.

열째, PBL은 학급의 모든 학생들에게 동등하고 흥미 있는 학습기회를 제공한다.

열한째, PBL에서는 자기조정능력을 활용한 학습을 적극 권장한다. 자기조정능력은 학습자들이 자신의 학습과정에서 능동적으로 참여하는 능력을 말한다.

다음으로 조연순은 다양한 학자들이 주장하는 PBL 특징을 검토한 후, 문제 및 학생 그리고 교사 측면에서 다음과 같이 정리하였다.

첫째, PBL은 문제로 시작하며, 이 문제는 너무 쉽게 해결되거나 일정한 틀에 매여 하나의 정확한 답을 구할 수 있는 상황이 아닌 비구조화되고 복잡한 것이어야 한다

둘째, PBL은 학생이 중심이며, 학생은 문제해결자로서 학습에 참여하여 좋은 해결책을 위해 필요한 정보와 지식들을 직접 다루면서 의미와 이해를 추구하고 학습에 대한 상당한 책임을 맡게 된다.

셋째, PBL에서 교사의 역할은 지식전달자가 아니라 학습진행자로 전환한다. 교사는 교육과정 설계자로서 문제를 설계하고, 학습계획을 세우며, 학습자 집단을 조직하고

평가를 준비한다.

이러한 특성들을 지닌 PBL은 기존의 전통적인 강의식 수업에 비해 다음과 같은 다양한 장점이 있다.

- 학습자에게 효과적 · 능률적 추리능력을 계발하게 한다.
- 학습자에게 정보 재생과 지식 활용을 촉진시킨다.
- 지식들의 통합을 가능하게 하고, 평생학습을 하게 한다.
- 학습자에게 실제현실에 관련되는 문제를 해결하는 경험을 갖게 하여 추후 문제를 다룰 때 자신감을 갖게 한다.
- 학습자 상호 간 및 학생과 교사 간의 상호작용을 증진시킨다.
- 학습자에게 강한 학습동기를 유발해 준다.

2) 문제 중심 학습의 절차

(1) PBL의 진행과정

PBL의 형태와 절차는 PBL을 적용하는 대상과 기관의 특성, 학습목표, 교과에 따라 달라질 수 있다. 그러나 모든 PBL 활동들은 기본적으로 유사성을 지니며, 이는 초기 의대교육에서 적용된 PBL의 진행과정의 작은 변형들일 뿐이다. 초기 맥마스터(McMaster) 의대에서 활용한 PBL을 적용한 수업과정을 살펴보면, 문제 제시–문제 확인–문제해결을 위한 자료 수집–문제 재확인 및 해결안 도출–문제해결안 발표–학습결과 정리 및 평가라는 6단계로 진행된 것으로 분석된다.

이러한 진행과정을 설명하면 다음과 같다.

첫 번째, 문제 제시단계에서 교수자는 수업에 사용할 문제를 미리 준비해서 학습자에게 제시한다.

두 번째, 문제 확인단계에서는 학습자가 소그룹 단위로 문제를 확인하고 문제에서 요구되는 해결안이 무엇인지를 파악하기 위해 문제를 상세히 검토한다.

세 번째, 문제해결을 위한 자료 수집단계에서는 자료 수집이 그룹 구성원 각자가 자신에게 주어진 학습과제를 해결하는 개별 학습(자기주도적 학습)으로 이루어지게 된다.

네 번째, 문제 재확인 및 해결안 도출단계에서는 문제 제시단계에서 확인된 자료를 중심으로 문제에 대한 재평가를 실시한다.

다섯 번째, 문제해결안 발표단계에서는 그룹별로 진행된 공동학습결과 및 최종 결론을 전체 학습자에게 발표함으로써 다른 그룹의 아이디어와 자신들의 것을 비교한다.

마지막으로 학습결과 정리 및 평가단계에서는 PBL 학습결과를 정리하며 학습결과 및 수행에 대한 평가를 실시하는 단계이다.

이와 달리 Savery와 Dufy 및 강인애 등은 PBL의 전개과정을 다음과 같이 4단계로 구분하였다.

- **학습목표의 확인 및 설정단계**: 학습목표의 확인 및 설정단계에서는 학습자 스스로 학습의 구체적인 목표와 깊이, 내용을 결정하도록 한다.
- **문제 개발 및 제시단계**: 문제의 개발 및 제시단계에서는 목표 달성에 필요한 적절한 문제를 개발하여 제시하여야 한다. PBL에서의 문제들은 학습자들의 상황과 관련된 실질적인 것들이 되어야 한다.
- **학습자료와 정보의 선정 및 제시단계**: 학습자료와 정보의 선정 및 제시단계에서는 학습자들이 요구하는, 즉 구체적인 학습목표를 달성하기 위한 능력과 기술, 지식에 대한 것들을 제시하여야 한다.
- **평가단계**: 전통적인 평가방식을 벗어나 환경에서 강조되는 학습현상을 제대로 평가할 수 있는 수행평가 위주의 평가체제가 활용되어야 한다고 주장하였다.

(2) 문제 중심 학습(PBL) 교수설계와 모형개발

학습자들이 수업에 관심을 갖고 적극 참여하게 유인하는 것은 결국 수업에 대한 계획(planing)으로서, 이는 교수(teaching)설계와 교수 모형을 만들어 제안하는 것을 뜻한다. PBL은 상황의 실제성(authenticity)을 중시하며, 더불어 상황의 복잡성까지 고려하여 문제를 구성하게 한다. 그리하여 제시되는 문제는 애초부터 그 복잡성을 보존하도록 설계가 구성된다. 이런 점으로 인해 교과내용에 PBL을 직접 적용하기는 어렵기 때문에 우선 교수자가 미리 체계적 계획을 구상한 후 PBL을 적용해야 할 것이다.

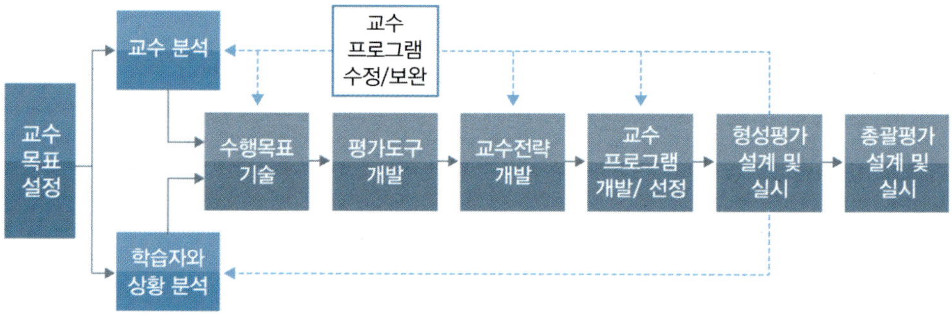

그림 10-3 딕과 캐리의 체제적 접근에 의한 교수설계 모형

출처: Walter Dick · Lou Carey · James O. Carey, 김동식 외 2인 옮김(2009). 체계적 교수설계. 아카데미프레스. pp. 2-3, pp. 11-14.

바람직한 PBL 기반 교수설계를 위해선 무엇보다 체제적 교수설계에 기반해야 한다. 또한, 전 과정과 절차에 대해 디자인하고, 교수설계 시 필요한 여러 가지 체제적 교수설계 모형들을 적극 활용해야 한다. 일반적인 체제적 교수설계와 정의절차는 분석–설계–개발–실행–평가 등 5단계로 구성된다. 여기서 핵심은 수업 성과를 극대화하는 데 있어 5단계를 하나의 통합된 과정으로 보는 조직적 · 체계적 접근의 교수체제설계(ISD)가 매우 중요하다.

[그림 10-3]을 설명하면, 우선 분석과정은 교수목표 설정, 교수 분석, 학습자 및 학습환경 분석으로 구성된다. 교수목표 설정에서는 학습자가 성취할 목표수준과 현재 학습자의 능력 간의 차이를 분석하고, 그 결과에 기초하여 수업목표를 선정한다. 교수분석에서는 학습목표를 분석하고 하위목표를 단계화한다. 학습자 및 환경 분석에서는 학습

자의 일반적 특성과 동기 등을 분석하고 학습 수행의 환경을 분석하는 과정이다.

다음으로 설계과정에서는 수행목표기술, 평가도구개발, 교수전략개발이 포함된다. 수행목표기술은 학습자가 습득할 구체적인 행동목표를 기술한다. 평가도구개발은 가르치고자 했던 부분을 잘 학습하였는지 평가하기 위한 것으로 수행목표 준거하에 제시한다. 교수전략개발은 교수설계 과정을 촉진하기 위한 5가지 핵심요소인 사전 교수활동, 내용 제시, 피드백이 있는 학생 참여, 후속 활동, 평가를 포함한다.

개발과정은 교수자료를 실제 제작한다. 교수전략에 기반하여 구체적인 실행지침서를 개발하는 것이다. 교수 프로그램 개발에서는 교수자료를 제작, 형성평가 실시하여 프로그램을 수정, 보완한다. 끝으로 평가과정은 교수자료 및 교육 프로그램이 개발된 후 그 적절성을 평가하는 것으로, 개발된 교수자료의 타당화가 이루어진다. 이때 주로 준거지향 검사, 학생 설문지, 학생 면접 등의 방법을 사용한다.

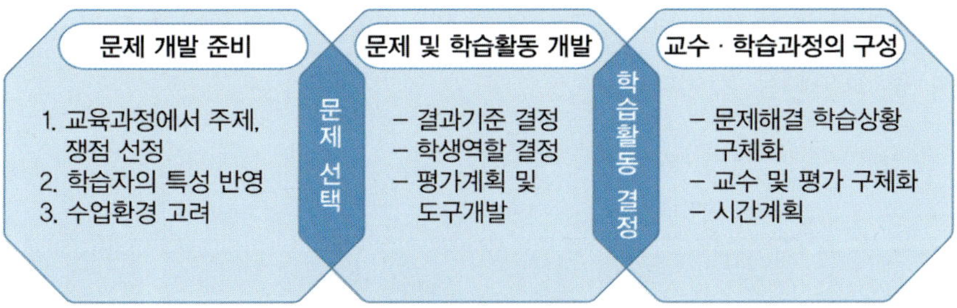

그림 10-4 PBL 설계과정

한편, PBL의 설계 및 실행과정에 대한 여러 모형들 중 Torp & Sage의 모형은 PBL 설계과정에 대한 좋은 아이디어를 제공한다. 이 모형은 〈문제설계단계〉와 〈문제실행단계〉라는 두 단계로 구분된다. 문제설계단계에서는 교육과정의 내용을 포괄할 수 있는 가치 있고 적절한 문제를 개발하고 이를 효과적으로 실행할 수 있는 PBL 모형을 개발한 후에 학습분위기를 조성하게 된다. 이 모형에서 제시하는 PBL 설계과정은 [그림 10-4]와 같다.

- **분석단계:** 문제개발 준비과정으로서 PBL에서 제시하는 문제는 학습목표와 내용이 바로 알도록 제시되지 않기에, 어느 정도 도전적인 문제를 제시하기 위해선 학습자의 특성과 흥미 그리고 PBL 수업 가능 환경을 분석해야 한다.
- **설계단계:** 문제 및 학습활동 개발과정으로서, 학습자가 도달해야 할 학습목표를 규명한다. 여기서 문제개발이란 문제와 관련하여 계획하는 모든 활동을 의미한다.
- **개발단계:** 평가계획을 수행할 적절한 도구를 개발하고(예: 자기평가서), 교수 · 학습과정안 개발에는 PBL 전개과정의 순서와 시간 그리고 구체적인 전략들을 구체화한다. 그리고 교수자료 개발을 위해 문제해결계획서 및 개별 학습자료를 개발한다.
- **실행단계:** PBL 교수활동을 본격 실행하는 단계로서 교수자는 코치로서의 역할에 주력해야 한다. 한마디로 조력자의 역할에 충실하면 된다.
- **평가 및 수정단계:** 평가단계는 학습자의 문제해결과정을 통해 자연스럽게 이루어진다. 문제해결이 학습목표의 달성이기에 기타 테스트를 하지 않더라도 학습 성취도를 평가하는 준거가 된다. 그리고 수정은 PBL 교수활동에서 드러난 문제점을 수정 및 보완하는 것이다.

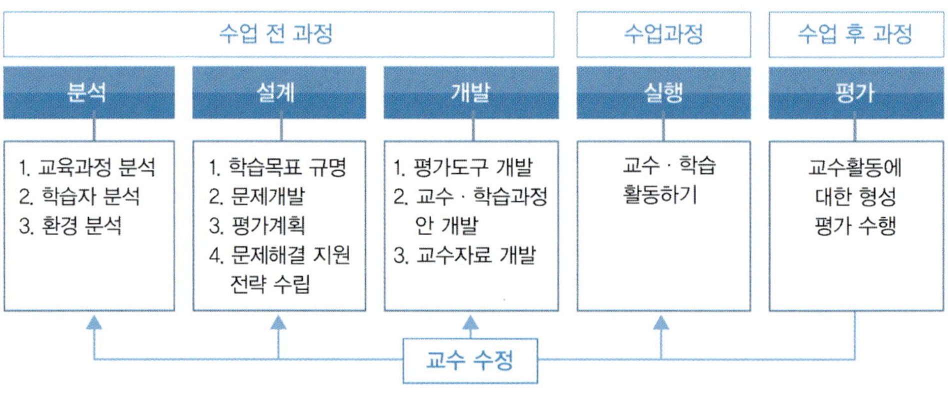

그림 10-5 PBL 교수설계 모형

3) 문제 중심 학습 적용의 실제

(1) 수업 전 활동

① 팀 조직 및 팀 빌딩

문제 중심 학습을 수행하기 위해서는 팀을 구성해야 한다. 팀을 조직하고 팀 빌딩을 하는 목적은 팀 구성원들 간에 협력적으로 학습활동을 수행할 수 있도록 하기 위함이다. 팀 구성원들의 성격이나 학습 스타일, 나이, 취미 등 다양한 조사를 통해 학습자 특성을 분석한다. 처음 팀을 조직한 후 팀 빌딩을 통해 팀원 서로 간에 믿음과 신뢰가 형성될 수 있도록 한다. 팀 빌딩은 학습활동에 흥미와 호기심을 가질 수 있는 게임이나 활동을 통해 팀워크가 생길 수 있도록 한다.

팀 조직 및 팀 빌딩 절차 안내는 다음과 같다.

- 1단계: 팀 조직하기
- 2단계: 팀명, 팀 구호 정하기
- 3단계: 팀 규칙 정하기
- 4단계: 팀 구성원 역할 정하기
- 5단계: 팀별 발표하기

② 문제기반 학습 수업 안내하기

③ 학습도구 및 학습환경 안내하기

(2) 수업 중 활동

① 문제 제시하기

② 문제 파악하기: 이해하기, 학습목표 찾기

③ 학습계획서 작성하기: idea, facts, issues

④ 자기주도학습 및 팀 활동하기

⑤ 해결책 완성 및 점검하기

(3) 수업 후 활동

① 발표하기

② 평가하기, 성찰하기

4) 문제 중심 학습의 효과

문제 중심 학습에는 문제해결력, 자기주도학습능력, 의사소통능력, 비판적 사고력, 경청의 기술, 협동학습능력 등 여러 가지 능력을 기를 수 있는 효과가 있다. 문제 중심 학습에 관련된 여러 연구들을 중심으로 문제 중심 학습의 효과에 대해 논의하고자 한다.

(1) 창의적 문제해결능력 신장

문제 중심 학습을 통해 얻을 수 있는 매우 중요한 성과 중의 하나는 창의적 문제해결 능력이라고 할 수 있다. 문제 중심 학습에서 이루어지는 문제해결과정에서 학습자들은 문제를 발견하고 확인하여, 가능한 해결책이나 해결방법을 찾는다. 또 자신들이 학습한 과정을 반성하거나, 해결책을 적용한다.

(2) 학습자의 흥미와 동기유발

문제 중심 학습은 학습자의 흥미를 유발하여 학습동기를 높이는 데 유용한 접근방법이다. 문제 중심 학습은 실제적이고 맥락적인 문제구성을 통하여 학습자들이 교과내용을 의미 있게 접근하도록 함으로써 학습흥미를 유발한다. 또 문제를 해결하는 과정에서 학습자들이 자기주도적으로 활동한다는 점이 학습흥미와 동기유발에 기여한다.

(3) 자기주도적 학습능력신장

자기주도적 학습은 학습자 자신이 학습과정을 지각하고 조절하는 데 능동적인 역할을 하는 것을 말한다. 문제 중심 학습은 학습자 자신이 당면한 문제를 스스로 해결하며 자신의 문제해결과정을 파악하고 평가함으로써 학습과정을 스스로 조절한다. 이런 점에서 문제 중심 학습은 학습자의 자기주도적 학습능력을 신장시킬 수 있는 적절한 방법 중 하나이다.

(4) 집단적 협동능력 신장

문제를 해결하는 과정에는 학습자가 개별적으로가 아니라 집단적으로 사고하거나 협동적으로 학습하는 경우가 많다. 문제 중심 학습과정에서 학습자는 집단의 공동과제를 위해 여러 가지 역할을 분담하여 수행하고, 집단탐구 등 협동적인 활동에 함께 참여한다.

문제 중심 학습에서는 대집단, 소집단, 개별 학습활동이 골고루 이루어지지만 문제해결의 과정에서 소집단활동이 가장 주요한 부분이 된다. 학습자들이 해결해야 하는 문제들의 우선순위를 정한다든가, 문제해결을 위한 방법에 대해 토의한다든가, 자료들을 수집하여 다른 사람과 나눈다든가, 각자의 아이디어를 내놓고 수정하거나 절충하는 일 등을 집단적으로 수행하게 된다. 이러한 집단활동경험을 통하여 학습자들은 협동능력을 키우거나, 다른 사람들과 의사소통하는 능력을 기른다.

기억하기

1. 팀 기반 학습은 학습목표에 도달하기 위해 팀 과제를 제시하고 팀원들의 개인별 책임 역할을 수행할 수 있도록 효과적인 팀을 구성하여 문제를 해결하는 학습방법이다. 즉, 구성원의 협력을 기반으로 한 문제해결 중심의 수업이다. 팀 기반 학습은 준비단계, 활용단계(피드백을 포함한 활동), 평가단계로 구성되어 있다. 프로젝트의 성공은 협력, 배려, 소통에 있다. 팀원의 분업화와 적절한 역할 분배뿐만 아니라 서로 소통하고 협력하는 가운데 집단지성이 발휘되었기 때문에 창의적인 사고로 곳곳에 발생하는 문제를 해결할 수 있다.

2. 문제 중심 학습(PBL)은 학습자가 주어진 실제적 문제를 파악하고 다른 학습자들과 협동학습을 통해 ① 지식 획득 · 활용, ② 학습동기 증진, ③ 자기주도 및 협동적 학습능력 함양을 통해 학습자의 문제해결능력을 증진시키는 교수 · 학습방법이다. PBL을 적용한 수업과정은 문제 제시–문제 확인–문제해결을 위한 자료 수집–문제 재확인 및 해결안 도출–문제해결안발표–학습결과 정리 및 평가라는 6단계로 진행된다. 문제 중심 학습에는 문제해결력, 자기주도학습능력, 의사소통능력, 비판적 사고력, 경청의 기술, 협동학습능력 등을 기를 수 있는 효과가 있다.

평가하기

1. 학습목표에 도달하기 위해 팀 과제를 제시하고 팀원들의 개인별 책임 역할을 수행할 수 있도록 효과적인 팀을 구성하여 문제를 해결하는 학습방법을 무엇이라고 하는가?

2. 팀 기반 학습과정 중 준비단계에서 해야 할 일에 해당하지 않는 것은?

   ① 읽기 과제 ② 활용
   ③ 팀별 평가 ④ 교수 피드백
   ⑤ 이의제기

3. 학습자가 주어진 실제적 문제를 파악하고 다른 학습자들과 협동학습을 통해 지식을 획득하고 활용, 학습동기 증진, 자기주도 및 협동적 학습능력 함양을 통해 학습자의 문제해결능력을 증진시키는 교수·학습방법을 무엇이라고 하는가?

4. 문제 중심 학습의 효과가 아닌 것은?

   ① 학습자의 흥미와 동기 유발 ② 자기주도적 학습능력 신장
   ③ 창의적 문제해결능력 신장 ④ 집단적 협동능력 신장
   ⑤ 경청의 기술 저하

정답

1. 팀 기반 학습 2. ② 3. 문제 중심 학습 4. ⑤

제4부

평생교육방법의 적용과 실천

제 11 장

효과적인 수업을 위한 적용과 실천

개 요

11장에서는 효과적인 수업을 위한 적용과 실천방안을 학습한다. 평생교육의 현장에서 이루어지는 체험 중심의 교육방법은 다양하지만 좋은 수업을 위한 방법은 계획된 학습목표와 성과를 달성하는 데 중요하다. 본 장에서는 가장 널리 활용되고 있는 역할극, 감수성훈련, 게임법, 시범 실습식 방법에 대해 각각의 개념 및 의의와 필요성을 탐색하고 그 실천방법에 대해 알아보고자 한다.

첫째, 역할극이 효과적으로 진행되기 위해 사전에 준비되어야 할 내용이 무엇이고 어떤 것으로 구성되어야 하며, 역할자의 자질과 실습을 학습한다. 둘째, 감수성훈련에서는 개념과 의미를 알아보고 이에 따른 훈련의 목표와 주요 방법 등을 학습한다. 셋째, 게임법은 게임을 통한 문제해결과 학습법에 대해 기법 중심으로 학습하고, 넷째, 시범 실습식 방법에서는 시범의 목표와 장단점 및 시범의 실제방법 등을 학습한다.

제 11 장 효과적인 수업을 위한 적용과 실천

학습 목표

1. 역할극의 개념 및 방법에 대해 이해하고 설명할 수 있다.
2. 감수성훈련의 개념과 목표, 특징, 훈련의 방법을 설명할 수 있다.
3. 게임법의 개념과 실제에 대해 이해할 수 있다.
4. 시범 실습식 방법에 대해 이해하고 실제에 대해 설명할 수 있다.

1. 역할극

1) 역할극이란?

(1) 역할극의 개념

역할극(role play)은 1923년 미국의 정신의학자인 모레노(Moreno)가 사이코드라마(Psychodrama)라고 하는 정서적인 문제를 행동화시켜 그 원인을 분석하는 치료법으로 개발한 것이 오늘날의 역할극으로 발전하게 되었다. 역할극은 타인의 역할을 경험해 봄으로써 자신과 타인을 이해하는 데 도움을 주고자 하는 극화방법이다. 직무수행에 있어 닥치거나 닥칠지도 모르는 상황을 연기로 재현해 보는 교육훈련방법은 인간관계의 발전, 개인의 정신적인 성장과 행동기술 습득, 집단의 원활한 상호작용을 도울 목적으로 현실적, 가상적인 주제를 가지고 자기 자신과 여러 사람의 역할을 즉흥적인 행위로 표현하는 행동이다.

레빗(Levit, 1955)은 역할활동에 대해 "인간관계의 문제에 대하여 자발적으로 연기해 보고 다른 연기자의 행동과 관찰자의 토의내용을 중심으로 역할연기를 분석해 보는 새로운 수업기법이다"라고 하였다. 교실수업에서 역할놀이의 목적은 참여자와 관찰자가 실제적인 문제상황에 참여하여 문제를 해결하고 이해하도록 하는 데 있다. 역할극은 개인적 가치와 행동의 분석, 대인관계 문제해결을 위한 전략, 타인에 대한 감정이입의 전개와 같은 일을 돕기 위해 고안되었다. 역할활동의 경험은 학생들의 관찰력, 영향력, 동정심, 의사결정능력을 기르는 데 도움이 된다. 특히, 역할극은 조직에서의 역할을 재조명하고자 할 때나 판매기법을 향상시킬 목적으로 자주 사용되는 교육방법이다. 어떤 장면이나 시나리오 또는 여러 부분에 걸친 시리즈의 일부로 집단의 구성원이 연기를 한 다음 그 경험을 분석하는 시뮬레이션의 한 변형이다. 집단 구성원 간의 인간관계 문제의 해결을 위해 상황을 극화시킨 가상적 상황에서 다른 역할을 연기해 봄으로써 상대방을 이해하도록 하는 데 효과적이다.

(2) 역할극의 특성

인간관계의 일반적 영역에서 어떤 상황이나 문제를 극화한 것이 역할극이다. 소집단에게 개인별로 서로 다른 역할을 주고 가상 상황에서 서로 협력하여 어떤 결정을 하게 함으로써 다른 역할을 맡은 사람들과 원만한 타협을 보도록 하는 기법을 말한다. 역할극은 실제와 비슷한 상황이나 사건을 직접 체험함으로써 학습이 일어나게 하는 효과적인 방법이다. 역할극은 체험 중심 학습방법으로 인지적 통찰뿐만 아니라 정서 및 행위 학습이 함께 이루어지게 함으로써 인지와 정서행동을 통합한 경험이 중심이 되게 하는 교육방법이다. 또한, 역할극은 학습자의 적극적인 참여를 요구하고, 집단 구성원 간의 친밀감을 증대시킬 수 있는 방법으로 가상적인 상황을 설정해 놓고 짤막한 인간관계의 장면을 연출한 기법으로 연습 자체가 교육효과를 내기도 한다.

역할극은 다른 교육방법에 비해 준비하는 시간이 많이 소요되고 충분한 시간적 여유가 필요하다. 그러나 역할극은 목표달성을 위한 하나의 방법으로서가 아니라 결론을 내리는 도구로만 쓰인다면 의미 없는 방법이 될 수 있다. 1940년대 말부터 신입사원, 세일즈맨 훈련에 활용되었던 역할극은 흥미 유발과 함께 긍정적인 학습효과를 기대할 수 있는 교육방법이지만, 효과를 거두기 위해서는 반드시 신중하게 개발한 시나리오가 준비되어야 한다.

(3) 역할극의 목적

역할극의 목적은 간접 체험을 통하여 학습자의 태도, 기술, 행동 변화 및 향상을 할 수 있게 하는 데 있다. 비현실적인 상황에서 현실적인 체험을 통하여 상황대응능력을 개발하고 체득할 수 있게 하며 가상적인 실제상황을 설정하여 경험하게 함으로써 자신감을 가지도록 한다.

역할극의 구체적인 활용목적은 첫째, 참가자의 태도 변화이다. 상대방의 입장과 행동의 배경, 상대방으로부터 기대되는 자기의 배역에 대해 실제의 행동으로 느껴 봄으로써 상호 이해 촉진에 효과를 가져와 태도의 변화를 유도하는 방법이다. 조직 속에서 상사와 부하라는 관계 설정에서 서로의 역할을 바꾸어 실행해 봄으로써 서로의 입장을 이해하고 창조적인 상황을 스스로 만들어 내는 효과를 가져와 참가자의 태도 변화를 가져올 수 있다. 둘째, 참가자의 기술 습득과 연마이다. 역할극은 참가자의 연기를 통해 창의력이 길러질 수 있고, 세일즈 기법과 인터뷰 기법 등의 기술들을 실제 체험을 통해 습득할 수 있다. 셋째, 문제해결능력의 함양이다. 역할극은 다른 사람의 행동에 대한 통찰력으로 자기의 행동이 상대방에게 어떻게 작용하는지를 이해하는 의사소통 기능의 성장을 가져온다. 이를 통해 문제해결의 힘을 길러줄 수 있다. 넷째, 원리를 학습하기 위함이다. 역할극은 코칭이나 상담 등의 다양한 기법을 종합적으로 활용하여 만들어진 기법으로 다양한 기법들의 원리를 학습할 수 있다. 다섯째, 타인의 모습에서 보고 느끼는 배움이 있다. 역할극을 통해 다른 참가자들이 지적해준 장점과 단점을 확인할 수 있다.

2) 역할극의 장단점

(1) 장점

- 역할을 연기해 봄으로써 심리적인 억압이 해소될 수 있다.
- 집단 구성원 간의 상호 친밀감을 증대시킬 수 있다.
- 연습이 가능하며, 융통성 있는 진행 및 연습을 통한 교육적 효과도 크다.
- 역할극에는 집단 구성원들이 더욱 활동적으로 참여할 수 있다.
- 학습자집단의 인간관계에서 발생하는 문제들의 사례를 실연할 수 있다.
- 참여자나 관찰자에게 극적으로 상황을 소개할 수 있다
- 집단 구성원의 지식과 경험을 인지적 차원에서 정서적 차원으로 전환할 수 있다.
- 특정 문제의 명료화로 이에 대한 관심을 촉발하고 해결책을 제시할 수 있다.

(2) 단점

- 역할극의 교육효과에 대한 정확한 예측과 평가가 쉽지 않다.
- 계획하고 의도했던 교육효과 대신에 다른 결과가 나타날 수 있다.
- 시간과 노력이 많이 소요된다.
- 계속적이고 반복적으로 진행되면 그 효과가 감소하므로 짧은 시간 안에 적절한 시점에서 멈추어야 한다.
- 내용 중심으로 구성되어야 한다.
- 참여자의 능력과 자질에 부적합한 역할 부여 시 효과를 기대하기 어렵다.
- 진행과정에서 참여자가 불편하게 느끼면 역효과를 초래할 수 있다.

3) 역할극의 기법

(1) 역할극의 시나리오

역할극의 시나리오를 작성하기 전에 역할극으로 다루고자 하는 주제가 현실적으로 적절한지를 살펴야 한다. 아무리 좋은 내용이라도 현실감이 없는 주제는 부적절하다. 그리고 간단명료하게 쓰일 수 있는 내용인가를 살펴보아야 하고, 주요 인물들 사이에 두드러진 갈등의 요소가 존재하는지를 살펴보아야 한다. 또한, 주어진 역할이 두세 명의 등장인물만을 필요로 하는 것인지, 관찰자들을 위한 역할이 존재하는지를 검토해서 역할극의 활용 여부를 결정해야 한다. 자신이 직면하고 있는 문제상황에 대한 역할연기를 수행하기 위해 보다 현실적으로 그들이 직면하고 있는 문제에 대한 시나리오를 작성해 보게 하는 것이 중요하다.

첫째, 두세 명의 등장인물만을 필요로 하는 문제를 선정한다. 지나치게 복잡해서는 안 된다.

둘째, 등장인물의 특성을 바라보는 시각을 부여한다. 각각의 등장인물에게 역할연기를 하는 동안 달성해야 할 목표를 제공한다. 목표는 참가자들이 다양한 대안 행동들을 연기해 볼 수 있도록 개략적인 것이 좋다.

셋째, 상황 설정에 대한 내용들을 작성한다. 문제에 대한 사실적 내용과 본질적 정보만을 담은 아주 간결한 것이어야 한다.

넷째, 목록을 작성한다. 관찰자들이 역할연기를 보는 동안 생각해야 할 문제들을 작성하고, 역할연기 종료 후 토론할 내용에 대해 목록을 작성한다.

(2) 역할극의 구성요소 및 기능

① 학습자(연기자)

역할극에서 일정한 배역을 맡아 연기를 하는 사람을 학습자라 한다.

② **교수자**(인도자)

교수자는 역할극의 준비과정과 진행, 끝맺음이 원활하게 이루어지도록 돕는다. 또한, 참여자가 역할극에 자발적으로 참여할 수 있는 환경을 조성한다.

③ **관객**(동료 학습자)

관객은 일반 관객이나 방관자가 아니다. 역할극에서 실제 주인공은 아니지만 역할극을 보면서 주인공과 함께 호흡하고 주인공에게 지지와 피드백을 주는 사람이다.

④ **무대**(학습장소)

역할극이 진행되는 공간이다. 학습자들을 수용할 만한 충분한 환경을 갖추어야 하고 자연스럽고 편안한 분위기를 조성해 주는 것이 중요하다.

(3) 역할극의 진행(신용주, 2006; 권이종 외, 2002)

역할극의 진행과정은 교수자에 의해 먼저 요구되는 문제의 상황을 설정하고 배역을 정한다. 대부분은 대본을 사용하지 않지만 주된 내용과 진행계획은 미리 설정할 수 있다. 역할극은 주로 2~5명의 참여자가 간단한 장면을 실생활에서 일어나는 것처럼 연출하여 집단이 학습하고자 하는 상황을 연출한다. 역할극의 진행시간은 10분 이내가 적절하다.

① 1단계 : 문제 규명

역할극 참여자나 관찰자들이 똑같이 중요한 것이어야 한다. 문제의 규명은 간단명료해야 하고 초점이 역할극의 목적에서 벗어나지 않아야 한다.

② 2단계 : 상황 설정

참여자, 관찰자 모두에게 실감나는 내용으로 구성되어야 한다. 역할극 참여자와 학습 집단에게 공통된 방향과 통찰력 제시가 필요하고, 참여자에게 친숙한 상황설정이 필요하다.

③ 3단계 : 사전준비

사전준비단계는 역할극을 위한 무대 등 물리적 환경을 준비한다. 선정된 상황에 대해 사전에 이해할 수 있도록 흥미와 동기를 유발한다.

④ 4단계 : 참여자 선정

역할극의 참여는 자발적 참여를 원칙으로 한다. 참여자는 그 역할에 심리적으로 관련된 사람으로 두 명 이상을 선정하는 것이 일반적이다.

⑤ 5단계 : 관찰자에 대한 오리엔테이션

관찰자에 대한 오리엔테이션에서 참여자는 물론 관찰자가 얻는 교육효과도 무시할 수 없다. 그러므로 관찰자도 주의를 집중하는 태도를 갖도록 미리 준비시킨다.

⑥ 6단계 : 역할연기 실시

역할극은 신중하게 시간을 조절해 가면서 실시한다. 참여자는 중단하라는 지시가 있을 때까지 계속해서 연기를 해야 한다. 참여자는 전문배우가 아니므로 기술적인 면보다 자연스럽게 연기하도록 유도한다.

⑦ 7단계 : 연기 중단

연기자의 역할을 일정한 요건에 맞추어 끊는 과정이다. 역할극이 너무 빨리 끝나거나 지나치게 길어지면 효과가 감소하므로 역할극을 중단시키는 시점은 매우 중요하다. 역할극은 참여한 집단이 현 상황이나 앞으로의 방향을 분석하기에 충분할 정도로 연기가 진행되었다고 판단되면 바로 중지하는 것이 좋다.

⑧ 8단계 : 평가 및 토론

역할극의 마지막은 연기를 평가하고 토론하는 과정이다. 준비에서 마지막 발표까지의 과정에서 느낀 점, 좋았던 점, 아쉬운 점 등을 이야기하게 한다. 그리고 역할극과 상호작용을 통해 느꼈던 점을 일상생활과 연관 지어서 발표하게 한다. 학습자들이 깨달았던 점과 결심했던 점들을 자신의 생활에 적용하여 실천할 수 있는 구체적인 계획을 발표에 포함시켜 역할극의 효과를 극대화할 수 있다.

4) 역할극의 실습

(1) 팀 구성

토의 주제별 역할 연기자의 숫자를 감안하여 팀당 인원을 배치한다.

(2) 팀별 대본 작성

팀원 간의 토의를 통해 역할 연기를 수행하고 각 팀의 대본 작성을 완료한다.

■ **사례**

- 상황설명 : 식당에서 종업원과 손님의 대화 장면으로서, 불만과 요구가 많은 손님에게 어떻게 대응할 것인지 해결책을 모색해 본다.
- 등장인물 : 손님 1명, 종업원 1명
- 손님 연기의 직전 : 남의 말은 잘 듣지 않고 자기주장이 강하며, 이것 저것을 계속 요구한다.
- 종업원 연기의 직전 : 웃는 얼굴로 손님의 요구에 맞춰 주려 최선을 다한다.
- 상황전개

  – 손님 : 이봐 종업원, 음식을 주문한 지가 얼마나 됐는데 아직도 주지 않고 도대체

어떻게 된 거야?
– 종업원 : 대단히 죄송합니다. 즉시 갖다드리겠습니다. 실례지만, 무슨 음식을 주문하셨습니까?
– 손님 : 시원한 자리를 주지도 않고 서비스가 엉망이군! 내가 누군지 알아?
– 종업원 :

(3) 팀별 배역 선정

대본에 따라 역할 연기에 참여할 사람을 선정한다. 배역은 팀별 스스로 결정하는 것이 바람직하다.

(4) 팀별 역할연기 수행 및 관찰

팀별로 선정된 역할 연기자들은 시나리오대로 역할 연기를 수행하며 자연스럽게 진행되도록 한다. 다른 학습자들은 각 팀이 수행하는 역할연기를 세심히 관찰하며 평가한다.

(5) 토의와 평가

조력자는 각 팀별 성적을 산출한다. 각 팀별 발표에 대한 내용의 적절성, 역할연기자들의 역할 수행 정도를 평가한다. 소정의 상품을 준비하여 시상하면 효과적이다.

준비에서 발표까지의 과정에서 느낀 점, 좋았던 점, 아쉬웠던 점, 격려하고 싶은 점 등에 대해 토의와 평가한다. 향후 역할연기법을 더욱 잘 활용할 수 있도록 피드백한다.

2. 감수성훈련

1) 감수성훈련이란?

(1) 감수성훈련의 개념

감수성훈련(sensitivity training)은 조직개혁의 행태적 접근방법인 조직 발전(OD: organization development)의 대표적인 기법으로 1946년 미국 MIT집단역학연구소의 사회심리학자인 쿠어트 레빈(Kurt Lewin) 등에 의해 시작되었다. 영어 'sensitivity training'의 머리글자를 따서 'ST'라고도 하며, T-집단과 기원 및 이론적 배경이 동일하여 T-집단과 ST 집단을 거의 같은 집단으로 간주하기도 한다. T-집단은 집단과 지역의 발전에 초점을 맞추는 교육적 색채가 강하고 과제해결 지향적인 반면, ST 집단은 건강한 사람을 지향하는 개인적 성장의 색채가 강한 집단이라는 점에서 두 집단은 구분된다. 인간은 한평생 타인과의 끊임없는 상호작용과 소통을 통해 자아정체성을 확립하고 대인관계를 형성해 간다. 체험학습을 통해 학습자가 자신 및 타인에 대한 이해를 증진하고, 집단의 성장과정을 경험함으로써 허용적 · 수용적 태도로 변화한다.

로빈스(Robbins, 1994)는 감수성훈련에 대해 "비조직적 소집단을 활용하여 행동의 개선을 유도하는 대인관계 증진기법으로 실험실 훈련, 참 만남 집단 또는 T-집단이다 라고 정의했다. 우리나라에는 1972년에 처음으로 감수성훈련방식이 도입되어 현재 교육계, 산업계, 종교계 등 다양한 영역에서 활용되고 있다. 감수성훈련은 소집단에 참가한 경험을 통하여 자기를 발견하고 대인관계기능을 배우는 장이다. 소집단 내에서 상호 간의 직접적이고 개방적인 경험을 통하여 나와 타인 및 상호관계에 대한 정서적 민감성을 계발하여 자신과 타인을 이해하고 수용하며 인간관계의 협동적 발전을 돕는 체험학습이다.

(2) 감수성훈련의 특성

4차 산업혁명시대를 살아가는 오늘날의 사회에서 가장 필요로 하는 것이 감수성훈련이다. 이기주의, 배타주의, 불신의식이 팽배해 있는 우리 사회에서 감수성훈련은 자신과 타인을 이해하고 수용하는 능력과 인간관계의 협력에 보다 큰 의의를 두고 있다. 자기 자신을 더욱 깊이 이해하고, 자신과 타인을 이해하는 경험을 통해 리더십과 인간관계에서의 공감을 체험하도록 하는 데 있다. 자신의 생각과 느낌, 관점, 행동 등의 특징에 눈을 뜨게 하고, 다른 사람들이 자기와 같지 않은 독자적 존재임을 알게 하며, 타인과의 관계, 의사소통의 현상, 집단의 형성과 발전 등에 관심을 갖게 한다.

감수성훈련은 소집단훈련을 통해 자신과 타인과의 관계에 관한 감수성을 개발함으로써 자신의 내면세계에 대해 정확하게 인식하고 조화되도록 하며, 집단과 조직 속에서 타인과의 인간관계를 협동적이고 생산적인 것으로 발전시키는 데 목적을 두고 있다. 이를 구체적으로 살펴보면 첫째, 자아성찰을 통한 올바른 인생관과 가치관의 정립, 둘째, 전인적인 참 나를 재점검하고 사고와 태도를 기하는 것, 셋째, 인생목표 확인과 잠재능력개발이며, 넷째, 21세기 변화와 혁신에 대한 적응능력 배양이다. 감수성훈련 과정이 잘 이루어지려면 학습자들의 심리 내적인 요구와 교사의 전문적인 지도력이 발휘되어 조화롭게 상호작용할 수 있는 분위기가 조성되어야 한다.

(3) 감수성훈련의 기대효과

감수성훈련의 기대효과는 자신의 감정을 있는 그대로 솔직하게 표현하고 타인의 감정을 이해하는 데 있다. 존중과 공감, 수용의 집단 풍토 안에서 자신의 긍정적인 점을 발견하고, 자기 안에 내재된 잠재능력과 자기실현의 가능성을 믿게 된다. 또한, 남의 말을 경청하고 의사소통능력과 사회적 적응능력을 향상시키는 데 있다. 남을 존중하고 수용하는 자세를 길러 바람직한 인간관계와 공동체의식에 눈을 뜨게 된다. 다양한 부류의 다양한 성격을 가진 사람들의 성별, 지역, 학별, 직위 등의 벽을 극복하고 수평적으로 동등하게 인격적인 만남을 가질 때 수련의 효과는 극대화된다.

① 타인의 이해와 수용으로 자기의 고정된 가치관이나 관념에서 벗어나 타인들이 나와 다른 독자적인 존재임을 이해한다.

② 자아발견과 성장으로 자신의 생각과 느낌, 행동 등의 특성에 대해 새롭게 통찰하여 왜곡, 잠재되어 있는 자신을 새롭게 발견하고 받아들이고 개선·발전시킨다.

③ 인간관계의 개선이다. 지금-여기에 존재하는 그대로의 존재를 상호 인정하고 수용하며 공감함으로써 인간관계가 개선된다.

④ 조직의 활성화다. 공동체 의식의 증진으로 조직에서 일체감과 멤버십이 성장하여 분위기가 활성화되고 근무의욕이 증진된다.

⑤ 리더십의 향상으로 자존감이 향상되어 자아실현의 의욕이 증진되고 책임감이 강해짐으로써 삶의 현장에서 생산적으로 기능하게 되며, 인간 중심의 리더십을 발휘하게 한다.

2) 감수성훈련의 장점과 단점

(1) 장점

학습자들의 주체성 회복을 중요한 목표로 삼고 그 주체성에 따라 경험되는 과정을 학습하도록 계획되어 있다.

(2) 단점

- 상대방이 수용할 자세가 갖추어져 있지 않음에도 불구하고 상대방의 평가가 상당히 부정적이고 직선적인 경우가 많다.
- 훈련자가 전문적인 지식만을 내세우게 되면 참여자들에게 불쾌감을 주고 자유로운 토론을 해하는 경우가 생긴다.

3) 감수성훈련의 기법

감수성훈련은 조직 발전의 기법 중 하나로 구성원 간의 접촉을 통해 타인을 이해하는 훈련방법이다. 내용은 훈련집단인 T-그룹(training group)과 실험집단인 E-그룹(experiment), 그리고 일반화 시간으로 구분한다.

(1) T-그룹(training group)

자신의 감정을 자각하고 표현하며 다른 사람의 감정에 공감하는 것은 자신의 건강한 심리와 대인관계에 반드시 선행되어야 하는 자질이다. 이 훈련의 가장 큰 특징은 '실제로 행함으로써 배운다(learning by doing)'는 것이다. T-그룹은 인간성 회복을 통해 소외와 불안을 타개하는 방안의 하나로 등장한 것으로 감수성훈련의 핵심이다. T-그룹은 인간의 위기의식에서 비롯되었다. T-그룹은 실험적 분위기 속에서 상호작용을 통해 자기인식과 타인의 행동에 대한 감수성을 증가시키는 집단훈련이다(이장호, 1993).

표 11-1 T-그룹의 요소들

구분	내용
지금 여기	바로 지금 여기서 경험하고 있는 것이 학습의 교재가 된다.
피드백	구성원들 간의 의사소통수준 및 발언자의 의도를 이해하는 정도를 확인하는 현장검증방법이다.
해빙	구성원의 고정관념이나 선입관 또는 관습적인 행동 패턴이 무너지는 해빙과정을 의미한다.
심리적 안정감	해빙과정에서 구성원들에게 불안하거나 위협적인 분위기를 조성하지 않고, 좀 더 적극적인 학습욕구가 유발될 수 있도록 심리적으로 안정된 분위기를 조성한다.
참여를 위한 관찰	구성원이 적극적으로 참여하면서 T-그룹의 전 과정을 주의 깊게 관찰할 때 효과적인 학습이 일어난다.
인지화 구조화	훈련을 통해 경험한 것들에 대해 사고하는 과정이다. 이 과정을 통해 경험과 관념이 연계되고 문화수준과 현실 속의 행동도 연계될 수 있다.

출처: 신용주(2006).

T-집단을 중심으로 한 감수성훈련은 15명 정도의 구성원과 1~2명의 지도자로 구성된 비교적 자유로운 소집단을 중심으로 시작된다. 3박 4일 이상 함께 지내면서 자신의 성격과 태도의 변화를 모색하는 집단이다. 외부환경으로부터 차단된 상황에서 비정형적 접촉에 의한 인간관계의 체험을 통해 서로를 이해하고 대인적인 자각, 수용능력 등을 제고하는 훈련이다. T-그룹의 모든 참여자는 평등하게 존중되는 자유로운 분위기 속에서 솔직한 대화와 상호작용을 통해 집단과 자신에 대해 깊이 이해하게 된다. 소집단 모임은 정해진 주제나 방향 없이 시작되어, 지금 여기서의 문제를 중심으로 모든 구성원 간의 자유로운 상호작용으로 발전된다. 구성원 사이의 자유로운 활동과 다양한 행동반응을 통하여 각자의 감정과 생각을 표현하고 스스로 관찰, 분석, 평가할 기회를 가지며 새로운 행동을 실험해 보고 서로에 대한 피드백을 주고받는 것이다.

(2) 엔카운터 그룹(Encounter Group)

엔카운터 그룹이란 일반적으로 10명 정도의 소인원이 새로운 그룹을 편성하여 역할극이나 집단토의를 통해 집중적으로 그룹 체험을 하는 집단을 말한다. E-그룹은 체험학습을 통해 얻은 인간관계에 관한 경험을 분석 요약하고 인간관계에서 발생하는 문제의 해결에 필요한 기술을 훈련하는 집단이다.

엔카운터 그룹은 1960년대 후반에 미국의 심리학자 칼 로저스(Carl Rogers)가 내담자 중심의 상담요법에서 집중적인 그룹체험방법을 생각해 내 발전해 왔다. 엔카운터 그룹은 지시적으로 운영되는 것에서부터 비지시적인 것까지 다양하다. 1970년 이후 일본에서도 교육, 복지 분야 등에서 다양한 엔카운터 그룹의 시도가 이루어지고 있다.

(3) 일반화 시간(session for generalization)

일반적으로 진행자를 중심으로 패널이나 버즈 그룹의 방식으로 진행된다. 일반화 시간을 거치면서 참여자들은 체험학습을 통해 겪은 심리적인 충격과 독특한 경험을 정리하며 안정을 모색하게 된다.

일반화 시간 동안에는 앞의 T-그룹이나 E-그룹 등 소집단훈련에서 체험한 내용을 함께 모여 정리하고 검토한 후 이를 토대로 이론을 형성하게 된다. 참가자 전원이 참여하는 집단생활시간을 일반화 시간이라 한다.

4) 감수성훈련의 실습

① 나는 누구인가?

자기 자신에 대한 소개와 자기를 나타내기 위해 스스로 글을 쓰게 한다. '나는 누구이다'라고 10개 정도의 답을 쓰게 해도 좋다. 진정한 자기 발견에 의의가 있다.

② 별칭 짓기

자기의 별명이나 또는 원하는 이름을 각자 크게 써서 가슴에 달게 한다. 스스로 소개하고 소개가 끝난 후 느낌을 서로 말한다.

③ 거울놀이

두 사람이 마주 앉아 한 사람은 실체가 되고, 다른 사람은 거울이 되어 따라 하도록 한다. 또는 말을 따라 하도록 해도 좋다.

④ 몸 풀기 운동

서로 어깨와 허리를 가볍게 안마해 준다. 두 사람이 서로 등을 대고 앉았다 일어섰다를 해보고 느낌을 말하게 한다.

⑤ 그림 그리기

두 사람이 마주 앉아서 한 사람은 화가가 되고, 다른 한 사람은 모델이 된다. 화가는 상대방의 눈을 쳐다보고 손가락으로 상대방의 얼굴을 그린다. 빨리 그리는 사람은 상대에 관심이 없는 편이고, 천천히 그리는 사람은 상대에게 관심이 있는 편이다.

⑥ 신경질 없애기

사람 벽을 뚫고 지나가기, 사람 벽은 서로 몸은 바짝 대고 타인이 통과하지 못하게 막는다.

⑦ 자연과 대화

돌이나 나무, 풀, 꽃, 물과 대화를 하게 한다.

⑧ 소개하기

30분 정도 시간을 주어 2명씩 서로 자기를 소개하고서 나중에 서로 상대방이 되어 소개를 한다. 잘 듣는 훈련과 의사전달의 훈련을 쌓게 된다.

⑨ 자신의 조사를 쓰게 한다

자신의 살아온 길과 앞으로의 삶을 재발견하게 된다.

⑩ 리듬 맞추기

눈을 가리고 음악에 맞추어 춤을 추게 한다. 인생은 리듬이다. 리듬에 맞추어 무엇이든 되어 보는 것이다.

⑪ 눈 감고 만지기

일정한 장소 안에서 서로 눈을 가리고, 부딪치고, 만지고, 냄새 등을 맡도록 한다.

⑫ 기쁜 일 슬픈 일 나누기

자기의 생애에서 가장 슬펐던 일과 가장 기뻤던 일을 서로 말하여 공감을 갖도록 한다.

⑬ **소감문 쓰기**

모든 프로그램이 끝나면 느낌을 적고 발표하게 한 다음 서로 얼싸안고 합창한다.

⑭ **입장 바꾸기**

직장에서 중역과 사원이 서로 직책을 바꾸어서 행동한다. 이때 서로의 입장과 어려움을 이해한다.

⑮ **사랑의 편지 전달**

한 사람에게 3~5장의 카드를 주어 이름과 함께 장점과 단점을 쓰게 한 다음 이를 모두 거두어서 해당자에게 나누어 주고 그것을 직접 읽도록 한다.

3. 게임법

1) 게임법이란?

(1) 게임법의 개념

게임법(Games)이란 모의적 상황을 만들어 놓고 그 상황을 체험함으로써 학습의 계기를 만들어 주고자 하는 데 있다. 가르치면서 재미를 유발할 수 있는 교수방법으로 학습활동을 촉진하는 데 효과적이다. 네덜란드의 인류문화학자인 요한 하우징어(Johan Huizinga)는 인간을 '호모 루덴스(Homo Ludens)'라 표현하며 인류에게 놀이문화가 보편적으로 전해져 왔음을 주창했다.

게임법은 체험학습의 한 형태로 모의적 상황을 만들어 놓고 개인 또는 집단의 사고, 행동, 태도 등을 비롯한 전 과정을 분석하여 해결책을 모색해 나가는 상호학습법이다.

인간의 모든 것들에는 놀이법칙의 요소를 가지고 있다는 전제하에 평생교육의 방법도 놀이를 모티브로 하는 다양한 교육방법을 고려해 볼 수 있다. 게임법은 그 자체가 교육 훈련의 도구로 사용방법에 따라 다양한 종류의 게임법이 활용될 수 있다. 최근에는 의사소통이나 팀 워크 훈련을 목표로 하는 팀워크 게임, 헌팅게임, 카드게임, 의사소통 게임, 조립게임, 대응게임 등이 있고, 상호이해나 인간관계 훈련을 목표로 하는 그림게임, 프레젠트 게임, 정사각형 게임 등이 있다.

최근에는 4차 산업혁명시대에 맞추어 정교하게 개발된 게임법이 많이 소개되고 있다. 여러 가지의 지시와 명령에 따라 복잡한 상호작용을 실시하는 컴퓨터의 사용으로 시뮬레이션 게임법도 증가하고 있다. 오늘날의 게임법은 학습자로 하여금 게임법에서 따르는 다양한 쟁점에 대한 여러 가지 관점과 해결책을 함께 고려할 수 있게 한다는 점에서 의의를 찾을 수 있다.

(2) 게임법의 효과

잘 개발된 게임법은 매우 효과적인 교수법으로 활용될 수 있다. 게임법의 효과는 학습자들의 흥미를 유발시키고 자연스럽게 학습을 수행할 수 있게 한다. 개인학습자에게 관심을 집중시키지 않으면서 팀 워크를 통해 참여한 대부분의 학습자가 흥미를 갖도록 게임을 진행하는 것이 효과적이다. 게임법을 실시할 때 너무 복잡한 게임은 피하는 것이 좋다. 교육자가 전달하고자 하는 특정 개념이나 원칙을 일반적으로 전달하기에 무리가 가지 않아야 한다. 교육자는 학습자들이 호기심을 가질 만한 학습환경을 자연스럽게 제공해 주어서 학습효과를 거둘 수 있는 게임법을 제공해 주는 것이 중요하다. 전형적인 강의실의 환경은 오히려 방해요소로 작용될 수 있다.

게임법은 새롭고 전문적인 지식을 습득하는 데 매우 효과적이다. 기업이나 조직 또는 국제관계에서 일상적으로 발생하는 문제상황과 같은 장면을 모델로 삼아서 다양한 게임법을 활용할 수 있다. 게임법은 학습자가 학습을 어렵지 않은 흥미로운 활동이라고 생각하도록 해 줌으로써 학습자의 긴장을 풀어주고 학습 참여도를 높이는 데 효과적인 방법이다(Corder, 2008).

하지만 게임법이 학습자의 흥미를 유발하고 동기부여를 할 수 있는 좋은 방법에는 틀림이 없지만 교수자가 게임법을 스스로 개발하는 데에는 시간이 많이 소요되어 한계가 있다. 하지만 잘 개발된 게임법은 매우 유용한 교수법으로 활용될 수 있다.

2) 게임법의 장점과 단점

게임법의 장점과 단점은 다음과 같다(Davis, 2009).

(1) 장점

- 학습자의 참여를 높일 수 있는 흥미 유발적인 요소를 동원한다.
- 인지적 · 사회적 지식과 기술 습득 및 태도의 학습도 가능하다.
- 개인적 경쟁심을 높여 순발력과 함께 동기유발효과가 있다.
- 학습자 간 의사소통능력을 향상시키며, 규칙을 준수하고, 협동심을 익히는 경험을 하게 된다.

(2) 단점

- 게임의 진행방법에 따라 학습의 진지함이 결여되거나 흥미 위주의 진행으로 학습 목표의 달성도가 낮아질 수 있다.
- 학습시간이 길어지거나 학습내용의 효과적 전달에 어려움이 있을 수 있다.
- 진행자의 지도력에 따라 학습의 성취도에 차이가 날 수 있다.
- 시의적절한 피드백(Feed Back)의 제공 여부가 학습의 성패를 좌우한다.

3) 게임법의 기법

(1) 게임법의 유형

게임법의 유형은 크게 세 가지로 분류할 수 있다. 첫 번째 유형은 주로 처음 만난 집단의 서먹함을 줄이기 위한 목적으로 시행되는 아이스브레이킹(icebreaking) 게임이 있고, 두 번째 유형은 일상생활에서 경험하는 어려운 상황에 대한 문제해결능력 및 창의력 함양을 위한 게임이 있다. 그리고 세 번째 유형은 인간관계, 의사소통 및 팀워크 향상을 위한 게임이다.

① 아이스브레이킹(icebreaking) 게임

처음 만난 학습자 집단에서 긴장을 완화시키고, 동기부여 및 창의적 사고를 촉진시키는 게임이 아이스브레이킹(icebreaking)이다. 일반적으로 강좌가 시작하는 첫 수업에서 학습자들로부터 하여금 서로 인사를 나누고 서로를 다가서게 해 주기 위해 이루어진다. 아이스브레이킹의 목적은 분위기 조성, 흥미 유발, 원활한 진행, 수업효과 제고에 있다. 학습자들의 이름, 취미 등의 정보를 공유하는 데 초점을 맞춘다.

첫 수업에서는 대부분 구성원들의 표정이 굳어 있으므로 아이스브레이킹을 하고 나면 대부분 표정이 밝아지고 웃음꽃이 핀다. 아이스브레이킹을 통해 좋아진 분위기를 얻고 수업을 원활하게 진행할 수 있다.

② 문제해결 및 창의력 함양 게임

문제해결을 위한 창의적 아이디어를 제시하기 게임이다. 자기주도적 학습 대응방식으로 일상생활에서 자주 마주치게 되는 문제해결방식으로 가상의 모의상황을 제시한 후 이 문제를 해결하기 위한 기술과 전략을 습득하기 위해 실시하는 게임이다.

③ 의사소통 및 팀워크 향상 게임

인간은 사회적인 동물이다. 상호 간의 의사소통과 관련된 지식과 기술, 태도의 향상을 도모하며 보다 나은 인간관계를 형성해 가는 게임이다. 집단활동에 기초한 대인관계 증진과 서로 간의 원활한 의사소통을 이루기 위한 것으로 게임에 참여함으로써 팀워크 향상과 바람직한 행동과 태도의 변화를 가져올 수 있다. 이 유형에는 카드게임, 그림게임, 의사소통게임 등이 있다.

(2) 게임법의 진행절차

교수자는 게임을 실시하기 전에 학습자들에게 게임의 취지와 규칙, 진행방법, 게임이 전개될 시나리오를 학습목표와 함께 제시한다. 게임법의 학습은 학습자가 계속 흥미를 유지할 수 있도록 학습환경을 조성하는 것이 중요하다(유승우 외, 2010).

학습자가 동료 학습자와 게임을 통해 경쟁하면서 다른 학습자들의 반응을 관찰한 후 이에 대한 피드백을 제시하면 게임은 종료된다. 게임이 끝나면 승자를 알려주고 학습목표 달성에 대한 평가결과도 함께 제시한다.

게임법의 진행단계는 다음과 같다.

① 1단계 : 목적 및 규칙 설명

게임을 진행하는 목적과 게임규칙 등을 설명한다.

② 2단계 : 게임진행 및 과정의 관찰

게임에서 이기기 위해 노력하는 학습자의 모습을 관찰한다. 피드백이나 토론의 자료로 활용된다.

③ 3단계 : 반응 관찰

게임의 과정을 주의 깊게 관찰하며 학습자 및 학습자 집단의 반응을 면밀하게 파악한다.

④ **4단계 : 피드백 및 종합 토론**

학습자들의 반응을 토대로 게임의 성과나 결론, 문제점 및 그 원인을 분석하고 적절한 피드백을 제공하면서 토의한다.

⑤ **5단계 : 종결**

게임의 승자를 발표한다. 학습자의 학습목표 달성 정도 및 전반적인 게임 진행 과정에 대한 종합적인 결과평가를 제시한다.

4) 게임법의 실습

(1) 게임방법

- 팀 구성 : 3~5명씩 한 팀을 만들어 앉는다. 팀별로 별칭을 정한다.
- 준비물 : 해답판과 지우개를 각자 1개씩 준비한다.
- 게임방법 : 제시된 퀴즈를 푸는데, 혼자 맞는다고 해서 점수를 주는 것이 아니라, 팀원 모두 같은 정답을 적어야 점수를 얻는다. 이때 팀원 간에는 정답을 상의할 수 없다. 팀원 모두가 정답을 쓴 경우 점수를 부여한다.

(2) 게임 진행

① 학교의 정규교육과정을 제외한 학력보완교육, 성인 기초·문자해득교육, 직업능력 향상교육, 인문교양교육, 문화예술교육, 시민참여교육 등을 포함하는 모든 형태의 조직적인 교육활동을 무엇이라고 하나요?

② 소집단 내에서 상호 간의 직접적이고 개방적인 경험을 통하여 나와 타인 및 상호관계에 대한 정서적 민감성을 계발함으로써 자신과 타인을 이해하고 수용하며 인간관계의 협동적 발전을 돕는 체험학습을 무엇이라고 하나요?

③ 매슬로(A. Maslow)의 인간요구 5단계 중 가장 상위단계로 평생교육의 중요성을 강

조하는 욕구단계는 어느 단계인가요?

④ 미국의 정신의학자인 모레노가 사이코드라마라고 정서적인 문제를 행동화시켜 그 원인을 분석하는 치료법으로 개발한 것이 시초로, 타인의 역할을 경험해 봄으로써 자신과 타인을 이해하는 데 도움을 주고자 하는 극화방법을 무엇이라고 하나요?

⑤ 소집단 내에서 상호 간의 직접적이고 개방적인 경험을 통하여 나와 타인 및 상호관계에 대한 정서적 민감성을 계발함으로써 자신과 타인을 이해하고 수용하며 인간관계의 협동적 발전을 돕는 체험학습훈련을 무엇이라고 하나요?

〈정답〉
① 평생교육 ② 감수성훈련 ③ 자아실현단계 ④ 역할극
⑤ 감수성훈련

(3) 평가 및 피드백

- 답 맞추기가 끝나면, 조력자는 각 팀별 점수를 확인하여 순위를 매긴다. 이때 간단한 상품(음료수, 과자 등)을 준비하여 시상하면, 좋은 분위기를 유지할 수 있다.
- 마지막으로 게임을 통해 얻는 점이나 아쉬운 점 등 게임법 실습에 대한 전반적인 피드백을 하는 시간을 가진다.

4. 시범 실습식 방법

1) 시범 실습식이란?

(1) 시범의 개념

시범(demonstration)이란 경험학습에 기초한 교육방법이다. 학습자는 시범을 통해 기술이 실생활에서 수행되는 정확한 방법을 관찰할 수 있다. 시범은 그 방식이 어떻게 작동되며 또 후속과정은 어떻게 진행되는지를 학습자에게 직접 보여 주는 것이다. 전통적인 도제식 교육에서 활용하던 시범은 학습경험에 기초한 평생교육방법에 적합하다. 학습자에게 이론과 기술이 결합되는 현장을 직접 관찰하는 경험을 통해 학습효과를 높일 수 있는 교육방법이다. 지식과 정보의 전달에 중점을 두어온 강의법이나 토의법과는 달리 시범은 그 방식이 어떻게 작동되며 또 그 후속과정은 어떻게 진행되는지를 학습자에게 직접 보여 주는 것이다.

시범은 학습한 이론과 기술의 내용을 보완하면서 이와 관련된 서술적 자료를 현실에서의 실습으로 해석해 준다는 점에서 효과적이다. 학습자는 기술의 시범을 통해 새로운 지식과 능력, 기술, 개념 등을 충분히 이해하고 적용해 보는 기회를 얻게 된다.

레어드(Laird, 1986)는 시범을 예시적 강의나 프레젠테이션이라고 정의하였다. 시범은 특정기술을 보여 주는 모델로서 사용되며, 또한 어떤 생각이나 개념, 이론, 신념 또한 기술을 뒷받침하기 위해 사용된다. 따라서 학습자에게 시범은 이론과 기술이 결합되는 현장을 관찰하는 경험을 통해 학습효과를 높이는 교육방법으로 학습자가 현장에 적용할 수 있는 실제적 조건하에 기술의 숙달을 위한 학습을 촉진한다.

(2) 시범의 특성

갈브레이스(Galbraith, 2004)가 제시한 교육방법으로서의 일곱 가지 시범 특징은 다음과 같다.

- 학습동기 및 흥미유발에 적합하다. 배워야 할 기술, 행동, 지식에 대한 학습과정의 관심을 유도하는 데 효과적이다.
- 관찰을 필요로 하는 주제나 기술 등에 유용하다. 개인적 수행능력이나 수행의 발전 정도를 관찰하도록 격려해야 하는 학습을 계획할 때 적합하다.
- 장비 및 기자재, 재료 등을 효율적이고 경제적으로 사용할 수 있도록 한다. 학습자의 수가 많은 대집단의 경우와 자료 및 기자제 사용 비용이 부담스러운 상황에서 유용한 방법이다.
- 명확하게 한 번으로 예시해 줄 수 있는 효과적인 방법이다. 모든 학습자에게 어떤 방식이나 기술을 수행하는 전 과정을 모두 실습할 필요 없이 한 번에 동작기술의 전 과정을 빠르게 보여 줄 수 있다.
- 현장에서 진행 중인 과정을 보여 주기에 적합한 방법이다. 학습자에게 시범을 통해 어떠한 특정 기술이나 기법 등을 적절하게 사용하는 방법을 실제적으로 보여준다.
- 특정 과제 수행이나 단계별 과업을 지도할 때 적절하다. 난이도가 있거나 평생교육 프로그램을 고안하고 사용법을 가르칠 경우 단계별 기술과 방법을 익히는 데도 효과적이다.
- 성인학습자의 실습이나 훈련연습을 효과적으로 돕는다. 특히, 기술의 향상이 관건으로 학습자들은 평생교육자가 특정 기술을 직접 수행하는 것을 관찰하고 그것을 실제로 바로 작동해 보게 된다.

(3) 시범의 유형

시범의 유형은 단순한 것에서부터 복잡하고 정교한 것까지 다섯 가지의 기본 유형이 있다(Scredl & Rothwell, 1988). 첫째, 교수자가 시범내용을 보여 주면서 모든 과제를 설명하고 수행하는 유형이 있고, 둘째, 참여를 지원한 학습자가 과제의 수행과정을 실제로 해 보고 이에 대해 토의하는 유형이 있다. 셋째, 모든 학습자가 시범에 참여한 후 수행

경험에 대해 토의하는 유형과 넷째, 직무교수훈련(Job Instruction Training : JIT), 다섯째, 행동 모델링(behavior modeling)이다.

2) 시범의 장점과 단점

(1) 장점(Galbraith, 2004)

- 짧은 시간에 포인트를 제시해 줄 수 있는 가장 효과적인 방법이다. 학습자들이 복잡하고 어려운 학습내용을 단시간에 이해하기란 쉽지 않다.
- 시범은 이론과 실제의 간격을 좁혀주는 장점이 있다. 교수자는 시범을 통해 현실감 있는 실제적 사례를 제공할 수 있고, 복잡하고 어려운 이론과 과정들을 쉽게 이해할 수 있게 된다.
- 학습을 강화하는 감각능력을 동원하게 한다. 시범은 시각, 청각, 촉각, 물리운동적(kinetic) 학습 스타일의 집중을 필요로 한다.
- 시범은 다양한 학습상황을 제공한다. 학습자와 교수자 모두가 학습의 현장을 즐기면서 긴장을 완화할 수 있는 공감대를 형성한다.
- 기술이나 행동이 수행되는 정확한 방식을 배울 수 있도록 해 준다. 학습자의 수행능력이 숙달될 수 있도록 충분한 실습시간을 주어야 한다.
- 학습자는 시범의 과정과 개별적 경험을 통해 서로 다른 관점과 사고를 가질 수 있다는 사실을 이해하게 된다.

(2) 단점

- 시범을 보고도 많은 학습자들이 교수자의 시범처럼 잘 할 자신이 없다고 느끼기 때문에 오히려 동기유발에 부정적일 수 있다.
- 학습자들이 시범을 통해 습득해야 할 어려운 기술이나 행동을 포기하려는 심리적 저항이 있을 수 있다.

- 시범에서 과제와 기술, 과정과 행동을 단계별로 구분해서 보여 주기가 쉽지 않다. 특정 기술이나 행동은 시범을 분리해 보여 주기가 어렵고, 전체적인 관점에서 이해하는 것이 더 효과적이어서 시범의 주제로는 적절하지 않을 수 있다.
- 시범을 준비하기 위해 많은 연습과 검토시간이 필요하다. 대부분의 학습에서 전체적인 강의를 다루어야 하므로 연습을 위한 시간은 매우 제한되어 있다.
- 시범은 소집단에서 실시하기에 가장 효과적인 방법으로 비용–편익 측면을 고려할 때 대규모집단을 대상으로 하기에는 비효과적이다.
- 집단학습에서는 재능 있는 교수자일지라도 시범 수업시간에 각 개별 학습자에게 구체적이고 시의적절한 피드백을 주기가 쉽지 않다.

3) 시범의 실습

(1) 시범가의 준비사항

- 시범 실시 전에 전달하려는 정보나 기술이 정확하고 명료한지 리허설을 해 본다.
- 시범의 목적을 설명하며 학습자와 서로 소통하려는 노력을 한다.
- 시범의 과정을 한 가지씩 순차적으로 제시하면서, 시범의 진행에 따라 각 단계를 설명한다.
- 학습자에게 시범을 보인 기술과 행동에 대해 가능한 빨리 연습하도록 독려한다.
- 시범에서 배운 내용을 학습자들이 정확히 연습하도록 지도한다.

(2) 시범자의 역할

효과적인 시범을 위해 시범자는 철저한 준비가 있어야 한다. 자신의 시범 실시에 대한 구체적인 계획과 준비를 해야 하고 전문가 수준의 자질을 갖추어야 한다. 또한, 관리가 가능한 소단위의 단계로 세분화된 시범계획을 세워야 한다. 시범자는 실시할 시범의 매 단계가 정확한지를 확인하고 반드시 시연해 본 다음에 시범을 진행해야 한다. 시범자가 수행해야 할 역할은 다음과 같다(Laird, D, 1986).

- 시범의 전 과정을 분석하고 세분화하여 순서에 맞게 단계를 정한다.
- 설명서를 미리 배부하여 시범과정의 이해를 돕고 기술과 행동의 연습에 도움이 되도록 한다.
- 학습자가 시범의 모든 부분과 단계를 보고 배울 수 있도록 한다.
- 시범에 필요한 모든 자료를 제자리에 배치한다.
- 시범에 들어가기 전에 모든 기자재와 작동상황을 점검한다.
- 시범의 진행 정도에 따라 시범자는 다음 단계를 설명하고, 질문으로 학습자의 이해도를 파악하거나 잠시 분위기를 이완시킬 수 있다.

(3) 강의실과 설비의 배치

강의실과 시설의 배치는 시범의 내용에 따라 다르다. 학습자가 시범의 전 과정과 단계를 잘 볼 수 있어야 하며, 시범의 작은 부분까지도 놓치지 않고 관찰할 수 있는 가까운 위치여야 한다. 또한, 모든 경우에 쌍방향의 의사소통이 가능해야 하고 시범자는 필요한 정보를 학습자에게 전달할 수 있고 학습자는 시범자에게 자유롭게 질문이나 논평을 할 수 있어야 한다.

(4) 시범의 평가

시범이 효과적으로 실시되고 학습자에게 시범내용이 효과적으로 전달되었는지를 알아보기 위한 평가를 시행한다. 평가영역은 시범가의 역할에서 제시된 자질의 항목들이 될 수 있다. 학습자들이 기술과 행동을 연습하기에 적절하도록 시간을 계획하고 시의 적절한 피드백을 제공하는 평가는 중요하다.

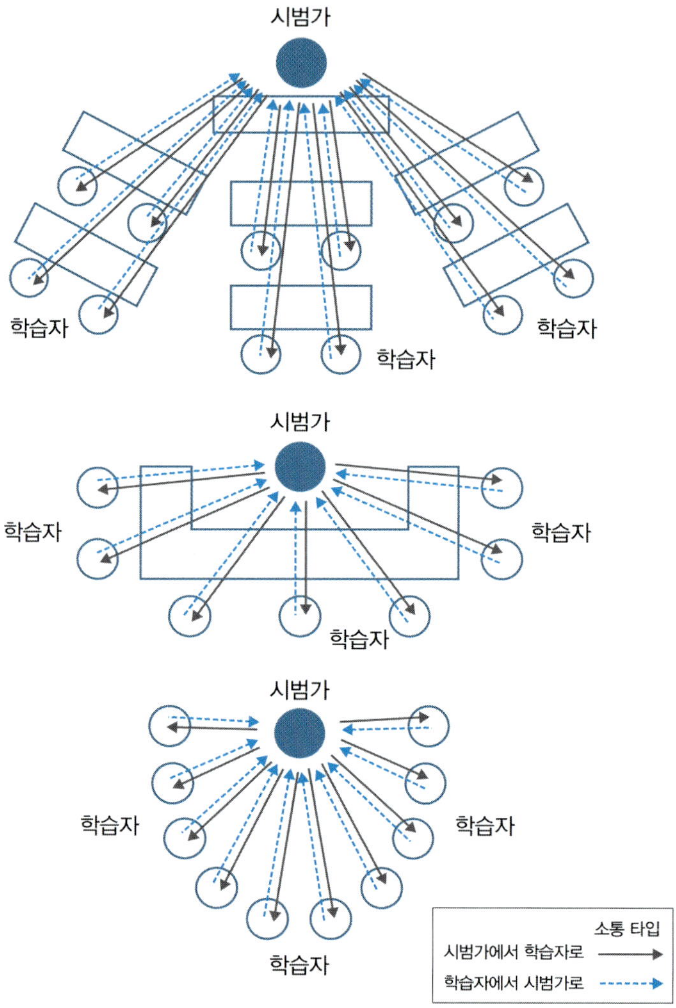

그림 11-1 시범을 위한 환경 및 소통라인

출처: Galbraith, M.W.(2004). p. 370.

기억하기

1. 역할연기법은 가상적인 상황을 연기로 재현해 보는 교육방법이다. 집단 구성원 간의 인간관계에서 발생하는 문제의 해결을 위해 어떤 상황이나 문제를 극화시킨 가상적 상황에서 다른 역할을 연기해 봄으로써 상대방을 이해하도록 하는 데 효과적인 활동이다.

2. 감수성훈련은 소집단으로 상호작용을 하면서 인간관계에 대한 이해와 기술을 향상시키고자 하는 사회성훈련이다. 가상적 상황을 실제로 경험하는 것처럼 만들어서 이에 대한 집단 구성원의 반응을 통해 상대방의 심리적 상태와 감정을 이해하는 학습이다.

3. 게임법이란 체험학습의 한 형태로 가르치는 동시에 재미를 유발할 수 있는 교수방법이다. 동기유발의 핵심요소로 도전, 자신감, 호기심, 개인적 통제력 그리고 환상을 갖게 되는 전 과정을 통해 얻어진 결론이나 결과를 분석하여 해결책을 모색해 나가는 상호학습방법이다.

4. 시범은 경험학습에 기초한 평생학습방법이다. 학습자는 시범을 통해 기술이 실생활에서 수행되는 정확한 방법을 관찰할 수 있고, 이러한 방법은 학습자가 현장에서 적용할 수 있는 실제적 조건하에 기술의 숙달을 위한 학습을 촉진한다. 시범은 이론과 기술이 결합되는 현장을 직접 관찰하는 경험을 통해 학습능력과 학습효과를 높이는 교육방법이다.

평가하기

1 역할극의 장점이 아닌 것은?

① 역할을 연기해 봄으로써 심리적인 억압이 해소될 수 있다.
② 집단 구성원 간의 상호 친밀감을 증대시킬 수 있다.
③ 역할극의 교육효과에 대한 정확한 예측과 평가가 쉽지 않다.
④ 역할극에는 집단 구성원들이 더욱 활동적으로 참여할 수 있다.
⑤ 학습자 집단의 인간관계에서 발생하는 문제들의 사례를 실연할 수 있다.

2 감수성훈련에서 T-그룹의 중요한 요소가 아닌 것은?

① 피드백　② 해빙　③ 육체적 안정감
④ 인지적 관찰　⑤ 참여를 통한 관찰

3 처음 만난 학습자 집단의 긴장을 완화시키고, 동기부여 및 창의적 사고를 촉진시키는 등의 활동으로 강좌가 시작하는 첫 수업에서 학습자들로 하여금 서로 인사를 나누고 다가서게 해 주는 이 게임법을 무엇이라고 하는가?

4 특정기술을 보여 주는 모델로 이론과 기술이 결합되는 현장을 관찰하는 경험을 통해 학습효과를 높이는 교육방법으로 사용되며, 학습자가 현장에 적용할 수 있는 실제적 조건하에 기술의 숙달을 위한 학습촉진방법으로 이용되는 것을 무엇이라고 하는가?

정답

1. ③　2. ③　3. 아이스브레이킹　4. 시범

제 12 장

평생교육방법의 적용과 실천 사례 1

개 요

12장에서는 평생교육방법의 적용과 실천 사례에 대해 학습한다. 거시적인 측면에서 지방자치단체 또는 기관에서 사용한 평생교육방법의 사례를 통해 다양한 교수방법에 대해 탐구한다.

본 장에서는 광명시 평생교육원, 포스텍 무한상상실, 광진구 정보도서관, 초 · 중등학교, 동신대학교, 포항시 평생교육원의 평생교육 프로그램 개념과 특성, 실제 진행방법, 실습내용 원리 및 기법, 활용방안 등을 살펴보고자 한다.

제 12 장 평생교육방법의 적용과 실천 사례 I

학습 목표

1. 광명시 평생교육원(액션러닝, 문제 중심 학습) 평생교육 프로그램의 교수방법을 설명할 수 있다.
2. 포스텍 무한상상실(STEAM, 메이커교육) 평생교육 프로그램의 교수방법을 설명할 수 있다.
3. 광진구 정보도서관(창의 체험) 평생교육 프로그램의 교수방법을 설명할 수 있다.
4. 초 · 중등학교(뮤지컬, 멘토) 평생교육 프로그램의 교수방법을 설명할 수 있다.
5. 동신대학교(융합교육, 시범실습형) 평생교육 프로그램의 교수방법을 설명할 수 있다.
6. 포항시 평생교육원(강의법, 체험) 평생교육 프로그램의 교수방법을 설명할 수 있다.

1. 광명시 평생교육원

1) 프로그램 1: 평생학습 관계자 역량강화

평생학습 분야의 시민 전문가, 활동가 양성과 학습형 일자리 창출 및 시민의 역량강화와 시민제안사업 발굴의 실행기반을 제공하고자 운영하는 평생교육 프로그램이다. 세부 프로그램으로는 NCS 활용 진로 취업 컨설턴트 전문가 양성과정, 퍼실리테이터 양성과정, 강사–예비강사 skill-up 과정, 액션러닝을 통한 시민제안사업 발굴이 있다.

(1) NCS 활용 진로 취업 컨설턴트 전문가 양성과정

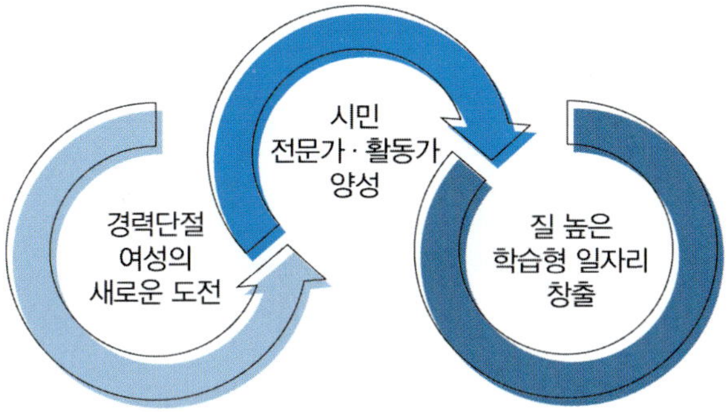

그림 12-1 NCS 활용 진로 취업 컨설턴트 전문가 양성과정

출처: https://lll.gm.go.kr/lll/contents.do?key=71 광명시 평생교육원

경력단절여성 대상의 전문성 함양과정 운영을 통해 교육전문 인력풀을 구축하고 지역사회 활동과 연계하여 관내 다양한 파견 등의 학습형 일자리를 창출한다.

(2) 퍼실리테이터 양성과정

① 퍼실리테이터 양성과정

지역현안에 대한 토론 활성화와 문제해결, 민주적 의사결정과정, 집단적 시너지 창출을 돕는 마을 조력자(퍼실리테이터)를 양성하는 교육 프로그램이다. 전문 교육기관과 연계하여 추후 인증자격 취득이 가능하도록 구성하며, 한국퍼실리테이터협회 공식인증 교육과정으로 운영된다. 광명시 정책 토론회 등 퍼실리테이션이 필요한 곳에 현장 배치할 수 있는 인적자원풀을 구축한 것이다.

그림 12-2 **퍼실리테이터 양성과정**

출처: https://lll.gm.go.kr/lll/contents.do?key=71 광명시 평생교육

'퍼실리테이터 양성과정'은 지역사회 비전과 혁신 아이디어, 경영능력을 갖춘 리더를 양성하고 미래를 만들어 갈 시민들의 역량을 강화하기 위해 마련되었다. '퍼실리테이터'란 회의나 토론 시 발생하는 의견충돌에서 중재 및 조정 역할을 담당하는 사람을 의미한다. 의사소통 스킬 습득, 갈등 최소화 기법 등을 통해 리더를 양성하는 심도 있는 교육이다. 지방자치단체에서 활동하는 지역 시민들이 교육을 통해 적극적이고 창의적인 아이디어를 발굴해내는 인재가 되어 향후 지방자치단체의 정책 수립 시 지역 사람들의 목소리를 대변하는 역할을 맡아줄 것이다.

② 퍼실리테이션

퍼실리테이션은 모든 지식 창조활동을 지원하고 촉진하는 활동이며, 집단에 의한 지적 상호작용을 촉진시켜 바람직하고 창조적인 성과를 끌어내는 행위를 말한다. 퍼실리테이터의 역할은 팀이 도출할 수 있는 최대의 성과를 견인하고 리더와 협의 진행하는 것이다.

③ 퍼실리테이터의 역할

- 커뮤니케이션의 장 마련
- 사람과 사람을 이어 주어 팀으로서의 역량 견인

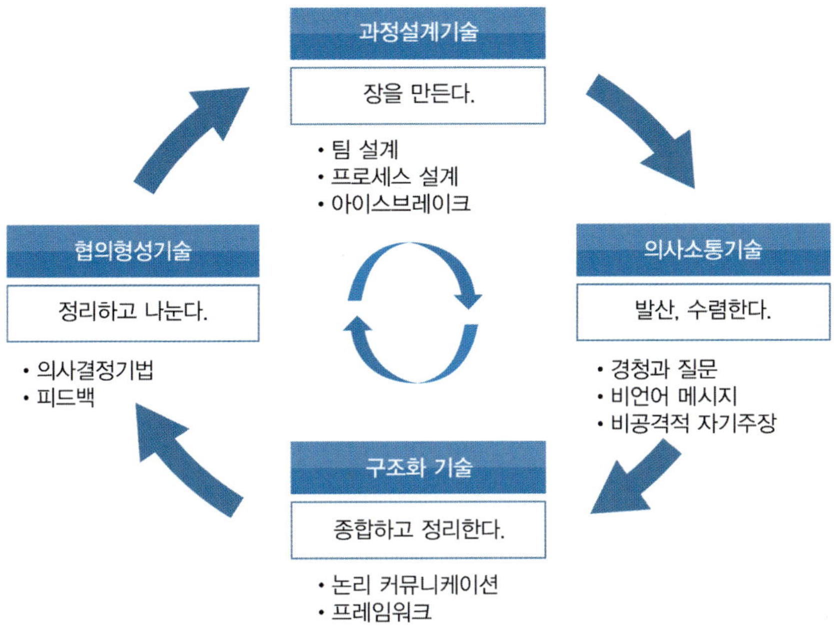

그림 12-3 **퍼실리테이터 스킬**

출처: 평생교육방법론. 학지사. 김영옥, 최라영, 조미경(2019).

- 다양한 사람들의 생각을 정리
- 참가자의 주체성 함양
- 대립상황에서의 연결 핀 역할
- 팀 활동에서의 문제해결 촉진자 역할: 문제해결 및 학습 프로세스의 컨설턴트, 집단 역학의 조정자, 창조적 아이디어 유발자

④ 퍼실리테이션 방법: 기관 회의나 프로젝트에서의 기술

- 과정설계기술: 무엇을 목적으로 누구를 불러서 어떠한 방법으로 논의할 것인가. 지적 상호작용의 장 만들기부터 퍼실리테이션이 시작된다. 목표의 공유에서 협업 의지의 고취까지 팀 구축의 성패가 활동을 좌우한다. 또한, 활동 설계가 중요하다.
- 의사소통기술: 활동이 시작되면 자유롭게 생각을 이야기하고 모든 가설을 이끌어

내면서 팀 의식과 상호 이해를 높여 간다. 문제해결의 발산단계이다. 이때 퍼실리테이션은 상대방의 메시지에 포함된 의미나 마음속 깊은 곳에 있는 진실을 이끌어 내야 한다. 경청, 맞장구, 질문, 주장, 비언어 메시지 등의 의사소통기술이 요구된다.

- **구조화 기술**: 발산이 끝나면 수렴의 과정이다. 논리적으로 논의를 종합해 가면서 전체적인 논의 모습을 정리하고 논점을 좁혀 간다. 퍼실리테이션 그래픽이라고 불리는 도표를 활용한 구조화 수업을 통해 논의를 알기 쉽게 정리한다. 여기서는 논리적 사고가 가능한 사고기술이 요구된다.
- **합의형성기술**: 논점이 어느 정도 정리되면 창조적인 '합의'를 향해 의견을 좁혀 간다. 문제해결을 위한 의사결정단계이다. 대부분의 경우에는 여기서 대립과 갈등이 생기고, 의견이 쉽게 모이지 않는다. 퍼실리테이터의 역량이 가장 중요하게 발휘되는 단계이며, 갈등관리기술이 요구된다.

(3) 강사-예비강사 skill-up 과정

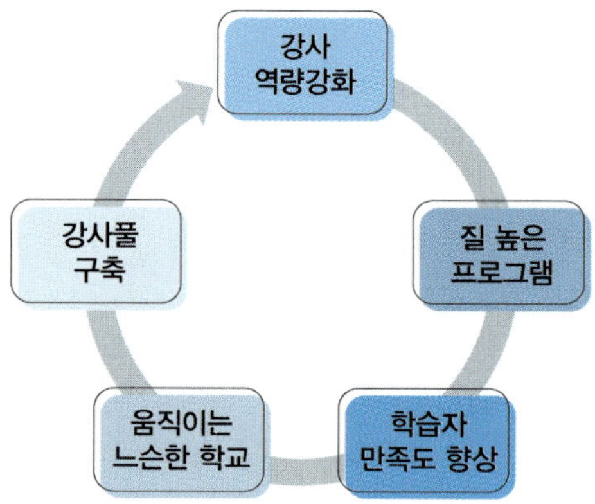

그림 12-4 강사-예비강사 skill-up 과정

출처: https://lll.gm.go.kr/lll/contents.do?key=71 광명시 평생교육원

평생학습 분야 강의현장에서 요구되는 강의 기량과 프레젠테이션 활용교육으로 강사·예비강사의 전문성 향상을 돕는다. 강사·예비강사 역량강화를 통해 평생학습 프로그램의 질 향상을 도모한다. 강사와 학습자의 성장을 촉진하여 움직이는 느슨한 학교 활성화 및 전문 강사풀을 구축한다.

(4) 액션러닝을 통한 시민제안사업 발굴

'행함으로써 배운다(Learning by Doing)'는 학습 원리를 활용하여 팀 학습을 진행한다. 학습자는 적극적인 문제의식과 자발적 참여로 지역 현안에 대해 토론하며 다양한 아이디어 도출, 아이디어가 실제로 적용 가능하도록 평생학습사업을 제안하며, 실현 가능한 제안은 차년도 사업기획에 우선 반영된다.

그림 12-5 액션러닝을 통한 시민제안사업 발굴

출처: https://lll.gm.go.kr/lll/contents.do?key=71 광명시 평생교육원

실천학습을 위한 액션러닝은 현장에서 사람들이 실제 문제를 공유하고 서로에게 질문하며 지원받는 과정을 통해 문제를 해결하고 이러한 과정 속에서 필요한 것을 배워 나갔다.

다양한 기업에서 조직의 실제적 문제를 해결함과 동시에 리더십 교육 및 학습조직으로의 변화를 위해 활용하고 있으며, 국내에서는 대기업을 중심으로 적극적 도입이 이루어져서 운영되고 있다. 액션러닝은 기존 지식전달형 교육 패러다임의 강력한 대안으로 대두되는 실천과 학습을 동시에 진행하는 실천학습(Learning by doing)형의 교육방법이자 경영혁신기법이다(Park, Ahn & Jung, 2010). 즉, 액션러닝은 실천을 통해 스스로 문제를 해결하는 과정에서 해당 분야의 지식과 문제해결능력 커뮤니케이션 능력 등을 기르게 된다. 이는 기존의 교육방법이 외부 전문가가 제시하고 있는 일방적인 지식체계에 의존하고 답습하는 것이 아니라 학습자가 직접 현장에서 경험한 문제를 해결하기 위해 그들이 경험한 현장의 지식을 활용하는 법을 학습하게 되는 것이다(Kim & Ryou, 2003). 마지막으로 액션러닝은 개인이 문제해결의 경험을 통해 학습하는 것을 넘어서 구성원간의 협력적 문제해결과정을 통한 의사소통 협력 리더십 등으로 결속된 하나의 학습조직을 형성하게 됨으로써 전체 조직의 변화에 촉진자의 역할을 하게 한다(J Ahn & Jung, 2005, 2010). 액션러닝의 경험이 없는 조직에서도 쉽게 액션러닝을 적용하여 효과를 볼 수 있도록 액션러닝의 개념을 현장 적용성이 높도록 체계적으로 설계하였다. 학습자의 핵심학습활동을 중심으로 프로세스를 제시하고 각 단계에 필요한 하위 프로세스와 지원요소를 제시하고 있는 설계개발연구를 실시하였는데, 문제상황 제시, 문제인식, 문제명료화, 가능한 해결책 제시, 우선순위결정, 액션플랜 작성, 현장적용 성찰로 이어지는 체계적 액션러닝 프로세스를 제안하고 있다.

2) 프로그램 2: 참여와 협력을 위한 민주시민교육방법론

(1) 프로그램의 특성

정보화의 흐름이 우리 사회의 민주화를 더 활성화할 것인지, 정보 권력의 지배와 종속을 더욱 심화할 것인지는 아직 알 수 없다. 이는 시민들이 주권의식과 메시지에 대한 분별력, 민주적 의사소통능력 등을 함양하고 있는지에 달려 있다. 시민성을 키우는 교육은 자기주도적 교육으로 '두터운 민주주의'를 키운다.

(2) 교육자의 역할

이 프로그램은 배움의 과정 자체가 민주적인 교육이다. 지식을 주입하는 기계적 교육이 아니라, 참여자들 스스로 의사소통이 우리 삶에 미치는 영향과 의사소통이 전제하고 있는 가치에 대해 질문하며, 합리적 토론을 통해 주체적인 담론을 형성하고, 대안적인 행동전략을 발전시키는 과정이다. 따라서 이 교육에서는 배우는 사람을 수동적 위치에 두지 않고, 다른 어떤 교육보다 학습자의 능동적인 참여와 활동을 촉진하는 것이 중요하다. 학습자들 스스로 문제를 인식하고 협력학습(co-learning)을 통해 '비판적인 분석'에 이르도록 안내하며, 대안적인 해석과 행동전략을 모색하도록 돕는 것이다. 이러한 교육의 특성을 고려한 교육자의 역할과 교육방식에 대한 고민이 필요하다. 교육자의 역할을 정리해보면 다음과 같다.

첫째, 학습자의 문제 인식을 촉진하는 역할이다. 이를 위해 교육자는 학습자의 삶의 세계에 대한 이해를 토대로 교육을 기획하고 참여해야 한다. 프레이리가 민중의 삶에서 대화의 소재를 발견하고 교육자료를 개발했던 것처럼, 교육을 기획하고 운영하는 교육자는 학습자의 삶의 맥락에 기초해 학습활동을 기획해야 할 것이다. 예컨대, 성인을 대상으로 교육을 기획할 경우, 성인들이 의사소통을 접하는 환경과 이용 행태, 관심사를 파악하고 그들이 관심을 갖는 문제로부터 출발해야 효과적인 교육을 할 수 있다. 또 중장년층을 대상으로 한다면 중장년 세대가 의사소통을 이용하는 맥락과 그들의 주된 관심사에 대한 이해를 토대로 교육 프로그램을 기획해야 할 것이다.

둘째, 교육과정은 당연시했던 것들의 전제와 목적을 근본적으로 재검토하고 대안적 담론을 만들어 내는 과정이다. 그러한 점에서 교육자는 위에서 아래로 가르치는 일방적 교육이 아닌, 함께 만들어가는 교육이 되도록 촉진하는 역할을 해야 한다. 무언가를 가르친다기보다 참여자들이 서로를 존중하면서 합리적인 검토와 민주적인 소통을 통해 문제를 규명하고 대안적 의미를 만들어 나가도록 격려하는 것이다. 교육내용은 미리 기획할 수도 있지만, 교육 참여자들과 함께 완성하는 것으로 봐야 한다.

셋째, 교육자는 학습자가 가지고 있는 문제해결능력, 창의력이 발휘될 수 있도록 촉진하는 역할을 한다. 해방적 교육은 인식의 촉진—비판적 성찰(신념과 가정 검토)—합리적·개방적 담론—행동화라는 요소가 역동적으로 연계되어 있다. 교육은 인식·분석·성찰(대안 모색)·행동이 역동적으로 일어나는 이른바 '나선형' 교육과정을 내포해 인식, 비판, 대안이 사회적 실천으로 이어지는 교육을 지향한다. 그런 점에서 교육에서는 학습자들이 개인적·사회적 실천전략을 모색하도록 촉진하는 것이 필요하다. 여기서 실천은 개인이나 그룹 단위로 시스템에 영향을 미치는 행위를 하는 것으로, 공적인 의사표현, 캠페인, 모니터링과 같은 미디어 감시활동, 정책법률 개정활동, 공동체의 이슈와 관련된 제작활동 등이 있을 수 있다.

(3) 프로그램 구성 및 교육방법

표 12-1 참여와 협력을 위한 민주시민교육방법론 프로그램 구성

구분	주제	강의내용	교육방법
1강	소통의 시작	• 마음 열기 및 교육과정 소개 • 왜 민주시민교육인가?	강의법
2강	자기인식	• 당혹스러운 감정 마주하기 • 당신의 '감정'을 존중하기	역할극 감수성훈련
3강	민주적 의사소통 1. 경청	• 듣고 있습니까? • 듣고 있습니다.	강의법 시범 실습식 방법
4강	민주적 의사소통 2. 질문	• 잘못된 대답은 잘못된 질문에서 시작된다.	강의법 시범 실습식 방법
5강	소통의 사회적 확장	• 생산적이고 즐거운 회의 만들기	팀 기반 학습 문제 중심 학습 멘토링과 코칭

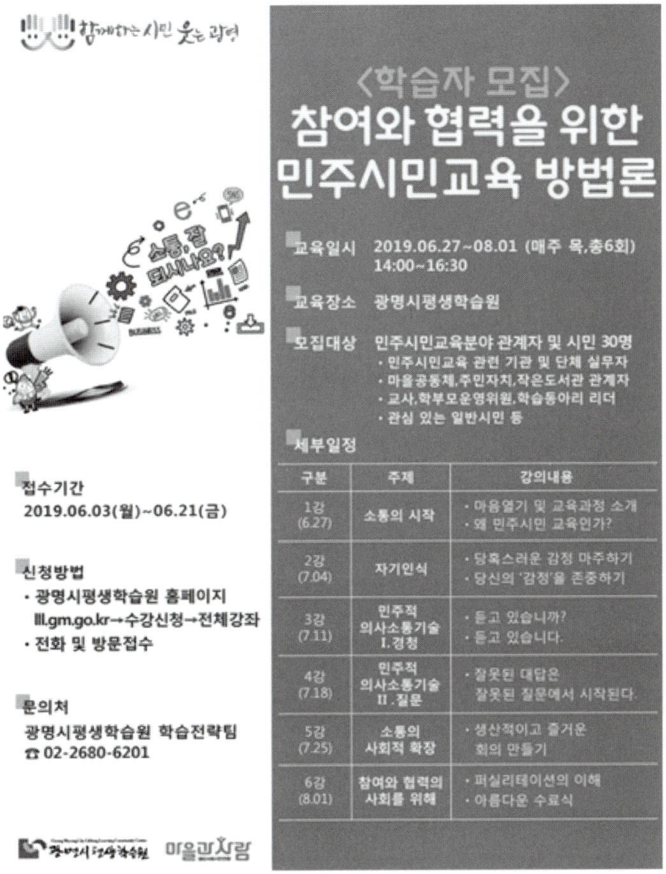

그림 12-6 참여와 협력을 위한 민주시민교육방법론 홍보전단지

2. 포스텍 무한상상실

무한상상실은 생활밀착형 국민 DIY(Do It Yourself) 활동을 지원하는 상설 공방형 공간으로 상상력, 창의성, 아이디어를 기반으로 문제를 해결하고, 제조창작활동을 통해 메이

커 수요를 창출한다. 포항공과대학교를 비롯해 전문과학기관과 인프라를 갖추고 있는 첨단과학도시 포항에 위치하고 있는 포항공과대학교 무한상상실은(나노융합기술원 소재) 자유롭게 상상하고 표현할 수 있도록 전용 공간을 마련하였으며, 첨단 인프라를 시민들과 연결하고 찾아가는 프로그램을 통해 과학의 대중화와 과학문화 확산을 위해 힘쓰고 있다.

1) 프로그램 1: 공방형 무한상상실

(1) 디지털장비 분야

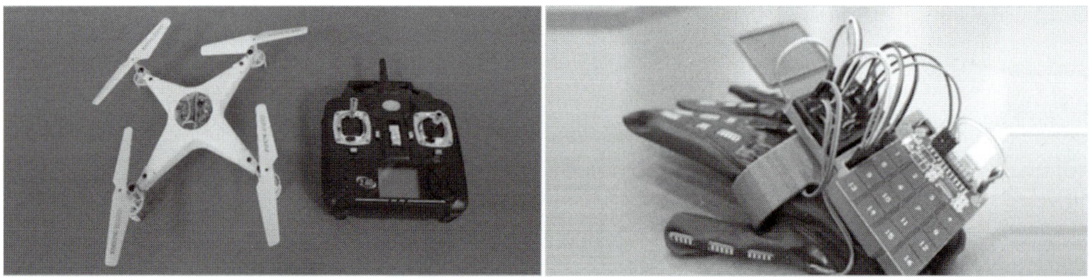

그림 12-7 디지털 장비 분야

- 정기교육 프로그램 운영: 3D 프린터, 3D 펜, 3D 스캐너, 레이저커터, 드론, 코딩, SW 교육
- 첨단 장비를 융복합한 Sci-Art 생활용품 제작: 레이저커터, LED 센서 등을 활용한 테마 무드등
- DIY 드론: 3D 프린터, 드론을 활용한 DIY 프로그램
- VR 특공대: VR로 보는 세상(지역명소 특수공간) 콘텐츠 제작 및 VR · AR 게임 제작 기초 교육
- 메이커: 멘토링 메이커들을 위한 맞춤형 멘토링 제공

(2) 공예 분야

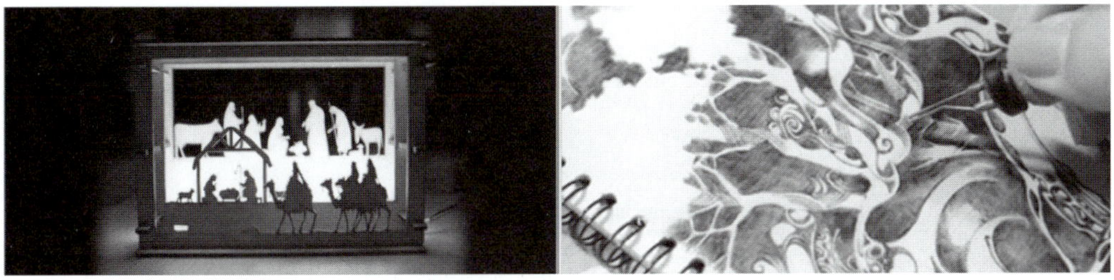

그림 12-8 공예 분야

- 우드버닝 목공 기초 교육 및 우드버닝을 활용한 생활소품 제작 지원
- 스마트 가구 목공과 아두이노, 블루투스, NFC, 비콘 등을 결합한 실속 스마트 가구 제작
- 소잉룸 가죽공예 기초 교육 및 지역 내 가죽공방을 활용한 우수 창작품 제작 지원

2) 프로그램 2: 메이커 문화 확산형

(1) 경진대회 · 과학문화 체험행사

참가자의 창의적인 아이디어를 완성도 높은 시제품으로 구현하기 위해 설계, 디자인 및 프로그래밍에 대한 멘토링 · 장비를 지원하고, 성과물이 특허 및 창업으로 연결될 수 있도록 경진대회를 개최한다. 과학문화 체험행사를 통해 무한상상실 성과를 널리 알리고, 다양한 체험존과 과학 콘텐츠 공연으로 참관객의 상상력과 창의력을 발산할 수 있는 기회를 제공한다.

그림 12-9 경진대회 · 과학문화 체험행사

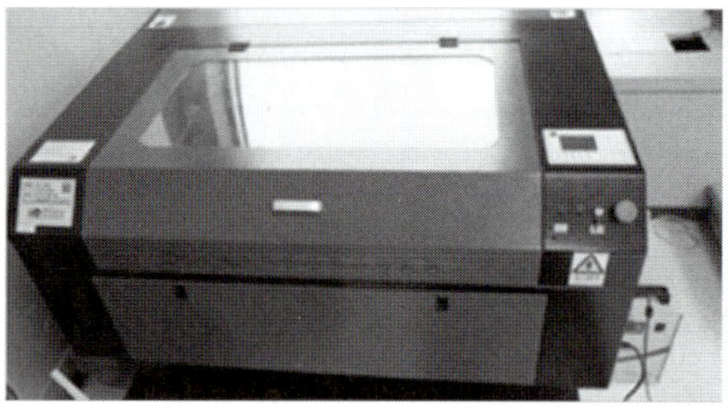

레이저커터기(다양한 소재를 커팅하여 DIY 창작품 제작)

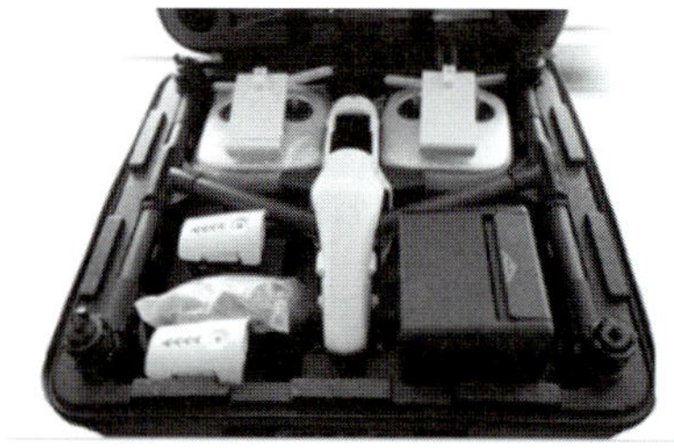

드론(무인항공기를 직접 조립 및 조종)

3D 프린터 실험공방(5층)

자유창작 랩(5층)

창의누리 스튜디오 전경(6층)

창의누리 스튜디오 Section 1~5(6층)

그림 12-10 무한상상실 공간

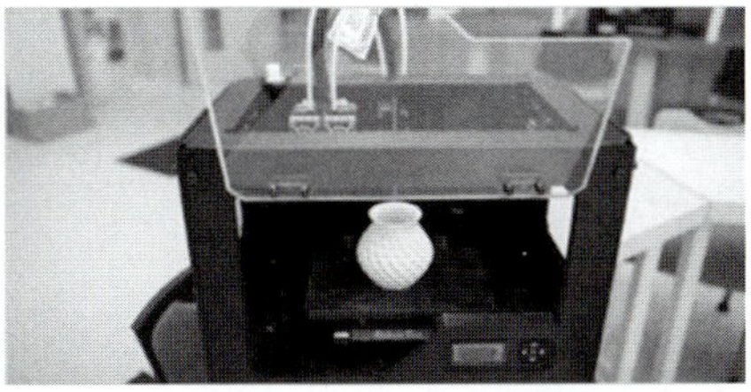

3D 프린터기(3D 모델링 및 출력)

3D 펜(입체창작물 제작)

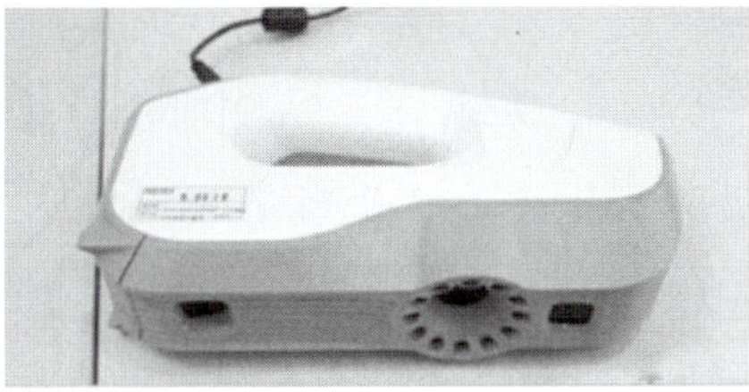

3D 스캐너(3D 스캔 및 모델링)

그림 12-11 무한상상실 장비

3) 4차 산업 수업 혁명(STEAM과 Maker 교육)

초보 메이커		전문 메이커		제조창업
1단계	2단계	3단계	4단계	5단계
취미와 재능	몰입을 통한 행복과 자신감	커머스화	창업준비	창업
오랜 시간 취미를 즐기고 만들기에 집중하게 됨	idea 발전, 나만의 제품, 지인과 메이킹 공유	우연한 기회에 판매 성사 지속적인 메이킹의 시작	판매를 위한 제작을 시작 MVP 단계	제품 생산 분업화 판매, 마케팅

그림 12-12 4차 산업혁명시대의 메이커 성장단계

4차 산업혁명시대는 빅데이터, 인공지능, IoT 등으로 대변된다. 사람이 하던 육체적 노동을 기계가 대신 해주는 수준을 넘어서서, 사람의 인지적인 노동까지 첨단기술이 대신하게 된 것이다. 4차 산업혁명시대의 첨단기술은 사람들의 생각을 효율적으로 가시화하고 공유하는 데 이바지하고 있다. 아이디어만 있으면 누구나 제조사가 될 수 있고, 이미 개발된 플랫폼을 활용하여 제품에 대한 피드백을 받거나 판매를 통해 수익을 창출하는 것도 가능하다. 이러한 기술적 인프라를 기반으로 현재 메이커 문화가 확산되고 있다. 또한, 진로와 연계하여 창업, 신사업 창출로까지 연결될 수 있다. 기술이 보급될수록 미래 경제 성장의 동력으로 메이커 운동을 활성화하고 메이커를 국가적으로 장려하는 움직임은 더욱 확산될 것이다.

마크 해치는 다양한 도구를 활용하여 창의적인 만들기 활동을 하는 사람을 메이커라고 정의하였다. 메이커 등은 다시 이제 막 메이커 활동에 참여한 초보 메이커부터 독보적인 기능을 가진 전문 메이커로 분류할 수 있다.

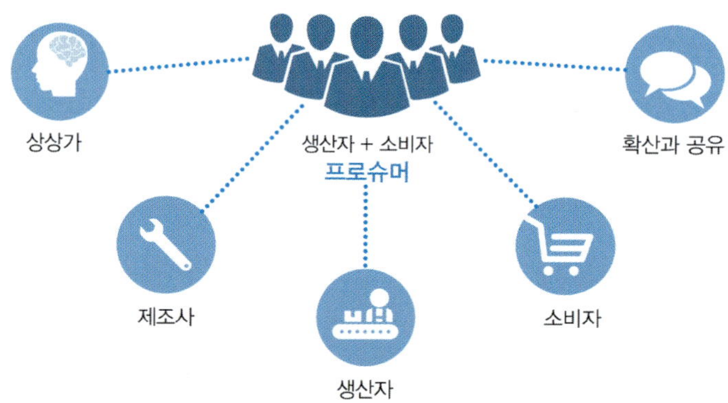

그림 12-13 4차 산업혁명시대의 메이커

3. 광진구 정보도서관

1) 프로그램 1: [메이커-작업] 성인창작(골드버그) 팹 라이브러리

팹 라이브러리에서는 골드버그장치에 대해 알아보고 지레의 원리, 탄성, 도미노 기법을 통한 '골드버그 만능장치' 프로그램을 개설하였다. 성인학습자의 사고력, 창의력을 증진시켜 삶의 질을 높이고자 한다.

표 12-2 골드버그 만능장치 프로그램

주	수업 주제	수업내용	교재 및 재료	교수법
1	골드버그란 무엇인지 알아보자.	• 골드버그장치에 대해 알아본다. • 롤링보드를 이용하여 벽면에서 작동하는 골드버그장치를 만들어 본다.	골드버그키트	강의법 시범 및 실습법
2	빗면틀을 만들면 골드버그 만능장치	• 빗면작용을 만들 수 있는 공간인 빗면틀을 만든다. • 빗면틀에 종이레일을 이용하여 다양한 빗면길을 만들어 본다.	골드버그키트	강의법 시범 및 실습법
3	롤링보드와 만나는 새로운 세계	• 수직빗면과 기울어진 벽면에서도 작동이 되는 단위장치에 대하여 알아본다. • 롤링보드와 빗면틀에서 작동이 되는 복잡한 골드버그장치를 만들어서 연결하여 본다.	골드버그키트	강의법 시범 및 실습법
4	지레의 원리를 알아보자.	• 지레의 원리를 알아보고 롤링보드에 지레를 이용한 구슬길을 만들어 본다.	골드버그키트	강의법 시범 및 실습법
5	탄성이란 무엇인가?	• 탄성을 이용하여 트렘폴린을 만들고 롤링보드와 연결시킨다.	골드버그키트	강의법 시범 및 실습법
6	롤러코스터를 만들어 보자.	• 롤러코스터의 원리를 알아보고 롤러코스터를 만들어 본다.	골드버그키트	강의법 시범 및 실습법
7	롤링보드와 롤러코스터를 연결해 보자.	• 롤링보드와 롤러코스터를 만들어 연결시킨다.	골드버그키트	강의법 시범 및 실습법
8	도미노 기법을 알아보자.	• 도미노 기법 몇 가지를 연습해본다.	골드버그키트	강의법 시범 및 실습법

주	수업 주제	수업내용	교재 및 재료	교수법
9	복합골드버그장치를 만들자.	• 롤링보드와 롤러코스터와 도미노를 연결시켜 골드버그 장치를 만들어 본다.	골드버그키트	강의법 시범 및 실습법

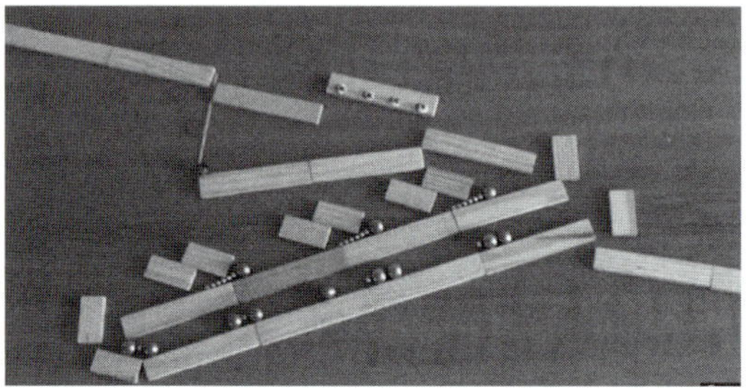

그림 12-14 골드버그장치

2) 프로그램 2: 체험형 종합공연 '클래식 그림책 콘서트'

그림책에 여러 장르의 음악을 버무려 무대와 객석의 경계를 없앤 참여형 공연으로 도서관 주간에 온 가족이 함께 즐길 수 있는 프로그램을 기획하였다.

0~100세까지 모든 연령층이 즐길 수 있는 자리로 만족도가 높았다. 기존의 음악공연과는 달리 자유로움이 허락되어 움직임이 많은 아이를 키우는 보호자에게도 만족도가 컸다. 뛰는 아이, 공연 중 좋아서 크게 웃는 아이, 춤추는 아이 등 다양했다. 영유아에게 다양한 악기를 보고 듣고 체험할 수 있는 기회였다. 아이들이 잘 보는 그림책에 음악을 가미하여 새로운 시각으로 그림책을 보는 기회가 되었다. 마지막에 공연자가 사용한 악기를 직접 만져보고 연주해 볼 수 있는 시간은 아이들에게 흥미를 증폭시키는 기회로 작용되었다.

도서관에서는 처음 시도해 보는 공연이고 어린아이들도 자유롭게 볼 수 있었다. 실버분들도 관심이 높았는데, 그림책 수준을 성인 기준으로 맞추어 진행한다면 이 또한 훌륭한 프로그램이 될 듯하다.

이 프로그램의 교수방법 특징은 체험과 공감 그리고 시각적 효과, 청각적 효과를 살려 오감을 통한 학습법이라는 점에서 우수성을 찾아볼 수 있다.

쁘띠꼬숑 앙상블이 기획한 프로그램이다. Le Petit Cochon 자녀의 육아가 자신의 삶에 행복한 동행이 되는 길을 찾아 나선 여성 음악인들의 앙상블로 클래식 음악과 그림책을 함께 듣고 보는 작은 콘서트를 여는 단체이다.

그림 12-15 클래식 그림책 콘서트

3) 프로그램 3: [메이커-교육] 유튜브 크리에이터

1인 방송 어떻게 하는 것일까? 유튜브를 활용한 1인 방송 촬영방법부터 동영상 편집까지 모든 것을 학습한다. 최근 1인 미디어 전성시대를 주도하는 유튜브의 대중 인지도와 영향력이 확장되어 가고 유튜버의 인기가 고조되는 가운데, 교육으로 시민들에게 자신의 꿈과 적성에 맞는 진로탐색에 새로운 전환점을 마련해 주었기를 기대한다.

표 12-3 유튜브 크리에이터 수업과정

주차	수 업 내 용	
1	VEGAS PRO 기초편집 1	파일 불러오기 ~ 렌더링까지
2	VEGAS PRO 기초편집 2	자막 넣기, 비디오 FX
3	XSPLIT	라이브 방송 세팅, 인터넷 송출
4	유튜브 크리에이터 스튜디오	리뷰방송 실습, 유튜브 관리

4) 프로그램 4: [창의체험] 웹툰 성인반

웹툰(webtoon)은 웹(web)과 카툰(cartoon, 만화)의 합성어로, 대한민국에 정착된 고유의 웹 만화 플랫폼을 통칭한다. 21세기 초반에 현재의 형식을 갖추기 시작하여 현재 대한민국에서 큰 규모의 독자층을 유지하고 있으며 스낵컬처문화를 보여 주는 대표 사례이다.

표 12-4 웹툰 교육과정

<table>
<tr><th colspan="4">강의내용</th></tr>
<tr><th>일정</th><th>교육주제</th><th>세부내용</th><th>교보재</th></tr>
<tr><td>1회차</td><td>캐릭터디자인 기초</td><td>세계적인 캐릭터들의 특징과 이론을 배워보고 이론에 맞춰 모작해봅니다.</td><td rowspan="9">필기구
노트

(컬러링
수업 때는
채색도구
지참)</td></tr>
<tr><td>2회차</td><td>세계 명작단편 감상과 아이디어의 원리</td><td>세계적인 단편 애니메이션을 감상하고 아이디어 이론을 학습한 다음 자신만의 캐릭터와 세계관을 상상해봅니다.</td></tr>
<tr><td>3회차</td><td>1컷 만화 그리기</td><td>자신의 캐릭터들로 간단한 1컷 만화를 그려봅니다.</td></tr>
<tr><td>4회차</td><td>컬러링 기초</td><td>채색이론을 배우고 1컷 만화에 채색을 해봅니다.</td></tr>
<tr><td>5회차</td><td>인스타툰 4칸 만화 그리기 1</td><td>자신의 캐릭터로 4칸 만화의 스토리를 구상하고 3편을 스케치해봅니다.</td></tr>
<tr><td>6회차</td><td>인스타툰 4칸 만화 그리기 2</td><td>지난 시간의 4칸 만화 스케치를 채색까지 완성합니다.</td></tr>
<tr><td>7회차</td><td>스토리 기초이론</td><td>캐릭터의 성격과 코미디, 공포 등 감정 유발법에 대해 배워봅니다.</td></tr>
<tr><td>8회차</td><td>10컷 단편만화 스케치</td><td>10컷 단편만화를 구상하고 스케치까지 진행합니다.</td></tr>
<tr><td>9회차</td><td>10컷 단편만화 채색</td><td>10컷 단편만화를 채색하고 완성합니다.</td></tr>
<tr><td>10회차</td><td>SNS 만들기</td><td>자신의 작품을 연재할 SNS를 만들고 작품을 올립니다.</td><td>스마트폰
SNS계정</td></tr>
</table>

요즘은 웹툰 작가들이 떠오르고 있다. 최근 방송을 통해 유명 웹툰 작가들을 쉽게 볼 수 있으며 웹툰 그리는 방법을 연구하고 꿈꾸는 이들이 계속해서 늘고 있다. 미술에 관심이 많고, 사고력, 창의력, 상상력을 마음껏 펼칠 수 있으며 자신감까지 올려줄 수 있는 방법이다. 강의법과 함께 실제 체험하고 시범 실습식 방법으로 학습한다.

5) 프로그램 5: 성인창작 프로그램 '시니어자서전'

(1) 시니어 자서전의 개요

인생을 되돌아보고 인생을 회고하는 자서전 글쓰기, 자서전 발간과 출판기념회를 개최하였다. '자서전을 쓰자'고 마음을 먹은 어르신들이 모인 수업이지만 글을 쓸 자신이 없다고 걱정하셨다. 그러나 어르신들은 매주 과제로 주어진 지나온 삶에 대한 기억과 감정들을 성실히 기록해 왔고, 꺼내기 힘들었던 이야기들까지 나누며 서로를 벗 삼았다. 출생, 어린 시절, 청년 시절, 직장생활, 결혼 등 시간이 흘러 자식을 낳고 키우다 보니 어느덧 '시니어'라는 이름이 붙는 나이가 되어버린 어르신들의 삶이 고스란히 담긴 자서전이 출판되었다.

그림 12-16 시니어 자서전

3월에 만난 학습자는 5개월이란 그간의 이야기들을 차곡차곡 쌓으니 한 권의 책을 만들 수 있는 분량이 되었다. 8~11월까지 교정 및 편집작업을 하였고, 12월에 출판기념회를 가졌다.

수업은 23주차 1일 2시간 도서관에서 만나 강사의 지도 아래, 브레인스토밍과 질문법을 통해 자신의 이야기를 끄집어 내도록 멘토역할을 하였다. 생각하기를 동기화시켜 스스로 글을 적고 관련 사진을 편집할 수 있도록 지지하였다. 학생 스스로 적극적으로 참여하고 자서전을 작성하는 과정을 통해 자신의 삶을 통찰하고 정리할 수 있는 기회가 되었다.

(2) 시니어 자서전 수업의 특징

최근 성찰과 협력을 통해 수업전문성을 개발 연구하고 있다. 이들은 연구자들이 형성한 이론적 지식을 교실 수업에 그대로 실천해보는 수동적 행위자가 아니라 자신의 수업상황에 교실문제들을 탐구하고 새로운 수업이론을 창출하는 능동적인 수업을 추구한다. 서로 함께 배우고 실천하는 상호 협력을 한다. 한 손에는 '성찰'을 다른 한 손에는 '협력'을 추구한다(정민수, 2015).

시니어 자서전 쓰기 프로그램은 자신의 삶의 여정을 브레인스토밍을 통해 기반을 마련하고 질문법을 통해 사고를 유도하며, 상호협력을 위한 피드백을 통해 멘토링 역할을 하면서 창작작업을 한다. 즉, 혼자서 작업하기 어려운 자서전 쓰기를 공동체 형성을 통해 개인의 성찰과 공동체의 협력을 통해 최종 결과물을 창출할 수 있었다.

표 12-5 시니어 자서전 교육 프로그램

차시	수업내용	교수법
1	오리엔테이션, 강사소개, 자서전에 대한 이야기	강의법
2	나를 소개하는 글을 써 와서 발표하기	브레인스토밍
3	내 인생의 연대표를 보고 돌아보는 나의 삶	브레인스토밍
4	나의 어렸을 때는 1: 조부모는 어떤 사람? 부모는 어떤 가치관을 가지고 있는 사람?	질문법
5	나의 어렸을 때는 2: 부모 간의 사랑, 형제간의 관계, 나의 성격과 재능, 나의 꿈 등	질문법
6	나의 사춘기 1: 언제 사춘기가 왔나, 왜 그때가 사춘기라고 생각하는가, 사춘기 때의 에피소드가 있다면 이 시기에 가장 많이 한 생각은, 처음 이성을 느꼈던 때는 언제 누구와 등	질문법

차시	수업내용	교수법
7	나의 사춘기 2: 중학교, 고등학교 시절 나는 어떤 학생이었나, 친구들과의 관계에서 능동적이었나 아니면 수동적이었나, 나와 가장 관계가 안 좋았던 친구가 있었나, 어떻게 해결하였나, 가장 기억에 남는 선생님은 등	질문법
8	청년기: 이 시기의 꿈은 무엇이었나, 꿈을 결정하고 이루는 데 누가 가장 많은 영향을 주었나, 무슨 일을 하고 있었나, 직업이 몇 번 바뀌었나, 그 일을 하기로 결심한 특별한 계기	질문법
9	사랑: 언제 첫사랑을 했나, 상대를 만난 계기와 상대의 어떤 점이 좋았나, 첫사랑과 얼마나 지속되었나, 끝났다면 왜 헤어졌는가, 살아오면서 사랑에 대한 나의 생각이 변했는가 등	질문법
10	결혼 1: 결혼했다면 결혼을 결심한 이유는, 결혼생활에서 가장 중요하게 여기는 것은, 결혼할 당시 두 사람에게 가장 중요했던 것은 등	질문법
11	결혼 2: 배우자의 특성 가운데 내가 가장 못 견디는 점은, 결혼 후 배우자가 많이 변했나, 변했다면 어떤 점이 얼마나 변했나, 결혼 후 나도 변했나, 어떤 점에서 얼마나 변했나 등	질문법
12	자녀들 1: 가족 구성은, 첫 아이는 언제 어디서 태어났나, 태몽을 꾸었다면 어떤 꿈, 첫 아이의 탄생 때 나는 어디서 무엇을 하고 있었나, 첫 아기를 보고 나는 어떤 기분이었나 등	질문법
13	자녀들 2: 성장한 자녀들과 의사소통이 잘 되나, 그렇지 않다면 이유는, 자녀들이 부모의 어떤 점을 닮았는가, 자녀교육에 가장 신경 쓴 것은 무엇이었나, 자녀는 어떤 삶을 살기를 원하는가 등	질문법
14	친구: 나는 새로운 사람을 만나는 것을 좋아하는가, 몇 명의 친구를 가지고 있나, 많은 편인가, 적은 편인가, 내가 꼽을 수 있는 친구는 누구누구인가, 그들의 공통점은, 나에게 친구란 등	질문법
15	동료, 선후배: 내가 현재 참여하는 외부활동은 무엇인가, 동창회 등 지속적으로 참석 하는 모임이 있나, 어떤 모임인가, 어떤 이유에서 그 모임에 지속적으로 참석하는가 등	질문법
16	재능과 능력: 나의 직업은, 일을 할 때 가장 중요시 여기는 것은, 몇 번 직업이 바뀌었나, 주로 해 온 일의 공통점은, 나의 직업에 만족하나, 조직에서 나는 리더였나, 아니면 따르는 편인가 등	질문법
17	꿈을 찾아서: 어렸을 때 꿈은, 어떻게 살고 싶었나, 그 꿈을 지금 이루었나, 아직도 찾는 중인가, 혹시 어딘가에 꿈에 대해 써 놓은 것이 있다면 뭐라고 썼나, 지금의 꿈은 무엇인가 등	질문법

차시	수업내용	교수법
18	신념과 가치관: 나의 인생에서 가장 중요하게 생각하는 가치는(돈, 명예, 사랑, 행복, 가족 등), 그것을 가장 중요하게 생각하는 이유는, 나이가 들면서 그 가치는 변하는가, 어떻게 등	질문법
19	유서 써 보기	브레인스토밍
20	이별과 죽음: 내가 처음으로 경험한 이별은, 사랑하면서도 헤어진 경험이 있다면 그 이유는, 원하지 않은 이별이 있었다면 그때의 느낌은, 나와 가장 가까운 사람의 죽음은 누구, 나에게 어떤 영향을 주었나 등	브레인스토밍
21~23	스캔, 교정, 교열 및 출판기념회	

4. 초 · 중등학교 평생교육

1) 사례 1: 초등학교 학교폭력 예방을 위한 뮤지컬 교육

(1) 예술을 활용한 창의적 인성교육의 효과(정미숙, 2017)

피교육자의 통감각(通感覺)을 이용할 수 있어 소통과 공감능력을 확장하는 데 기여한다. 습작, 발견, 표현, 창작, 실행평가의 단계로 구성되어 창의적 패턴인식 역량을 강화할 수 있다. 실제와 비실제의 경계를 드나들며 의미와 가치를 발견, 확산, 실천할 수 있는 능력을 배양한다. 예술 프로젝트의 경험과 실천을 통해 창의적 역량을 강화 할 수 있다. 예술의 장르의 경계를 자유롭게 넘나들며 창작과 실행을 함으로써 인문적 공감능력을 확장된다. 예술을 활용한 창의적 인성교육은 여러 예술 장르를 통합되고, 나아가 콜라보(협업)를 할 경우 그 시너지 효과가 극대화된다.

(2) 종합공연예술로서의 뮤지컬(박혜성, 2013)

뮤지컬(Musical)은 노래, 춤, 연기가 어우러지는 종합공연예술이다. 배우의 극적 표현이 직접적이고 비교적 단순한 서사구조로 이루어진다. 오페라나 발레에 비해 사전 지식을 요구하지 않는 대중적인 장르이다. 음악, 미술, 문학 등이 이야기를 전달하기 위한 배우의 연기에 융합, 통일되어 있다. 국내의 학교현장과 음악교육계에서는 음악극의 큰 범위 안에 뮤지컬을 포함시켜 지칭한다.

음악극은 연극과 음악, 무용이 가능한 한 밀접하게 결합된 연주형태의 하나로 넓은 의미로는 오페라, 오페레타, 발레, 뮤지컬, 레뷰 등을 포괄하는 관점이 있다. 음악극은 나라마다 서로 다른 특징을 지니며 발전한 것으로 볼 수 있는데, 서양의 오페라(Opera)나 뮤지컬(Musical), 중국의 경극(京劇), 일본의 가부키(歌舞技), 우리나라의 국극(國劇) 등이 그 예이다. 뮤지컬과 연극과의 차이점은 크게 음악의 활용 여부에 있다. 연극은 일반적으로 산문체의 대화로 사건을 설명하며 극을 진행하고 뮤지컬에서는 음악적 리듬과 템포 및 음악적 앙상블 등 음악의 절대적인 힘을 빌어서 극적 시공간을 과거, 현재, 미래로 이동시켜 작품의 스케일을 자유자재로 만들어 낸다.

종합예술인 뮤지컬은 연기, 노래, 무용, 포스터 및 소품 제작활동을 통하여 에듀 드라마, 음악교육, 무용치료, 미술치료의 학교폭력 예방효과를 동시에 기대할 수 있다. 창작 뮤지컬은 비언어적 의사소통과 언어적 의사소통을 함께 사용함으로써 자기를 표현할 수 있고, 정체성 형성이 가능하고, 자신과 타인을 탐색할 수 있고, 타인과의 친밀감을 이룰 수 있고, 감각의 자극발달을 이룰 수 있다. 음악은 비언어적 표현매체로서 감정을 소통하는 방법을 배우지 못한 학생에게 자신의 감정을 다루는 데 효과적이다.

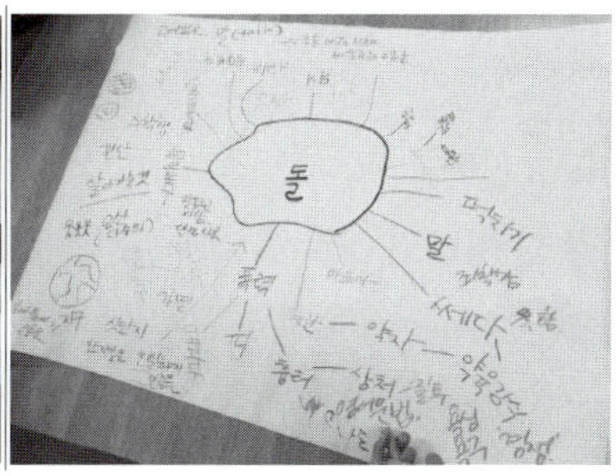

그림 12-17 참가 학생들의 뮤지컬 대본 작성과정

(3) 수업 혁명으로의 창작 뮤지컬

종합예술인 뮤지컬은 연기, 노래, 무용, 포스터 및 소품 제작활동을 통하여 에듀 드라마, 음악교육, 무용치료, 미술치료의 학교폭력 예방효과를 동시에 기대할 수 있다. 창작 뮤지컬은 비언어적 의사소통과 언어적 의사소통을 함께 사용함으로써 자기를 표현할 수 있고, 정체성 형성이 가능하며, 자신과 타인을 탐색할 수 있고, 타인과의 친밀감을 이룰 수 있으며, 감각의 자극발달을 이룰 수 있다. 음악은 비언어적 표현매체로서 감정을 소통하는 방법을 배우지 못한 학생에게 자신의 감정을 다루는 데 효과적이다.

친구들과의 관계에서 어려움을 겪고 있는 학생이나 소극적인 학생에게는 뮤지컬 활동을 통한 음악적 경험이 비언어적 중재의 수단이자 안전한 방법으로서 자신의 감정을 자유롭게 표현할 수 있도록 도와주는 역할을 한다. 음악적 표현이나 리듬 등을 사용하므로 객관적으로 도모하기 쉬운 반응을 일으킬 수 있고, 보다 쉽게 감정을 자극해 표현해내는 배출구로서의 역할이 가능하다. 창작뮤지컬 활동에 참여하는 것은 음악이라는 비언어적인 소통을 통해 보다 쉽게 감정적인 면에 호소함으로써 학교폭력 예방 프로그램에 적합하다. 창작뮤지컬 활동을 통해 자신의 사고에 대해 표현하고, 자신의 감정에 대해 인식할 기회를 갖게 된다. 창작뮤지컬 활동의 참여를 통해 자신의 폭발적 표현에 대한 통제가 가능하고, 타인과의 감정적 상호작용, 즉 정서적 공감과 감정적 교감의 경험을 갖게 된다.

(4) 2018 '찾아가는 학교폭력 예방활동 지원사업'-함께하는 뮤지컬(School of Musical)

- 참여대상 : 전국 초·중·고등학교 및 학교폭력 유관기관 소속 동아리 82개
- 활동기간 : 2018년 6월~2019년 2월
- 활동내용 :
  ① 학교 및 기관 내 학교폭력 예방 뮤지컬 동아리 구성
  ② 동아리 운영비 및 물품 지원

③ 교사 및 문화예술 멘토 연계를 통한 뮤지컬 공연 기획 · 운영 지원

- 지원내용 : 동아리 운영비 및 물품 지원, 교사 및 문화예술 멘토 연계를 통한 뮤지컬 공연 기획 · 운영 지원 등

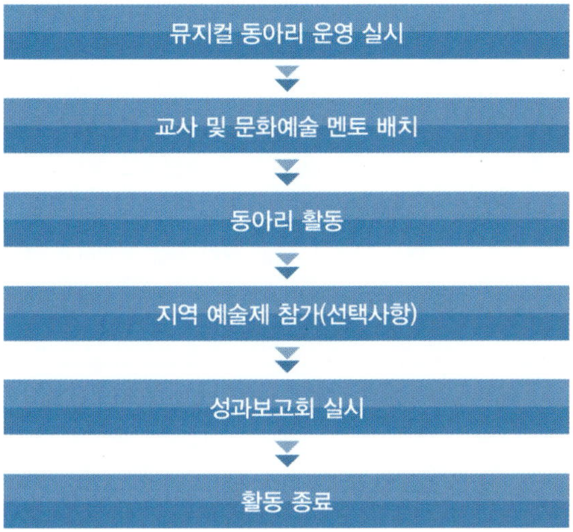

그림 12-18 '함께하는 뮤지컬(School of Musical)' 운영 절차

○ 교사 및 문화예술 멘토 배치

- 운영 목적 : 교사 및 문화예술 멘토를 통해 청소년들의 뮤지컬 동아리활동에 필요한 전문성을 확보하고 학교 및 유관기관현장에서 원활한 동아리 운영 지원
- 멘토 자격 : 전국 17개 시 · 도, 초 · 중 · 고등학교 및 유관 교육기관에서 아동 · 청소년 대상 뮤지컬 제작 및 지도수업이 가능한 사람
- 멘토 역할 : 뮤지컬 기획과 제작에 필요한 전반적인 내용지도 및 참여(뮤지컬 기획, 연출, 안무, 음악, 노래, 대본 등 지도)
- 파견 인원 : (재)푸른나무 청예단 심사를 통해 선발된 전국교사 및 문화예술 멘토 50여 명
- 멘토 유형

표 12-6 멘토 유형

구분	내용	
분야 1	연기지도 멘토	연기지도를 전담하며 뮤지컬 연기에 필요한 발성, 호흡법, 감정표현, 무대행동 등을 지도
분야 2	음악지도 멘토	뮤지컬에 적절한 노래 선정과 뮤지컬 노래 파트를 지도하고 개사에 함께 참여
분야 3	안무지도 멘토	뮤지컬에 적절한 안무를 짜고 지도하며, 안무동선 구성을 지도
분야 4	뮤지컬 기획, 연출, 스태프 총 연출지도 멘토	뮤지컬 기획, 연출, 스태프 등 전반적인 연출(소품, 음향, 조명, 무대구성, 뮤지컬 홍보 등)을 담당하고 관리
분야 5	시나리오 구성 및 작성지도 멘토	뮤지컬 시나리오 선정 시 고려할 사항, 큰 틀의 스토리 만들기, 세부 대사 만들기, 대본 읽기 등을 담당하고 관리
분야 6	교사 대상 컨설팅 멘토	학생 대상 뮤지컬 지도 및 동아리 운영경험이 풍부한 현직 교사가 동아리 지도교사 대상 운영 전반에 대한 전문 컨설팅 진행

대본 작성(신원초등학교)

감정표현과 공간채우기 '기쁨'(이작초등학교)

발성 연습(해맑음센터)

대본 연습(목포남초등학교)

동선 짜기(공덕초등학교)

안무 연습(남해초등학교)

녹음작업(임호초등학교)

현수막 제작(은진초등학교)

사진출처: 함께뮤 홈페이지 www.wfthmu.co.kr

그림 12-19 **뮤지컬 연습 및 제작**

2) 사례 2: 무한상상실, 중학생이 뮤지컬을 만나다

(멘토 활용 및 지역사회 연계 청소년 뮤지컬 제작 사례)

본 창작노래극(semi musical) 영상 〈누구야, 누구?!〉는 미래창조과학부와 한국과학창의재단에서 시행하는 〈전국민 무한상상실〉 사업의 지원으로 제작되었다. '상상과 창의는 무한하다!'를 모토로 〈포스텍 무한상상실, α→Ω 창작노래극 제작소〉에서 완성한 이 작품은 인문사회와 예술, 그리고 과학기술을 융합한 참여체험형 창의융합 프로그램이다.

그림 12-20 POSTECH 무한상상실 〈창작노래극 제작소 "누구야, 누구!!"〉

이 작품을 위해 2015년 9월부터 3개월 동안 포항지역 중학생 7명의 멘티, 대학생 4명의 멘토들이 노래극의 시작부터 완성까지 전체 과정–주제와 콘셉트 설정, 시놉시스와 텍스트 작성, 시나리오 대본 작성, 노랫말 추출, 작곡, 극중 노래 스튜디오 녹음, 안무 구상, 연기, 음향 및 조명시설 조작, 공연, 공연영상 제작, UCC 제작, Youtube 탑재 등–에 직접 참여했다.

이를 위해 각 분야별 전문가들–시나리오 작성, 연출, 연기, 안무–은 멘토와 멘티의 참여를 이끌어 내는(educare) 조언자의 역할에 충실하였다. 매 단계마다 부딪힌 어려움들을 해결해 나가는 과정은 창의적 생각이 탄생할 기회를 제공했고, 나아가 참여 멘티와 멘토들로 하여금 창의와 지혜의 세계로 안내해 주었다. 우리 모두가 세련된 결과보다 투박한 걸음걸이, 즉 과정이 더욱 중요하다는 것을 알게 된 중요한 계기가 되었던 것이다. 또한, 우리 모두는 함께 고민하는 경험의 시간 속에서 서로서로 생각을 존중하고, 생각의 탄생을 공유하고 독려했다. 때문에 이 작은 결과물들은 창의력이 담보된 아름다운 삶의 추억이다.

(1) 'α→ Ω, 창작노래극 제작소' 운영

지역의 역사와 문화와 연관된 소재를 발굴해 창작 시나리오 작성, 창작 극화활동, 연출, 영상 촬영, 영상 편집, UCC 제작, you-tube 탑재 등 전 과정을 통해 창의융합적 결과를 도출하였다.

표 12-7 α→ Ω, 창작노래극 제작소 교육 프로그램

<table>
<tr><th>프로그램명</th><th colspan="4">α→ Ω, 창작노래극 제작소</th></tr>
<tr><td>프로그램 설명</td><td colspan="4">지역의 학교폭력 예방과 관련된 소재를 발굴해 창작 시나리오 작성, 창작 극화활동, 연출, 영상 촬영, 영상 편집, UCC 제작, you-tube 탑재 등 전 과정을 통해 창의융합적 결과 도출</td></tr>
<tr><td>대상</td><td colspan="4">청소년(중등)</td></tr>
<tr><td>회차당 정원</td><td colspan="4">7명(멘티) 4명(멘토)</td></tr>
<tr><td>운영기간 및 시간</td><td colspan="4">2015년 08월 29일~2015년 11월 13일, 매주 토요일 13:00~15:00</td></tr>
<tr><td>총괄기획</td><td colspan="4">김춘식 교수(포스텍 인문사회학부)</td></tr>
<tr><td>운영</td><td colspan="4">조정선 박사(포스텍 과학문화연구센터)</td></tr>
<tr><td rowspan="8">회차별 내용</td><td>회차</td><td>날짜</td><td>교육내용</td><td>참여자 수(명)</td></tr>
<tr><td>1회차</td><td>08.29</td><td>• 창작노래극 스토리텔링클럽 구성
• 노래극의 주제와 콘셉트 설정</td><td>10</td></tr>
<tr><td>2회차</td><td>09.05</td><td>• 노래극 역할 분담 및 텍스트 작성
• 노래극 세부내용 구상 및 텍스트 수정</td><td>9</td></tr>
<tr><td>3회차</td><td>09.12</td><td>• 스토리델링 기법을 통합 시나리오 작성</td><td>9</td></tr>
<tr><td>4회차</td><td>09.19</td><td>• 시나리오에서 창작노래극 가사 추출</td><td>10</td></tr>
<tr><td>5회차</td><td>10.10</td><td>• 가사를 토대로 멜로디 착상 및 작곡</td><td>11</td></tr>
<tr><td>6회차</td><td>10.17</td><td>• 창작노래극 안무(춤) 구상 및 시연</td><td>10</td></tr>
<tr><td>7회차</td><td>10.24</td><td>• 창작노래극 완성 및 연습</td><td>8</td></tr>
</table>

	8회차	10.31	• 창작노래극 완성 및 연습 • 무대 음향과 조명에 대한 이해 및 조작 • 창작노래극 연출 협의	10
	9회차	11.06	• 창작노래극 공연 및 촬영	11
	10회차	11.07	• 창작노래극 UCC 제작 및 U-tube 탑재	11
창작노래극 공연		11.13	창작노래극 공연 및 촬영	100

(2) 'α→ Ω, 창작노래극 제작소' 수업방법

멘토 활동으로 멘티들이 스스로 작품을 성취할 수 있도록 길을 잡아주고, 멘티들이 하고 싶은 목표가 있지만 그에 대해 부족한 역량을 채워주는 역할을 하는 데 가치가 있는 것 같다. 더 나아가 쌍방향의 소통으로 진로 탐색 및 행복한 삶에 대해 스스로 깨달을 수 있는 계기가 된다.

그림 12-21 'α→ Ω, 창작노래극 제작소' 수업방법

창작노래극을 만드는 것의 의의는 전체과정을 겪어봄으로써 다양한 경험 및 특히 예술 혹은 창작의 과정을 '만들어 봄으로써' 이해하는 것이다. 매 단계마다 부딪힌 어려움들을 해결해 나가는 과정은 생각이 탄생할 기회를 제공했고, 나아가 참여 멘티와 멘토들로 하여금 창의와 지혜의 세계로 안내해 준다. 세련된 결과보다 투박한 걸음걸이, 즉 과정이 더욱 중요하다는 것을 알게 된 중요한 계기가 되었다. 모두가 함께 고민하는 경험의 시간 속에서 서로서로 생각을 존중하고, 또한 생각의 탄생을 공유하고

독려하였다. 상상과 창의력 향상을 위해 창작노래극 소재 결정부터 토의를 통해 학생들이 직접 결정하고, 콘텐츠 창작활동에 멘티(중학생 7명)가 중심이 되고, 멘토가 전문가의 도움을 받아 음향 및 조명시설까지 직접 조작하며 멘티를 협조하여 최종 세미뮤지컬을 완성하였다. 무한상상실 프로그램으로서 무에서 유로 탄생시킨 창작 결과물을 대중과 소통하기 위해 창작노래극(semi musical) 영상 〈누구야, 누구?!〉를 일반인을 대상으로 직접 소극장에서 공연하였다. 공연 후 공연영상 제작, UCC 제작, YOU-tube 탑재하여 무한상상실 확산에 도모하였다.

5. 동신대학교

1) 창의융합형 공학인재 양성지원사업

공과대학 및 에너지융합대학 1학년을 대상으로 한 인성강화class는 아르헨티나 전통탱고(Traditional Tango of Argentina)를 소재로 하여 〈춤과 인성, 춤과 인문학, 춤과 건강, 춤과 창의성〉을 키우는 것을 목표로 강연과 참여와 체험이 어우러진 방식으로 진행되었다.

예술행위가 학생들의 공동체적 가치관 형성을 포함해 인성교육, 그리고 특히 고등교육영역의 학생들의 창의적 학습과 융합적 연구에 큰 효력을 미친다는 것은 학술적으로 잘 검증된 사실이다. 특히, 팀(짝)을 이루어 공감과 소통, 협력(Collabe)과 조화(Harmony)를 모색하는 춤(Dance)은 파트너에 대한 배려를 가장 중요한 매너(manner, 예의)로 여기고 있다. 그리고 이 "매너는 사람을 만든다(manner maketh man)"고 할 만큼 인성(人性)의 핵심이다.

그림 12-22 주제 강의

그림 12-23 창의활동 (탱고와 건강보행 실습)

이와 같은 취지로 총 5회의 수업 중, 1회차에는 스킨십(skinship)을 통한 감각의 개별 기능이 바람직한 인성형성에 미치는 영향을 주제로 한 강의, 2회차에는 아르헨티나 전통탱고에 대한 역사적 · 문화적 배경을 통해 인성의 가장 기본에 해당되는 절제(節制)와 배려(配慮)를 강조하고, 또한 탱고가 가진 예술과 건강에 대한 효과를 중심으로 강의가 진행되었다. 3회차에는 탱고와 보행실습을 주제로 창의학습-참여와 체험형-강의를 진행했는데, 이 강의에는 한국 최고수준의 탱고무용수 2분을 초청해 탱고의 기본동작과 건강보행 실습을 진행하였다. 이 창의활동에는 특히 학생들의 적극적인 호응과 참여로 진행되었으며, 이를 통해 이공계학생들에게 창의예술활동의 필요성을 더욱 절실하게 확인하였다. 4회차에는 춤과 인성의 상관관계를 행복한 삶으로 연계시키는 외부 유명인사를 초빙한 강연을 진행하였다. 이로써 총 4회의 강의는 상호 유기적으로 연관성을 가진 형태인 ① 감각과 인성, ② 탱고와 역사문화예술, ③ 탱고와 건강, ④ 춤과 인성, 그리고 행복의 순으로 진행되었다. 이로써 수강생들은 아르헨티나 전통탱고를 매개(Facilitator)로 융합적인 형태의 인성과 예술/인성과 창의성/인성과 행복을 성공적으로 경험하였다. 마지막 총평에서 거의 대부분의 학생들은 대학생활에서 탱고라는 춤을 매개로 진행된 융합적 인성 프로그램에 대한 최고의 만족도를 나타냈으며, 개선점으로는 좀 더 많은 횟수와 시간을 요구하였다.

향후 기존 비교과 프로그램인 창의융합형 공학인재양성 프로그램에는 기존의 공학

중심의 교육 프로그램의 형태에서 과감하게 벗어나 과학기술과 인문예술이 융합된 프로그램을 확대함으로써 이공계학생들로 하여금 창의융합적 사고를 배양하고, 이를 통해 소통하고 협력하는 인성을 키울 수 있는 기회를 제공할 필요가 있는 것으로 판단한다.

6. 포항시 평생교육원

1) 2018년 지역 평생교육 활성화 지원사업 '평생학습도시 특성화'

평생학습도시 특성화 사업은 포스텍, 한동대학교, 포항대학교, 선린대학교, 위덕대학교, 한국폴리텍대학 포항캠퍼스 6개 지역대학이 참여하였다. 평생학습진흥 업무협약을 체결하여 평생학습 공동사업의 적극적인 추진과 인력의 상호교류 및 정보교환 등 협업 체제를 구축하였다.

이 사업은 2017년 11월 15일 포항 지진 피해로 인한 이재민 발생 및 시민들의 지진 트라우마 극복 및 일상생활 복귀를 위한 다양한 지원이 필요하다. 평생학습 참여를 통한 시민 행복지수 향상 및 공동체의식 함양에도 기여하였다.

철강경기 침체로 인한 지역경제 어려움으로 포스코를 비롯한 기업 불황의 심화로 대기업 및 중소기업 등 구조조정, 인원감축 등 조기 퇴직자가 지속적인 증가되면서 인생 2막의 행복한 삶을 위한 맞춤형 전문 자격증 취득 및 학습형 일자리 교육이 필요하다. 경력단절여성의 수요에 맞는 맞춤형 일자리(학습형 일자리) 창출 및 지원도 필요하여 정리수납 컨설턴트 및 아로마뷰티테라피 천연화장품 · 비누 강사 양성과정 등이 개발되었다.

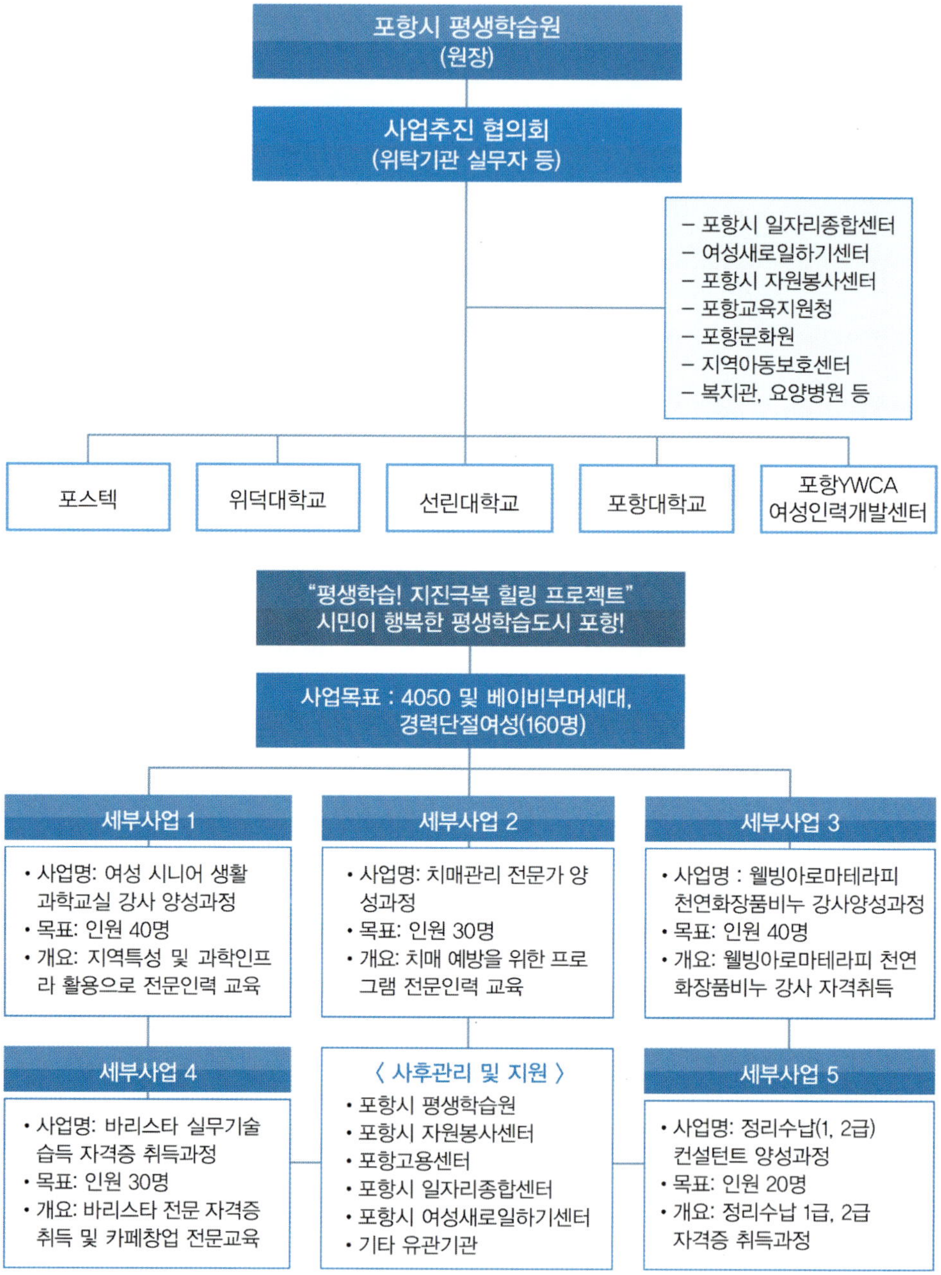

그림 12-24 사업체계도

"평생학습으로 지진피해 극복" 내일(job) & 내일(tomorrow) 지원사업 위탁교육과정은 다음과 같다. 포항공과대학교(포스텍)는 여성 · 시니어 생활과학교실 강사 양성과정으로 첨단과학도시 포항의 인프라를 활용한 전문인력 양성 및 학습형 일자리를 창출한다. 위덕대학교는 치매관리 전문가 양성과정으로 전라남도에 이어 17개 시 · 도 중 고령화 속도가 2번째로 빠른 경상북도의 특성을 반영하여 치매관리 전문가의 수요를 맞추고자 한다. 선린대학교는 웰빙아로마테라피 천연화장품 · 천연비누 강사자격 취득과정을 개설하여 철강도시 여성일자리 부족에 따른 경력단절여성 전문인력 양성 및 사회참여를 확대하였다. 포항대학교는 바리스타 실무기술습득 및 자격증 취득과정을 개설하여 바리스타 과정의 고급화 전략으로 스페셜티 전문가 양성 및 소자본 카페창업을 지원하였다. 포항YWCA여성인력개발센터는 정리수납 컨설턴트 양성과정을 개설하여 경력단절여성 전문 자격증 취득으로 맞춤형 일자리 창출 및 지역사회 봉사활동에 참여하도록 하였다. 포항 지진으로 인해 피해를 입은 이재민들에게 평생학습을 통한 힐링 및 극복 지원학습이 곧 일자리 전략으로 각 기관의 강점을 살린 맞춤형 평생교육 프로그램을 운영하였다.

2) 평생학습도시 특성화 프로그램 수업방법

각 기관별 특성을 살린 차별화된 프로그램으로 운영하였다. 재취업을 위한 전문가 양성과정을 통해 일자리를 창출하고자 하는 목적을 가지고 있으므로 이론보다 실전에 효과적인 수업방법을 선택하였다.

첨단과학도시 우수 인프라와 지역 특성을 반영한 학습형 일자리 확대를 위해 포스텍 리더십센터, 나노융합연구원, 한국융합연구원, 방사광가속기 연구소, 로보라이프 뮤지엄, 경북과학교육원, 아테물리센터 등 지역자원을 활용하여 첨단과학도시 해피 가이드 양성을 통한 전문인력을 양성하였다. 주로 간단한 강의와 함께 현장에 가서 체험을 하였다. 지역대학의 인적 · 물적자원을 활용한 4050 베이비붐 세대 특성화 사업을 추진하여 유능한 중 · 장년 세대들을 지역의 핵심인재로 양성 및 활용한다. 성인학습자의 특성을 고려한 교육방법은 인적 · 물적 인프라를 최대로 활용하고, 더불어 학습자가 주도적으로 참여할 수 있는 학습방법이 주목받는다. 비판적 사고력과 문제해결력, 창의력과 혁신적 사고력, 협동능력과 커뮤니케이션능력 등의 21세기 핵심역량을 함양하는 데 도움을 주는 것이다.

기억하기

1. 광명시 평생교육원은 평생학습 분야의 시민 전문가, 활동가 양성과 학습형 일자리 창출 및 시민의 역량강화와 시민제안사업 발굴의 실행기반을 제공하고자 액션러닝, 문제 중심 학습, 시민 중심의 평생교육 교수방법으로 수업한다.

2. 포스텍 무한상상실은 STEAM 교육을 기반으로 한 메이커교육을 한다. 4차 산업혁명시대 아이디어만 있으면 누구나 제조사가 될 수 있고, 이미 개발된 플랫폼을 활용하여 제품에 대한 피드백을 받거나 판매를 통해 수익을 창출하는 것도 가능하다. 이러한 기술적 인프라를 기반으로 현재 메이커 문화가 확산되고 있다. 또한, 진로와 연계하여 창업, 신사업 창출로까지 연결될 수 있다.

3. 광진구 정보도서관은 창의체험수업을 한다. [메이커-작업] 성인창작-골드버그 장치 만들기, [체험형 종합공연] 클래식 그림책 콘서트, [메이커-교육] 유튜브 크리에이터, [창의체험] 웹툰 성인반, [성인창작 프로그램] 시니어 자서전 수업이 있다.

4. 초 · 중등학교에서는 뮤지컬(노래극)의 멘토와 멘티가 함께 시작부터 완성까지의 전체 과정-주제와 콘셉트 설정, 시놉시스와 텍스트 작성, 시나리오 대본 작성, 노랫말 추출, 작곡, 극중 노래 스튜디오 녹음, 안무 구상, 연기, 음향 및 조명시설 조작, 공연, 공연영상 제작, UCC 제작, YOU-tube 탑재 등-에 직접 참여한다. 이를 위해 각 분야별 전문가들-시나리오 작성, 연출, 연기, 안무-은 멘토와 멘티의 참여를 이끌어 내는(educare) 조언자의 역할에 충실하였다.

5. 동신대학교는 공과대학 및 에너지융합대학 1학년을 대상으로 한 인성강화class는 아르헨티나 전통탱고(Traditional Tango of Argentina)를 소재로 하여 〈춤과 인성, 춤과 인문학, 춤과 건강, 춤과 창의성〉을 키우는 것을 목표로 강연과 참여와 체험이 어우러진 방식으로 진행되었다.

6. 포항시 평생교육원에서는 첨단과학도시 우수 인프라와 지역 특성을 반영한 학습형 일자리 확대를 위해 강의법과 체험으로 기관별 차별화 전문가 양성과정이 진행되었다.

평가하기

기관별 평생교육 프로그램 기획의 특성과 교육 프로그램을 발굴하여 수업의 효과를 높이기 위한 학생 중심, 시민참여형 교육개발에 대해 논의해 보자.

제 13 장

평생교육방법의 적용과 실천 사례 2

개 요

평생교육방법의 적용과 실천은 마을이나 문화공동체에서 이루어지는 교육, 학습동아리, 농촌 리더 육성교육, 마을도서관 만들기, 주민자치센터 교육 등 지역을 기반으로 한 모든 교육활동들이 해당하며, 평생교육의 실천은 교육공동체를 지향하고, 그 기반 위에서 열어가는 지역의 발전이다. 교육에 참여하여 지역주민이 자생력을 가지고 삶을 주체적으로 살되, 더불어 상생적인 삶을 통해 공동체성을 회복하는 것을 목적으로 한다. 지역사회의 평생교육은 그 가치를 인식하고 인정할 뿐만 아니라 구체적인 실천을 통해 그 가치를 재인식 또는 재발견해 나가는 사람들을 통해 활성화되고 발전해 나갈 수 있다(윤여각, 강영희, 김미란, 노병윤, 박선경, 2019). 이와 관련하여 이 장에서는 학습동아리, 일반 평생교육기관의 지도자 양성 프로그램의 실제, 사회적 협동조합의 설립 실천 사례를 통해 평생교육방법의 적용과 실천에 대해 살펴본다.

제 13 장 평생교육방법의 적용과 실천 사례 2

학습 목표

1. 지역사회와의 소통과 참여활동 학습동아리의 평생교육방법의 적용과 실천 사례를 알아본다.
2. 일반 평생교육기관의 지도자 양성 프로그램의 실제를 통해 평생교육방법의 적용과 실천을 살펴본다.
3. 사회적 협동조합의 인가과정 및 사업계획에서 평생교육방법의 적용과 실천방법을 사례를 통해 알아본다.

현대사회는 평생학습사회로써 급변하는 사회 변화에 적응하기 위해서 평생학습에 대한 요구가 더욱 커지고 있다. 미시적 관점에서 평생학습은 인간의 생애 전반에 걸쳐 지속되는 학습으로 출생에서 죽음에 이르기까지 생애단계에 필요한 학습을 수행하며 학습활동이 학교 등 의도된 학습의 공간뿐만 아니라 인간의 생활영역 전반에서 일어난다.

미시적 관점에서 평생교육기관은 전통적인 교육 중심적 개념으로 교육자원을 투입하여 교육서비스를 제공하여 학습자의 지식, 신념, 가치, 태도의 변화를 바꾸며, 이윤보다는 교육적 효과 극대화에 개개인의 평생학습활동을 체계적으로 지원하여 평생에 걸쳐 행동 변화과정을 조장하는 기관이다. 또한, 평생교육 프로그램의 분석을 통해 수요자의 욕구에 맞춘 프로그램을 개발하고 홍보하여 학습자의 학습동기유발을 통한 학습수요자를 확보한다. 평생교육의 성패는 고객과의 성공적인 관계 유지에 있으므로 관계 중심적 입장에서 인간신뢰를 핵심가치로 삼고 기관을 운영해야 한다.

본 장에서는 미시적 관점에서의 평생교육방법에서 지역사회와의 소통과 참여활동 학습동아리와 평생교육기관의 지도자(강사) 양성 프로그램의 실제, 사회적 협동조합의 인가과정 및 사업실천방법을 통해 미시적 관점에서의 평생교육을 살펴보고자 한다.

1. 지역사회와의 소통과 참여활동 학습동아리

소규모 학습집단이란 교수자와 학습자가 자연스럽게 만나 학습이 이루어지는 자발적·비공식적 학습집단을 말한다. 정규적인 교육시설은 없지만 자연스러운 만남을 통해 학습이 이루어지는 조직이라고 볼 수 있다(한경미, 2010). 학습자들이 협력하여 학습을 진행할 때 개별 학습자의 학습이 좀 더 원활하게 진행될 수 있는데, 학습동아리에서는 역할분담을 통한 운영이 불가피하므로 내부적인 역동이 나타나게 된다(윤여각, 강영희, 김미란, 노병윤, 박선경, 2019).

학습동아리는 정해진 주제에 대한 학습이나 토론을 하는 자발적으로 함께 학습하는 소모임으로 학습자 중심의 학습방법과 개인적 학습이 아닌 공동의 학습이기에 학습자들 간의 상호작용으로 자신의 학습경험을 타인과 공유함으로써 학습의 시너지를 얻게 되는 데 의의가 있다. 참여자들은 학습동아리 활동을 통해 다른 사람과 협력하고 연대하는 것을 배우게 된다. 따라서 학습동아리는 학습자 개인 간의 차이를 인정하면서 집단적인 학습을 통해 교육공동체를 지향한다. 학습동아리가 원만하게 잘 진행되기 위해서는 리더의 역할이 중요하다고 할 수 있는데, 학습동아리의 리더는 열성적이고 우호적이며 남의 의견을 존중할 수 있는 사람이 좋다(이지혜, 2003).

학습동아리 실천경험을 기초로 몇 가지 유형으로 구분하면 학습목적 및 학습과정상의 특성에 따라 성인학습 프로그램을 마친 후 배운 지식을 개인 능력 신장과 기술을 향상할 목적을 가진 심화학습형, 전문가들이 공동체로 모여 전문지식을 재생산하여 보급하는 형태의 전문탐구형, 지역사회의 사회적 문제의 해결방안을 모색하고 대안을 제시하는 목적으로 만들어진 문제 해결형, 지역발전을 위한 건전한 사회봉사의 목적을 가진 지역봉사형 등 네 가지 유형으로 나누어 볼 수 있다(이지혜, 2002).

학습동아리의 신청은 국가 및 지방자치단체의 평생학습센터 홈페이지를 방문하여 모집 기간, 모집대상, 접수방법, 제출서류 등을 확인하고 신청양식을 내려받아 절차에 따라 신청할 수 있다.

등록절차는 신청서 작성, 서류 제출, 검토(정기적 모임이나 활동실적), 승인, 등록 및 지원의 절차가 있으며, 학습동아리로 선정이 된 이후에는 학습동아리의 정기적인 활동 장소 일부를 제공하거나 교육 공모사업 신청 자격 부여, 학습동아리 활동 지원금 지원, 활동 피드백 및 학습상담 지원, 우수 학습동아리 시상 등의 혜택을 받을 수 있다.

학습동아리의 구성방법은 일반적으로 구성인원 6인에서 10인 이상으로 역할과 주요 임무는 〈표 13-1〉과 같다.

표 13-1 학습동아리 구성 및 주요 임무

구분	주요임무
회장	• 학습동아리 대표 • 학습동아리 회원 모집 및 실적 관리
총무	• 모임 제반사항 준비 및 진행 • 운영계획 및 추진실적 보고 • 동아리활동비 관리
회원	• 학습동아리 참여, 학습, 과제 수행 • 학습동아리 활동내용 업무에 적용

학습동아리의 조직은 기관단체 중심, 참여자 자발적 결성의 두 경우로 나누어 볼 수 있는데, 두 경로는 비슷한 발전과정을 거치나 참여자가 자발적으로 결성하는 경우는 스스로 모든 일을 계획하고 지원체계를 찾아나서야 한다는 점에서 큰 노력과 에너

지의 집중이 요구된다. 따라서 학습동아리의 조직단계별 변화에 따라 준비하고 지원한다면 학습동아리의 성장에 효과적으로 이바지할 수 있다(이지혜, 홍숙희, 박상옥, 한국교육인적자원부, 2001).

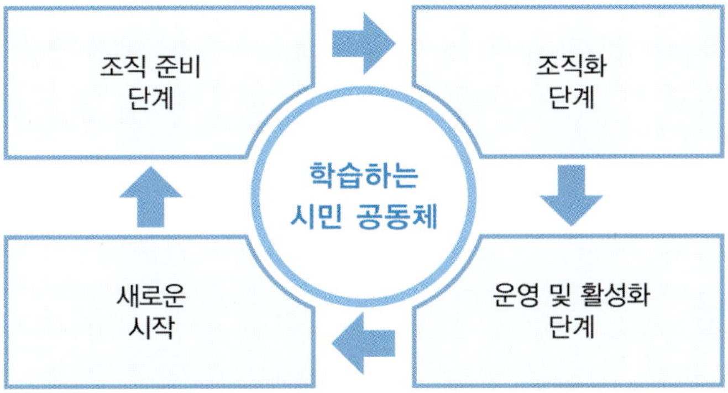

그림 13-1 **학습동아리의 조직화 과정**

출처: 한국교육개발원 학습동아리 지도자 가이드북(2011).

다음은 학습동아리의 유형 중 심화학습형과 지역봉사형 두 가지의 성격을 가진 학습동아리의 사례를 살펴보고자 한다.

1) 학습동아리 평강공주 소개

2011년 8월에 창립하였고, 대구시 수성구 평생학습센터에 등록한 회원 약 20여 명의 학습동아리이다. 40~60대의 다양한 재능을 가진 지역주민들로 구성되었으며, 동아리 회원들의 자발적인 학습과 재능기부를 통해 아름다운 강사 공동체의 길을 동행하고 있다. 회원들은 리더와 회장을 중심으로 평생학습과 자기능력 신장에 필요한 자격증 취득, 재능 나눔 봉사를 통하여 지역사회에서 평생교육을 실천하고 있다.

2) 학습동아리 평강공주의 창립 목표

'(평)생교육 (강)사들이 (공)부해서 남(주)자'의 약칭인 평강공주는 강사활동 희망자와 초보 강사들이 모여서 자기주도적 학습을 통한 자기계발과 평생학습을 솔선 실천함으로써 지역사회의 평생학습 분위기 조성에 앞장서고, 멘토링과 코칭을 통한 평생교육 강사가 지녀야 할 자질 함양과 강의기술 향상 등으로 학습자들에게 명강사가 될 수 있도록 학습효과를 높이고, 소외계층에 대한 재능기부 학습 봉사를 통한 배움 나눔 활동으로 건전한 평생학습문화 확산에 기여하고자 함을 목표로 한다.

3) 주요 활동

매월 2회 정기모임을 개최하고, 참여 학습을 하면서 유의미학습과 인지 전략을 활용한 시범 강의 수강 및 피드백, 팀 기반 학습의 강의기법 연구 및 발표 등으로 평생교육 강사로의 자질 향상 및 강의기법 향상 등 평생교육 강사의 역량 강화를 위하여 자발적인 학습과 훈련을 하고 있다. 회원들의 역량개발 후 지역민을 위한 무료 강의 봉사활동을 하고 있으며 동아리 차원에서도 재능기부 형태의 무료 강의, 나눔 행사를 시행하는 등 지역사회 발전과 공동체를 위한 다양한 활동을 하고 있다.

주요 활동에서 평생교육방법의 적용을 살펴보면 다음과 같다.

- 40~60대의 주부, 직장인 등의 지역사회 사람들이 평생교육 명강사를 꿈꾸며, 팀 기반 학습(TBL)과 문제 중심 학습(PBL)을 중심으로 꾸준한 스터디와 연구를 통해 평생교육 강사 관련 자격증을 취득하였다.
- 리더의 유의미학습전략으로 동아리활동 회원 대부분이 평생학습과 자기계발에 심취하여 공부습관을 기르고 공동체의식이 향상되었으며, 다수의 관련 교육과정을 이수하였다.
- 자기주도적 학습과 액션러닝을 통한 강연콘서트와 저서 발간 등으로 지역사회에

서 평생학습의 모범 사례가 되었다.

- 2012년부터 매년 멘토링과 코칭을 통한 '강의 스킬 향상과정'을 공부하였으며, 2014년에 토크쇼 '명강사의 길을 묻다' 프로그램으로 평생교육 강사로서의 역량을 길렀다.
- 2015년 유의미학습과 인지전략을 기반으로 '동기부여 강연콘서트 도전 프로젝트' 과정을 준비하여, 2016년 3월 '동기부여 강연콘서트'를 개최, 호평을 받았다.
- 2016년 3월 '브랜드 가치를 높이는 내 책 쓰기' 10회기 과정을 시작하여 7월 하순 수료와 함께 그간의 성과를 결산하는 《아름다운 동행, 향기를 뿜다》라는 제목의 회원 공저 책 출간 및 출판기념회를 개최하였다.
- 교육부에서 정책적으로 추진하고 있는 평생학습계좌제에 2016년 8월에 회원 대부분이 가입하였다.
- 2012년부터 매년 경로당 등지에서 게임법, 역할극 등 재능기부 학습 봉사를 통한 배움 나눔 활동을 하고 있으며, 2016년 대구시 경로당 광역지원센터와 경로당 재능기부 봉사활동 등으로 협약을 체결하였다.
- 회원들 전원 대구시 노인연합회에서 실시하는 경로당 강사양성교육을 수료하는 등 팀 기반 자체 학습 외에도 연계된 타 기관의 많은 평생학습과정을 이수하고 있다.

평강공주는 이러한 배움과 나눔 활동실적으로 그동안 수년째 동아리 지원사업에 선정되어 평생교육의 실천과 교육공동체를 지향해 오고 있다.

4) 활동 사례: 평생학습을 통한 [내 책 쓰기]

평강공주는 수성구 평생학습센터 학습동아리 배움 나눔 행복사업에 선정되어 《아름다운 동행, 향기를 뿜다!》라는 제목의 평강공주 동아리 회원들의 평생학습 체험담을 담은 수필집을 펴냈다.

표 13-2 평강공주 [내 책 쓰기] 프로그램 개요

구분	내용
과정	• 삶의 경험을 책 쓰기를 통해 제2의 삶으로 창출하는 과정 • 개인 혹은 공동으로 책을 집필하는 방법의 학습동아리 활동 • 동아리 회원들의 삶에 대한 자신감과 행복감을 얻는 과정
일시	****년 **월 **일부터 10회기
대상	평강공주 학습동아리 회원과 가족
준비	책 쓰기 유인물 및 워크북

출처: 평강공주(2016). 아름다운 동행, 향기를 뿜다 발췌.

표 13-3 평강공주 [내 책 쓰기] 프로그램 내용

회기	주제	세부내용
1	책 쓰기 워밍업	•책 쓰기 개요와 책 쓰기의 기본을 이해한다. •내 생애 주기와 강·약점을 알고 관심사항을 정리한다.
	평생교육방법	브레인스토밍과 질문법
2	출판 기획하기	•출판의 기본을 이해하고 출판기획서를 작성한다. •출판기획서에 나타난 차별화된 강점을 공감한다.
	평생교육방법	강의법
3	책 쓰기 공감	•책 쓰기 월드 카페 활동으로 책 쓰기를 공감한다. •의미 있는 우연을 발견하고 조언에 감사한다.
	평생교육방법	유의미학습과 인지전략
4	샘플북 선정	•내가 쓸 책과 유사한 책 10권을 검색하여 살펴본다. •샘플북을 선정하여 서문과 본 내용을 10장 수기한다.
	평생교육방법	자기주도적 학습
5	스마트한 제목	•내가 정한 제목과 유사한 제목 100개를 찾는다. •그중 10개를 정해 조언을 듣고 1개 제목을 정한다.
	평생교육방법	멘토링과 코칭
6	얼개 마인드 맵	•책 제목에 맞는 대 목차와 소 목차를 구성한다. •목차 얼개를 마인드맵으로 그려 주요 내용을 메모한다.
	평생교육방법	자기주도적 학습

회기	주제	세부내용
7	자료 수집과 분류	• 책 제목에 맞는 자료를 다양하게 수집하여 분류한다. • 신문, 검색자료, 이미지 등의 자료는 출처를 명기한다.
	평생교육방법	액션러닝, 멘토링과 코칭
8	글쓰기 편집	• 목차에 맞게 자료를 배치하고 글을 수정 편집한다. • 글과 사례, 이미지를 적절히 배치하여 맛을 살린다.
	평생교육방법	액션러닝, 멘토링과 코칭
9	표지와 서문	• 제목에 맞는 표지를 다양하게 살펴보고 이미지화한다. • 제목과 목차를 고려해 독자에게 주는 서문을 완성한다.
	평생교육방법	액션러닝, 멘토링과 코칭
10	저자소개와 출처	• 제목과 내용에 맞는 저자소개를 작성한다. • 저작권을 염두에 두고 출처와 참고문헌을 표기한다.
	평생교육방법	강의법, 코칭

출처: 평강공주(2016). 아름다운 동행, 향기를 뿜다 발췌.

앞에서 살펴본 바와 같이 학습동아리는 수강생 주도의 자율적 학습을 통해 해당 분야의 전문가로 육성하고 지역사회 자원봉사 실천을 통한 배움을 사회에 환원하는 평생학습공동체이다. 평생교육 학습동아리는 학습모임이 정기적인 것을 원칙으로 참여자의 자발성을 기초로 하며, 친목 모임이 아닌 동아리 목적 달성을 위해 학습에 성실히 임하여야 하고 지역사회 봉사활동, 연계 봉사, 평생학습 축제, 발표회 등에 적극적으로 참여해야 한다. 국가 및 지방자치단체의 평생학습센터에 등록한 학습동아리의 경우 동아리 활동의 목적에 맞지 않게 운영된다거나 활동이 개인의 영리추구, 사업적 목적으로 운영되는 경우, 정치적 활동을 하는 경우 등 동아리 운영을 제한하거나 등록 취소 사항도 잘 살펴 운영되어야 한다.

2. 평생교육기관의 지도자 양성 프로그램의 실제

평생교육은 학교교육을 제외한 모든 형태의 조직적인 교육활동이다(「평생교육법」 제2조 제1항). 평생교육 프로그램이란 평생교육기관이 학습자의 성장과 발전을 돕기 위하여 체계적으로 개발하여 지식과 경험을 포함한 모든 학습 지원활동의 사전 계획과 기대하는 결과를 말한다(한경미, 2010). 프로그램의 특징은 학교교육과정과는 달리 실생활과 관련된 교육내용이 주를 이루고 있고 시간은 융통성이 있고 단기과정들이 많으며, 교육방법에서도 다양한 방법들이 사용되고 있다(한경미, 2010).

전 생애에 걸친 평생학습을 통해 선진시민으로서의 합리적인 가치관과 태도를 형성함과 동시에 직업 및 사회적응능력을 함양시킴으로써 지역 경쟁력을 제고할 수 있다.

프로그램 중심 일반 평생교육기관에서의 주요 직무는 프로그램 개발자, 강의 및 학습자 집단 관리자, 시설 관리자의 역할이 요구되며, 전문경영 중심 교육기관에서는 전략적 프로그램 기획자, 직원의 직무개발 전문가, 마케팅 전문가, 네트워킹 전문가의 역할이 요구된다(오혁진, 2003).

일반 평생교육기관에서의 프로그램 내용을 살펴보면 주말 평생교육 프로그램, 취약계층 대상 평생교육 프로그램, 문해교육과정 평생교육 프로그램, 자격증과정 평생교육 프로그램, 지방자치단체나 주민자치센터와 연계된 평생교육 프로그램, 방과 후 학교와 연계한 평생교육 프로그램 등으로 전문성 향상 및 사회통합 프로그램의 운영으로 지역사회의 요구에 기여한다.

다음은 지역주민의 자아실현 욕구 및 재취업의 기회를 제공할 수 있는 자격증 프로그램을 소개하고자 한다. 먼저 민간자격증을 발급하고자 하는 평생교육기관에서는 한국산업인력공단에 민간자격증 등록을 한 후 자격증 강좌를 개설하여야 한다.

1) 그림책지도사

진정한 의미에서 그림책에서의 글은 그림 없이 그 자체로 의미를 해석할 수 없는 존재다. 그림이 없다면 의미가 왜곡되거나 이야기가 전하는 의미는 불분명해진다. 그림책에서 그림은 의미 전달뿐 아니라, 책이 나타내고자 하는 의미를 더 명료하게 해주고 나아가서는 글의 자리를 차지하기도 한다(현은자, 강은진, 변윤희, 심향분, 2016).

표 13-4 그림책지도사 자격증 과정 소개

구분	내용
필요성 및 목적	• 그림책은 전체 나이 누구나 부담 없이 접할 수 있는 책 • 자유로운 상상과 표현을 키워 내적 세계를 표현하게 함 • 인지능력, 언어능력, 예술성을 풍부하게 키워줌
교육 대상자	• 교육, 심리 및 상담 관련 전공 대학생 • 아동기 자녀를 둔 부모 • 강사 및 바우처 제공 인력
운영 방향	• 그림책의 활용을 위한 기초이론학습 • 그림책 소개와 실습
활용방안	• 수료 후 민간자격증 취득으로 전문성 인정 • 상담 관련 개인 및 집단 프로그램 활용 • 학교의 방과 후 수업 및 동아리 강사활동
자격증 발급 여부	• 발급처: OOO • 등록번호: OOO

2) 그림책지도사 자격증 과정 수업계획서

그림책지도사는 문학성과 예술성이 담긴 다양한 그림책을 활용한 치유와 긍정의 힘을 전달할 수 있도록, 그림책지도의 실제적 방법을 익히는 자격과정으로 그림책을 매개로 자연스러운 소통과 자기표현을 끌어내는 전문성을 익히며 그림책을 통해 독특한 예술성을 감상하는 즐거움을 전달하고, 시각적 문해력을 이용하여 누구나 자신을 표현할 기회를 제공하며, 독자 스스로 예술과 현실 사이에서 의미를 발견하도록 유도한다. 모든 과정은 이론과 함께 기법 체험과 실습을 함께 한다.

그림책지도사는 전 세대의 독자에게 좋은 그림책을 소개하고 그림책이 지닌 치유와 행복의 효과를 전달하는 전문가이다. 그림책은 차시별로 다양하게 감상한다.

표 13-5 그림책지도사 수업계획서

수업계획서			
과정명	그림책지도사 자격과정	교육시간	*****년 **월 **일
강사명	***	연락처	*** **** ****
1. 개요	자유로운 상상과 표현을 키워 내적 세계를 표현하게 하고 인지능력, 언어능력, 예술성을 풍부하게 키움		
2. 교　재	PPT		
3. 참고서적	차시에 따라 그림책 활용		
4. 강의내용			

주	수업의 주제 및 내용
1주	그림책의 이해: 그림책의 개념, 구성, 역사, 활용 방향
평생교육방법	강의법과 변형 강의
2주	현대 그림책의 이해: 그림책 선정과 우뇌 중심 그림책 융합 읽기
평생교육방법	강의법, 자기주도적 학습, 시범 실습식
3주	시각적 문해력과 감정 읽기: 그림의 방향성과 색채의 감정 이해
평생교육방법	감수성훈련, 변형 강의
4주	그림책의 글과 그림의 다양한 관계: 축소, 대위, 교차 전진
평생교육방법	강의법과 변형 강의
5주	대상별 그림책 선정과 활용법: 생애주기별 그림책
평생교육방법	강의법과 역할극
6주	그림책 읽기와 다양한 문학반응: 서술, 해석, 분석, 심미
평생교육방법	강의법과 변형 강의
7주	그림책 놀이수업의 이해 1: 스토리텔링 그림책 활동의 교육적 가치
평생교육방법	브레인스토밍, 역할극

8주	그림책 놀이 수업의 이해 2: 책 놀이 실제
평생교육방법	시범 실습식, 게임법
9주	그림책으로 떠나는 소풍: 상상 여행과 명화로 보는 세계여행
평생교육방법	멘토링과 코칭
10주	그림책 속 공감과 소통 배우기: 상징과 생각 깨기
평생교육방법	브레인스토밍, 감정 코칭, 질문법
11주	오감을 활용한 예술 그림책 감상과 북아트: 그림책의 다양성
평생교육방법	강의법과 변형 강의, 실습
12주	그림책 지도 프로그램 코칭, 자격 검증 테스트
평생교육방법	멘토링과 코칭

평생교육 프로그램은 다양한 수준들이 여러 시간대에 걸쳐서 몇 가지 보편적인 요소로 구성되어야 하는데, 구성요소들로는 성인 학습자와 학습자 집단의 요구에 대해 기술, 프로그램 목표의 기술, 기술된 목표를 성취하고 기술된 요구를 충족하기 위한 교육 전략의 기술, 장기적 프로그램과 단기적인 활동계획을 포함하고 위계적인 순서를 지니고 있어야 한다.

그림책 퍼즐 만들기

그림책과 감정의 이해

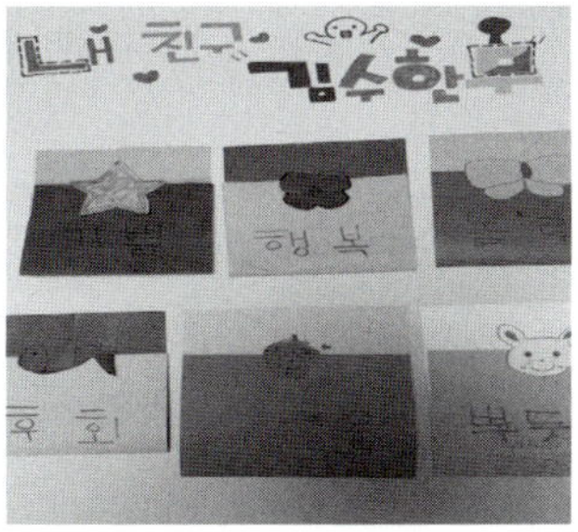

그림책 스토리텔링

그림 13-2 그림책지도사 실습 예시

3. 사회적 협동조합의 인가과정 및 사업실천의 방법

사회적 협동조합은 지역주민들의 권익 · 복리증진과 관련된 사업을 수행하거나 취약계층에게 사회서비스 또는 일자리를 제공하는 등 영리를 목적으로 하지 아니하는 협동조합(「협동조합 기본법」 제2조 제3호)을 말한다. 사회적 협동조합은 협동조합과 다르게 비영리법인으로서 주 사업 소관 중앙행정기관의 장에게 인가를 받아야 한다. 공익사업의 40% 이상을 수행하여야 하며 경영 공시도 의무사항이다. 또한, 법정적립금으로 잉여금의 30/100 이상을 적립해야 하고 협동조합과 달리 배당을 할 수 없으며 청산 시 비영리법인, 국고 등에 귀속된다. 주 사업 소관 중앙행정기관의 장이 업무상황, 장부, 서류 등을 필요하면 검사하게 되며 인가요건 위반 시 인가가 취소된다(기획재정부, 한국사회적기업진흥원, 2019).

표 13-6 사회적 협동조합과 협동조합의 차이점

구분	협동조합	사회적 협동조합
법인격	영리 법인	비영리법인
설립	시 · 도지사 신고	주 사업 소관 중앙행정기관장의 인가
사업	업종 및 분야 제한 없음	공익사업 40% 이상 수행
경영 공시	의무사항 아님	의무사항
법정적립금	잉여금의 10/100 이상	잉여금의 30/100 이상
배당	배당 가능	배당 금지
청산	정관에 따라 잔여재산 처리	비영리법인 · 국고 등 귀속
감독	감독 규정을 두고 있지 않으나 협동조합기본법 또는 관계 법령을 위반할 경우 처벌	필요하면, 주 사업 소관 중앙행정기관의 장이 업무상황, 장부, 서류 등 검사 인가요건 위반 시 인가 취소

1) 사회적 협동조합의 설립절차

사회적 협동조합을 설립하고자 할 때는 같은 뜻을 가지고 지역주민들의 권익 · 복리 증진과 관련된 사업을 수행할 발기인 모집이 우선되어야 한다. 사회적 협동조합의 설립 동의자는 다양한 이해관계인 중에서 반드시 둘 이상의 이해관계인이 포함되어야 하는데, 사업자, 소비자, 봉사자, 직원 등 이해관계인이 중복하여 존재하여야 함을 의미한다. 조합원은 반드시 출자금을 내야 하며 조합원 1인의 출자액 한도는 조합원 전체 총 출자자 수 합계액의 30%를 초과하여 낼 수 없다. 발기인 대표는 발기인이 5인 이상이 되도록 모집활동을 하여야 하는데, 설립 인가요건이 5인 이상이기 때문에 5인 미만의 경우 설립 인가 신청을 할 수 없다. 이후 발기인 총회를 개최하여 사회적 협동조합의 정관 초안을 작성하여야 하며 정관 초안은 추후 조합원 창립총회에서 조합원들의 추인을 받아야 효력이 발생한다. 5인 이상의 발기인 외에도 사회적 협동조합의 설립에 동의하는 조합원을 모집하여야 하나 조합원의 수는 정한 바가 없으므로 발기인 포함 5인 이상이면 가능하다. 창립총회는 전체 조합원에 대하여 창립총회를 개최한다는 공고를 하여야 하고, 공고 이후 최소 7일 이상이 지난 후, 창립총회를 개최하여야 한다. 창립총회는 조합원 과반수의 출석과 출석 조합원 2/3 이상의 찬성으로 의결하여야 한다. 사회적 협동조합설립 인가 주무관청은 목적 사업과 관련이 있는 중앙행정기관이다. 주무관청에 설립 인가 신청을 하고, 사회적 협동조합설립 인가증을 발급받아야 한다. 전체 조합원은 내기로 한 출자금을 이사장 개인 계좌에 입금하여야 하고, 이사장은 출자금 총액을 확인할 수 있도록 예금잔고 증명서를 발급받은 후, 기타 설립 등기 서류를 준비하여 설립 등기를 하여야 한다.

표 13-7 사회적 협동조합 인가절차

절차	내용	수행 주체
신청 및 접수	• (신류 · 접수) 신청기관 → 중앙부처 • (검토 요청) 중앙부처 → 진흥원 • (서류 공유) 진흥원 → 지원기관	• 중앙부처 • 지원기관 • 진흥원
	⇓	
신청 서류검토	• 신청서 및 제출서류 누락 여부 확인 • 현장실사계획 수립	• 진흥원 • 지원기관
	⇓	
현장 실사	• 신청기관 현장실사 • 필요시 신청기관 소재지 현장방문	• 진흥원 • 지원기관
	⇓	
서류 보완	• 필수서류, 보충서류 등 체크	• 진흥원 • 지원기관
	⇓	
검토 보고서 현장 조사서 작성 및 제출	• 현장 조사서(지원기관), 검토 보고서(진흥원) 작성 및 제출	• 진흥원 • 지원기관
	⇓	
인가 여부 검토 및 인가증 교부	• 검토 보고서, 신청 서류 등 검토 및 설립 인가증 교부	• 소관 • 중앙행정기관

출처: 2019년 사회적 협동조합 설립 가이드북 발췌.

2) 사회적 협동조합의 설립 마무리

설립인가신청서를 접수한 때에는 신청일로부터 60일 이내에 '설립인가증(시행규칙 별지 제21호 서식)'을 소관 부처로부터 신청기관으로 발급이 되는데, 부득이한 사유로 60일 이내에 처리하기 곤란한 경우에는 60일 이내에서 1회에 한하여 그 기간 연장이 가능하다. 신고확인증 발급 처리기간에 공휴일은 포함하지 않는다(민원사무 처리에 관한 법률 제19조).

구비서류가 미비한 경우나 설립절차, 정관 및 사업계획서의 내용이 법령을 위반한 경우에 인가가 되지 않을 수 있다. 설립인가를 받은 날부터 60일 이내에 주된 사무소의 소재지에 설립 등기를 하여야 하는데, 등기 절차는 인가증 수령 → 설립사무의 인계 → 출자금 납부 → 등록면허세 납부(시 · 군 · 구 세무 민원실) → 의사록 공증 → 등기 신청의 절차를 따른다. 또한, 등기한 사회적 협동조합은 사업개시일로부터 20일 이내에 사업장의 관할 세무서 또는 가까운 세무서 민원봉사실에 신청하여 사업자등록을 할 수 있다(부가가치세법 제8조).

사회적 협동조합은 주 사업내용에 따라 지역사업형, 취약계층 고용형, 취약계층 사회서비스 제공형, 위탁사업형, 기타 공익 증진형, 혼합형으로 사업 유형이 나누어지는데, 취약계층 고용형의 사례를 다음에서 살펴보자.

3) 취약계층 고용형 사회적 협동조합의 사례: 도닥도닥 사회적 협동조합

'고용서비스'란 구인자 또는 구직자에 대한 고용정보의 제공, 직업소개, 직업지도 또는 직업능력개발 등 고용을 지원하는 서비스를 말한다(「직업안정법」 제2조의2 제9호). 그 밖에 기획재정부령으로 정하는 사업으로 예술 · 관광 및 운동 분야의 사업, 산림 보전 및 관리서비스를 제공하는 사업, 문화재 보존 또는 활용과 관련된 사업, 청소 등 사업시설 관리 사업, 범죄 예방 및 상담치료 관련 사업, 그 밖에 기획재정부장관이 정하여 고시하는 사업을 말한다(「사회적기업 육성법」 제2조 제2호).

표 13-8 도닥도닥 사회적 협동조합의 사업목적 및 개요

사업명	•도닥도닥 사회적 협동조합
사업목적	•자주적 · 자립적 · 자치적인 조합 활동을 통하여, 도자기 관련 상품 생산 · 전시 · 판매 •도예교육 및 체험사업을 통한 지역사회 취약계층 일자리 창출에 기여 •조합원의 삶의 질 향상
사업기간	•2018. 06. 01 ~ 2019. 05. 31
사업내용	•공예품 생산 · 전시 판매 사업 •공예교육 · 체험 사업 •조합원과 직원에 대한 상담, 교육 · 훈련 및 정보 제공 사업 •조합 간 협력을 위한 사업 •조합의 홍보 및 지역사회를 위한 사업

표 13-9 도닥도닥 사회적 협동조합의 주 사업 및 기타 사업내용

사업명	사업목적	프로그램
공예품 생산 · 전시 · 판매	• 예술교육기회 제공으로 소득에 따른 상대적 박탈감 해소 • 사업의 수익 일부를 공익활동 단체에 기부 · 지역복지 공동체 구현 사업에 환원	도닥도닥 전시회 도닥도닥 프리마켓
평생교육방법	멘토링과 코칭, 자기 주도, 시범 실습식	
공예 교육 · 체험	• 예술참여 경험에 기반을 둔 창의성 발달 및 정서적 치유 • 중 · 장년 여성의 문화예술체험을 통한 적성개발	도닥도닥 문화예술 체험 흙이랑 마음이랑
평생교육방법	자기 주도, 감수성훈련	
조합원에 대한 교육 · 훈련 · 정보 제공	• 정기적인 직원교육 및 조합원 컨설팅을 통한 질적 향상 • 도예 제작기술 및 체험기술전수를 통한 경쟁력 제고 • 조합교육을 통한 협동조합의 운영 원리이해를 통한 조합 운영의 효율성 제고	분기 1회 직원교육 (기술교육) 협동조합 이해교육 자체 조합원 워크숍
평생교육방법	강의법, 변형 강의법	

사업명	사업목적	프로그램
조합 간 협력을 위한 사업	• 지역 내 협동조합의 양적 증대로 인한 교류 협력 • 유사 목적을 가진 협동조합과 교류를 통한 정보 공유 및 사업 시행의 가능성 제고 • 협동조합 간 연대체 조직을 통한 지역 내 협동조합의 영업력 제고	협동조합 박람회 협동조합 설명회
평생교육방법	강의법, 변형 강의법, 팀 기반 문제 중심	
지역사회를 위한 사업	• 협동조합의 운영 활성화를 위한 지역 내 홍보 • 협동조합의 사회적 목적 달성을 위한 정기적 기부 • 협동조합의 지역 내 활성화 토대 마련을 위한 방안 모색	홍보물 제작 및 배포 지역아동센터 및 경로당 후원
평생교육방법	브레인스토밍과 질문, 액션러닝	

생활도자기 및 조형 회원전

프리마켓

그림 13-3 도닥도닥 사회적 협동조합의 교육 및 체험

기억하기

1. 동아리는 정해진 주제에 대해 자발적으로 학습하는 소모임으로 학습자들 간의 상호작용으로 자신의 학습경험을 타인과 공유함으로써 학습의 효과를 확산하는 데 의의가 있다.

2. 평생교육 학습동아리는 학습모임이 정기적인 것을 원칙으로 참여자의 자발성을 기초로 하며, 동아리 목적 달성을 위한 학습에 임하여야 하고 지역사회 봉사활동, 연계 봉사, 평생학습 축제, 발표회 등에 적극적으로 참여해야 한다.

3. 학습동아리 실천경험을 기초로 몇 가지 유형으로 구분하면 학습목적 및 학습과정상의 특성에 따라 심화학습형, 전문탐구형, 문제해결형, 지역봉사형 등 네 가지 유형으로 나누어 볼 수 있다.

4. 학습동아리의 신청은 국가 및 지방자치단체의 평생학습센터 홈페이지를 방문하여 모집기간, 모집대상, 접수방법, 제출서류 등을 확인하고 신청양식을 내려받아 절차에 따라 신청할 수 있다.

5. 평생교육 프로그램의 특징은 학교교육과정과는 달리 실생활과 관련된 교육 내용이 주를 이루고 있고 단기과정들이 많으며, 교육방법에서도 다양한 방법들이 사용되고 있다.

6. 일반 평생교육기관에서의 프로그램 내용을 살펴보면 주말 평생교육 프로그램, 취약계층 대상 평생교육 프로그램, 문해교육과정 평생교육 프로그램, 자격증 과정 평생교육 프로그램, 지방자치단체나 주민자치센터와 연계된 평생교육 프로그램, 방과 후 학교와 연계한 평생교육 프로그램 등으로 전문성 향상 및 사회통합 프로그램의 운영으로 지역사회의 요구에 기여한다.

❼ 평생교육 프로그램의 구성요소들로는 성인 학습자와 학습자 집단의 요구에 대해 기술, 프로그램 목표의 기술, 기술된 목표를 성취하고 기술된 요구를 충족하기 위한 교육전략의 기술, 장기적 프로그램과 단기적인 활동계획을 포함하고 있어야 한다.

❽ 사회적 협동조합의 설립 동의자는 다양한 이해관계인 중에서 반드시 둘 이상의 이해관계인이 포함되어야 하는데, 사업자, 소비자, 봉사자, 직원 등 이해관계인이 중복하여 존재하여야 함을 의미한다.

❾ 사회적 협동조합은 협동조합과 다르게 비영리법인으로서 주 사업 소관 중앙행정기관의 장에게 인가를 받아야 하며, 주 사업 소관 중앙행정기관의 장이 업무상황, 장부, 서류 등을 필요하면 검사하게 되며 인가요건 위반 시 인가가 취소된다.

❿ 사회적 협동조합의 발기인 대표는 발기인이 5인 이상이 되도록 모집활동을 하여야 하는데, 설립 인가요건이 5인 이상이기 때문에 5인 미만의 경우 설립 인가신청을 할 수 없다.

⓫ 사회적 협동조합의 등기 절차는 인가증 수령 → 설립사무의 인계 → 출자금 납부 → 등록면허세 납부(시 · 군 · 구 세무 민원실) → 의사록 공증 → 등기 신청의 절차를 따른다.

평가하기

1 다음에서 학습동아리의 학습목적 및 학습과정상의 특성에 따라 분류하시오.

심화학습형	전문탐구형	문제해결형	지역봉사형

① 성인학습 프로그램을 마친 후 배운 지식을 개인능력 신장과 기술을 향상할 목적을 가진 학습동아리 (　　　　　)

② 학습동아리 실천경험을 기초로 지역발전을 위한 건전한 사회봉사의 목적을 가진 학습동아리 (　　　　　)

③ 지역사회의 사회적 문제의 해결방안을 모색하고 대안을 제시하는 목적으로 만들어진 학습동아리 (　　　　　)

④ 전문가들이 공동체로 모여 전문지식을 재생산하여 보급하는 형태의 학습동아리 (　　　　　)

2 학습동아리의 신청은 (　　　　　　　) 홈페이지를 방문하여 모집기간, 모집대상, 접수방법, 제출서류 등을 확인하고 신청양식을 내려받아 절차에 따라 신청할 수 있다.

3 평생교육 프로그램의 특징은 학교교육과정과는 달리 (　　　　　) 내용이 주를 이루고 있고 단기과정들이 많으며, 교육방법에서도 다양한 방법들이 사용되고 있다.

4 사회적 협동조합의 설립 동의자는 다양한 이해관계인 중에서 반드시 둘 이상의 이해관계인이 포함되어야 하는데, 사업자, (　　　), 봉사자, (　　　) 등 이해관계인이 중복하여 존재하여야 함을 의미한다.

5 사회적 협동조합의 등기 절차에 대해 차례대로 나열하시오.

6 평생교육방법의 적용과 실천에 대한 의의를 사례를 들어 설명하시오.

정 답

1. ① 심화학습형, ② 지역봉사형, ③ 문제해결형, ④ 전문탐구형 2. 국가 및 지방자치단체의 평생학습센터 3. 실생활과 관련된 교육 4. 소비자, 직원 5. 인가증 수령 → 설립사무의 인계 → 출자금 납부 → 등록면허세 납부(시 · 군 · 구 세무 민원실) → 의사록 공증 → 등기 신청

6. 평생교육방법을 실제 적용하는데 있어 다양한 방법들이있지만 그 중 학습동아리는 정해진 주제에 대해 자발적으로 학습하는 소모임으로 학습자들 간의 상호작용으로 자신의 학습경험을 타인과 공유함으로써 학습의 효과를 확산하는데 의의가 있다. 학습동아리 활동의 실제 사례인 평강공주는 40~60대의 주부, 직장인 등으로 구성된 학습동아리로 팀기반학습, 문제중심학습, 유의미학습전략 등의 평생교육방법을 통해 학습자들의 평생학습과 자기계발을 위한 공부습관과 공동체의식의 함양 및 지역사회에 공헌 등의 시너지 효과가 있으며 동아리 회원들이 서로 도와가며 개개인의 성장을 확산시켜 간다는 점에 의의가 있다.

참고문헌

강갑원, 김정희, 김종백, 박희순, 이경화, 장인실 역(2005). 교육심리학. 서울: 시그마프레스.

강영숙(2018). 팀 기반 학습전략을 활용한 A-STEAM 수업 실천 사례연구 - 미술영재 수업을 중심으로. *Journal of Art Education* Vol. 55 pp. 137~164.

강인애(1995). 구성주의 학습원리와 적용. 교육공학연구, 11(1).

강인애(2003). PBL의 이론과 실제. 서울: 문음사.

강인애, 윤혜진, 황중원(2017) 메이커 교육–4차 산업혁명 시대에 다시 만난 구성주의. 내하출판사

고성진, 박효선, 최손환(2016). 군사교육학의 이론과 실제. 경기도: 북코리아.

국제미래학회 · 한국교육학술정보원(2017). 제4차 산업혁명시대 대한민국 미래교육보고서. 경기도: 광문각.

권낙원, 김동엽(2008). 교수–학습이론의 이해. 서울: 문음사.

권대봉(1999). 성인교육방법. 서울: 학지사.

권대봉(2006). 성인교육방법론. 서울: 학지사.

권두승 외(2009). 평생교육의 실제. 서울: 교육과학사.

권두승, 조아미(2004). 평생학습사회 실현을 위한 성인학습 및 상담. 경기: 교육과학사.

권두승, 조아미(2017). 평생학습사회를 실현하기 위한 성인학습 및 상담. 서울: 교육과학사.

권이종 외(2002). 평생교육: 이론 편. 서울: 교육과학사.

권재술, 우종옥, 최변순, 김범기, 정완호, 정진우(2004). 과학교육론. 경기: 교육과학사.

기영화(2002). 안드라고지의 Taxonomy와 포스트모던적 의미의 모색. *Andragogy Today, 5*(3), 57-76.

기영화(2004). 평생교육방법론. 서울: 학지사.

기획재정부, 한국사회적기업진흥원(2019). 사회적협동조합 설립 가이드북.

김경이, 김연희, 민혜리, 유정아, 전영미(2012). 대학에서의 학습자 중심 교육. 경기: 양서원.

김남선(2002). 평생교육방법론. 서울: 두남.

김병희, 김형구, 배재학, 이기용 외(2008). 교육학개론. 경기: 공동체.

김신자, 이인숙, 양영선(1999). 교육공학의 이론과 실제. 서울: 문음사.

김영옥, 최라미, 조미경(2019). 평생교육방법론. 서울: 학지사.

김영옥, 최라영, 조미경(2019). 평생교육방법론. 서울: 학지사.

김용현, 정기수(2013). 평생교육방법론. 경기: 양서원.

김은화(2011). 유의미 학습 이론을 적용한 중학교 과학 수업 프로그램 개발: 소화와 순환 단원을 중심으

로. 건국대학교 대학원 석사학위논문.

김정현(2014). 조직의 핵심가치교육에 대한 안드라고지적 의미 모색. **평생교육 · HRD연구**, 10(1). 63-89.

김종표(2018). **평생교육방법론**. 경기: 양서원.

김종표, 이복희(2010a). **실전 명강의 교수법**. 양서원.

김종표, 이복희(2012). **평생교육방법론**. 경기: 양서원.

김진화(2006). **평생교육방법 및 실천론**. 서울: 교육과학사.

김창엽(2011). **평생교육방법론**. 서울: 청록출판사.

김춘식(2018). 2018년 '찾아가는 학교폭력 예방활동 지원사업' 효과성 및 현장.

김춘식(2018). 창의융합형 공학인재 양성지원사업-융합역량강화class 결과보고서.

류진수(2009). 선행조직자 모형을 적용한 체험환경교육의 효과에 대한 연구. 공주대학교 대학원 석사학위논문.

맹희주, 서혜애(2013). 초등 발명영재 교수-학습에서 교사와 학생의 인식 차이 분석. **영재교육연구**, 23(6), 1003-1017.

박미자(2005). 학습자 중심 수업의 효과를 제고하기 위한 방법론 연구. 숙명여자대학교 대학원 석사학위논문.

박성희, 송영선, 나항진, 황치석, 문정수, 박미숙(2013). **평생교육방법론**. 서울: 학지사.

박소연 박미경 김한수 신윤석 장현석 최중진(2017). 팀기반 학습(Team-Based Learnig)의 적용과 효과성 연구, *The SNU Journal of Education Resarch. March*, Vol. 26, No. 1, p. 53-7.

박수홍, 정지영(2015). **술술 풀리는 PBL과 액션러닝**. 서울: 학지사.

박수홍, 안영식, 정주영(2010). **체계적인 액셔러닝**. 서울: 학지사.

박영태, 현정숙(2002). **자기주도학습력의 이해**. 서울: 동국대학교 출판부.

박형근(2012). **자기주도학습 교육방법론**. 경기: 아트블루.

박혜성(2013). 창작 뮤지컬의 교육적 활용에 대한 고찰. **한국예술연구**, (7), 161-179.

밥 파이크(2004). **밥 파이크의 창의적 교수법**. 경기: 김영사.

백성혜(2006). 오스벨의 유의미학습이론. **화학교육**, 332, 58-65.

백영균, 박주성, 한승록, 김정겸 외(2012). **교육방법 및 교육공학**. 서울: 학지사.

변문경, 박찬, 김병석, 박정민, 전수연, 전은경(2018). **4차 산업 수업 혁명**. 다빈치 books.

변영계(2000). **교수학습이론의 이해**. 서울: 학지사.

변영계, 김영환, 손미(2000). **교육방법 및 교육공학**. 서울: 학지사.

변호승(1996). 미래의 미국교육: 구성주의 시각 확산. 새교육 4월호.

봉현철(2006). **액션러닝Workbook**. 서울: 다산서고.

봉현철, 유평준(2001). 액션러닝의 기본구조와 핵심구성요소. **산업교육연구**, 57-82.

서천석(2003). **코칭의 기술**. 원저: 마샬 쿡(1992). 서울: 지식공작소.

성낙돈, 가영희, 조현구(2013). **평생교육방법론**. 서울: 동문사.

성숙자(1987). 구성주의 유아교육 프로그램에 대한 고찰. 성신여자대학교 대학원 연구논문집.
손은주, 추성경, 임희수(2015). 교육방법 및 교육공학. 경기: 교육과학사.
손준종(2000). 평생학습 논리의 의미와 한계 검토. 교육학연구, 38.
송인섭(2006). 현장적용을 위한 자기주도학습. 서울: 학지사.
신영복(1996). 나무야 나무야. 서울: 돌베개.
신용주(2004). 평생교육의 이론과 방법. 서울: 형설출판사.
신용주(2012). 평생교육방법론. 서울: 학지사.
심재호(2017). Ausubel의 유의미학습 이론. 경기: 교육과학사.
양명희(2000). 자기조절학습의 모형 탐색과 타당화 연구. 서울대학교 대학원 박사학위논문.
오만록(2012). 교육방법 및 교육공학. 서울: 문음사.
오혁진(2003). 평생교육 경영학. 서울: 학지사.
위키백과사전.
유동수(2007). 감수성훈련: 진정한 나를 찾아서. 서울: 학지사.
유동수, 김현수, 한상진(2008). 한국형 코칭. 서울: 학지사.
유승우 외(2010). 교육방법 및 교육공학. 경기: 양서원.
유영만(1995). 지식시대의 학습조직. 서울: 고도컨설팅.
이동국, 김현진, 이승진(2014). 미래핵심역량 증진을 위한 정보통신기술(ICT) 활용 교육 사례 탐색. RM 2014-17. 대구: 한국교육학술정보원.
이성일(2018) 하브루타로 교과수업을 디자인하다. 서울: 맘에드림.
이성하(2016). 대학 학습동아리 프로그램의 운영과정 및 성과에 대한 참가자의 지각. 계명대학교 대학원 박사학위논문.
이용환, 곽기상(2005). 교육방법과 교육공학. 서울: 형설출판사.
이장호(1993). 상담심리학 입문(2판). 서울: 박영사.
이재나(2003). 학습자의 자율성 향상을 위한 영어과 자기주도학습 수업모형 설계. 중앙대학교 대학원 석사학위 논문.
이지안 외(2017). 액션러닝을 활용한 취업캠프 개선방안 대학 학습공동체: P사례를 중심으로. *JFM SE, 29*(3), 677-688.
이지연(2005). 명강의를 위한 효과적인 수업기술. 경기: 서현사.
이지현, 임규연(2018). 팀 프로젝트기반학습에서 협력적 조절의 매개효과: 협력적 자기효능감, 공유정신 모형, 만족도 간의 관계를 중심으로. 교육정보미디어연구, 24(4), 805-831.
이지혜(2002). 성인여성의 학습동아리 활동 시범지원방안에 관한 연구. 교육인적자원부 연구용역보고서.
이지혜(2003). 학습동아리 지도자 가이드북. 충북: 한국교육개발원.
이지혜, 홍숙희, 박상옥, 한국교육인적자원부(2001). 성인여성의 학습동아리 활동 시범지원방안에 관한 연구. 서울: 교육인적자원부.

이칭찬, 이의길(2007). 교육방법 및 교육공학. 서울: 태영출판사.

이화여자대학교 교육공학과(2001). 교육방법 및 교육공학. 서울: 교육과학사.

조나단 버그만, 아론샘즈(2013), 임진혁, 이선경, 황윤미 역(2015). 당신의 수업을 뒤집어라. 경기: 시공문화사.

임형택 외(2015). 평생교육방법론. 경기: 공동체.

임형택, 권재환, 권충훈, 김경열, 김두열, 김인숙, 박찬원, 박희석, 신준영, 오상봉, 오선아, 오정란, 유승우, 윤은종, 전희정, 정경희(2013). 평생교육방법론. 경기: 공동체.

전남익, 최은수(2010). 교사학습 공동체에서의 교사리더십 개발과정에 대한 안드라조지적 해석. 평생교육 · HRD연구, 6(1), 157-178.

전해황, 문종철, 김호순, 김진숙(2014). 평생교육방법론. 경기: 정민사.

정미숙(2017). 예술을 활용한 창의적 인성교육. 예술인문사회융합멀티미디어논문지, 7, 121-130.

정미영(2009). 스피치 커뮤니케이션: 이론과 실제. 경기: 한국학술정보(주).

정민수(2015). 수업도시락, 성찰과 협력을 담다. 서울: 행복한 미래.

정준환(2016). 설레는 수업, 프로젝트학습. 서울: 상상채널.

정혜선(2005). 강사, 퍼실리테이터로 거듭나라. 서울: 시그마프레스.

정희태(2013). 대학에서의 통일교육 수업을 위한 PBL 기반 교수-학습 모형 개발. 윤리연구, 106.

조벽(2003). 조벽 교수의 명강의 노하우&노와이. 서울: 해냄.

조벽(2012). 나는 대한민국의 교사다. 서울: 해냄.

조순이 외(2017). 학교, 뮤지컬을 만나다. 서울: 학지사.

조승제(2006). 교과교육과 교수 · 학습방법론. 경기: 양서원.

조연순(2006). 문제 중심 학습의 이론과 실제, 서울: 학지사.

조희영, 최경희(2008). 과학교육의이론과 실제(2판). 경기: 교육출판사.

존라머, 존메겐달러, 수지보스(2015), 최선경, 장밝음, 김병식 역(2018). 프로젝트 수업 어떻게 할 것인가. 서울: 지식프레임.

차갑부(2010). 명강의를 위한 40가지 이야기. 경기: 교육과학사.

차갑부(2010). 성인교육방법의 새로운 지평 텔리아고지. 경기: 교육과학사.

차갑부(2012). 평생교육론. 경기: 교육과학사.

최무연(2017). 수업은 기획이다. 서울: 행복한 미래

최병권(2004). 미래기업의 인재코드. 서울: 새로운제안.

최손환(2017). 4차 산업혁명 시대와 대학의 인문교육 방향. 대구한의대학교 국제학술대회 발표원고.

최손환(2018). 디지털문명과 탈휴머니즘. 경북: 바른숲.

최운실 외(2017). 평생교육방법론. 경기: 양서원.

최운실, 송성숙, 박수정(2017). 평생교육방법론. 경기: 양서원.

클라우스 슈밥 지음, 송경진 역(2016). 클라우스슈밥의 제4차 산업혁명. 서울: 새로운 현재.

파커 J. 파머&아서 자이언스, 이재석 역(2017). 대학의 영혼. 서울: 마음친구.

평강공주(2016). 아름다운 동행 향기를 뿜다. 대구: 일일사.

하워드 가드너(2007), 김한영 역(2008). 미래마인드. 서울: 재인.

한경미(2010). 학교 평생교육의 실태 분석 및 활성화 방안. 인하대학교 행정대학원 석사학위논문.

한국교육개발원평생교육센터(2011). 학습동아리 지원자 가이드북.

한정선, 김영수, 주영주, 강명희 외(2008). 미래사회를 위한 교육방법 및 교육공학. 경기: 교육과학사.

허희옥, 임규연, 서정희, 김영애(2011). 21세기 학습자 및 교수자 역량 모델링. 연구보고 KR2011-2. 서울: 한국교육학술정보원.

현은자, 강은진, 변윤희, 심향분(2016). 그림책의 그림읽기. 경기: 마루벌.

황정규, 이돈희, 김신일(1998). 교육학개론. 경기: 교육과학사.

Assessment and Teaching of 21st Century Skills.(2012). Cite as Case Study on the Implementation of ATC21S. Washington DC: The National Academies Press.

Ausubel, D. P.(1968). *Educational psychology: A cognitive view*. New York:Holt, Rinehart & Winston, Inc.

Ausubel, D. P., Novak, J. D., & Hanesian, H.(1978). *Educational psychology: A cognitive view*(2nd ed.). New York: Holt, Rinehart & Winston.

Ausubel. D. P.(2000). *The acquisition and retention of knowledge: A cognitive view*. Boston: Kluwer Academic Publishers.

Corder, N.(2008). *Learning to teach ADULTS: An introduction*(2nd ed.). NY: Routledge.

Corey, S. M.(1967). The Nature of Instruction. in P. C. Lange(ed.). *Programmed Instruction: The Sixty sixth Yearbook of the National Society for the Education*. Chicago: Univ. of Chicago Press.

Davis, B. G.(2009). *Tools for Teaching*(2nd ed.). Sanfrancisco. CA: Jossey-Bass.

Driscoll, M. P.(2005). *Psychology of learning for instruction*(3rd ed.). Needham Height, MA: Allyn & Bacon.

Galbraith, M. W. (ed.) (2004). *Adult learning metbods: A guide for effective instruction*(3rd ed.). Malabar, FL: Krieger Publishing company.

Gibbons, M.(2002). *The Self-Directed Learning Handbook*. SanFrancisco, CA: Jossey-Bass.

Hassard, J.(2005). *The art of teaching science: Inquiry and innovation in middle school and highschool*. Oxford: Oxford University.

Jarvis, P.(1995). *Adultand Continuing Education: Theory and pratice*(2nd ed.). London, NY: Routledge.

Joyce, B., & Weil, M.(2000). *Models of teaching*(6th ed.). Boston: Allyn & Bacon.

Joyce, B., Weil, M., & Calhoun, E.(2000). *Models of teaching*(6th ed.). Needham Heights, MA: Allyn & Bacon.

Knowles, M. S.(2011). *The Adult Learner: The Definitive Classic in Adult Education and Human Resources Development,* Oxford: Elsevier Inc.

Laird, D.(1986). *Approaches to training and development*(2nd ed.). Reading, MA: Addison-Wesley

Michaelsen, L., Knight, A. & Fink, L. D.(2004). *Team-based learning: A transformative use of smal groups in colege teaching*. VA: Stylus Publishing.

Newby, T., Stepich, D., Lehman, J., & Russell, J.(2000). *Instructional technology for teaching & learning: Designing instruction, integrating computers, and using media*(2nd ed.) Upper Saddle River, NJ: Merrill.

OECD(2005). The Definition and Selection of Key Competencies: Executive Summary.

Osborn, A.F.(1993). *Applied imagination*(3rd ed.). Buffalo, NY: Creative Education Foundation Press.

Scredl H. J., & Rothwell, W. J.(1988). The ASTD reference quide to professional training roles and competencies. NY: Random House Professional Business Publications.

Sousa, D.(2006). *How the brain learns*(3rd ed.). Thousand Oaks, CA: Corwin Press.

Svinicki, M., & Mckeachie, W. J.(2011). *Mckeachies's teaching tips: Strategies, Research, and theory for college and university teachers*(13th ed.). Belmont, CA: Wadsworth publishing.

Zumin, L. & Zumin, N.(1974). *The first four minutes.* New York: Ballantine Books.

찾아보기

● ㄱ

● ㄴ

● ㄷ

● ㄹ

● ㅁ

● ㅂ

● ㅅ

● ㅇ

● ㅈ

● ㅊ

● ㅋ

● ㅌ

● ㅍ

● ㅎ

기타

저/자/소/개

▪ 김 문 섭
독일베를린공과대학 철학박사/대구대학교 대학원 문학박사
현, 대구한의대학교 평생교육융합학부 교수

▪ 김 진 숙
숙명여자대학교 대학원 문학박사
현, 대구한의대학교 평생교육융합학부 교수

▪ 최 손 환
영남대학교 대학원 교육학박사
현, 대구한의대학교 화장품제약자율전공 교수

▪ 권 재 일
대구한의대학교 대학원 사회복지학박사
현, 대구한의대학교 평생교육융합학부 객원교수

▪ 이 미 애
대구한의대학교 대학원 사회복지학박사
현, 대구한의대학교 평생교육융합학부 교수

▪ 조 정 선
대구대학교 대학원 이학박사
현, 대구한의대학교 평생교육융합학부 외래교수
대구한의대학교 평생교육지원센터 연구원

▪ 조 재 철
대구한의대학교 대학원 박사과정 수료
현, 대구한의대학교 평생교육지원센터 연구원

평생교육방법론

1판 1쇄 인쇄 — 2019년 8월 29일
1판 1쇄 발행 — 2019년 9월 1일

저 자 - 김문섭 · 김진숙 · 최손환 · 권재일
이미애 · 조정선 · 조재철

발 행 인 - 강철원
발 행 처 - 양성원
주 소 - 경기도 파주시 검산로 173번길 29-20
전 화 - 031-946-3861(代)
팩 스 - 031-946-3864
이 메 일 - tnwpub@naver.com
홈페이지 - tnwpub.co.kr
출판등록 - 2015년 8월 31일 제 2015-000211 호

ISBN 979-11-6126-197-3

정가 20,000원